企业战略管理

QIYE ZHANLÜE GUANLI

（第二版）

邵一明 蔡启明 编著

立信会计出版社

前　言

企业战略管理是一门新兴的管理学科，我国从20世纪90年代引进国外的理论体系以来，战略管理理论已得到了较快的发展。企业战略管理作为一门高度综合性的课程，有别于许多管理课程，它跨越了企业经营和管理的整个范畴，重点是研究和解决企业长远性、全局性的战略管理问题，为企业高层决策者服务。在高校，企业战略管理是管理类专业，同时也是工商管理硕士专业的一门核心课程，企业战略管理已越来越受到企业管理界和学术界的重视。

本书是在作者多年来从事企业战略管理课程教学和研究的基础上，并以国内外有关教材、专著和论文作参考编写而成的。同时，为适应企业改革发展的新趋势，本书力求反映最新理论研究成果和实践经验，希望能为我国推行企业战略管理起到一定的积极作用。

本书第二版是在第一版的基础上进行了修改、提高后定稿的，增加了以下内容：

每章的篇首都列出本章学习目标，便于学生在学习的过程中能了解每一章的基本内容和重点。

各章后均有案例供学生对所学问题进行分析或在课堂上进行讨论。通过案例分析能帮助学生提高知识的应用能力。

第二章内容修改较大，既讨论了企业宏观环境分析，又讨论了行业竞争力量结构，以及如何分析主要竞争对手。

第五章把内容修改为企业三种竞争战略和不同行业的企业竞争战略的选择。

第六章增加了企业多元化战略的相关内容。

考虑到企业战略联盟和企业购并的日益重要性，本书第二版将它们分别放在第七章和第八章中进行了讨论,并增加了新的内容。

第九章企业国际化战略进行了较大修改,增加了全球化背景下企业国际化有关问题的讨论。

其余章节也作了知识更新和内容补充。

本书由南京理工大学经济管理学院副教授邵一明博士起草编写大纲,南京航空航天大学经管院管理工程系主任、教授蔡启明博士参与讨论,最后定稿。具体分工如下:第一、第三、第四、第六、第十、第十一章由邵一明编写;第二章由蔡启明、董燕飞编写;第五章由董燕飞、邵一明编写;第七、第八章由袁薇薇、蔡启明编写;第九章由李朝军、邵一明编写;第十二章由蔡启明编写;第十三章由刘松先编写。全书由邵一明、蔡启明负责总纂、修改、定稿。

南京理工大学经济管理学院博士生导师韩玉启教授担任本书的主审,提出了许多建设性意见,在此表示衷心的感谢。同时,立信会计出版社戎其玉副编审给予了许多帮助,才使得本书顺利出版发行。对他们的友情和关心,作者深表谢意。

本书在撰写过程中,参考了许多资料,正是这些在战略管理领域里作出开拓性贡献的学者、作者和实践者,为我们提供了许多智慧,本书的完成离不开他们的研究成果,我们十分感谢他们。同时,我们也要感谢南京理工大学经管院学生王勇、陶思康、冯宇豪、徐仁喜为本书的文字输入、整理做了许多工作。

企业战略管理涉及的知识面广泛,发展迅速,由于作者水平有限,加上查阅论文、资料、调查研究不够,书中错漏之处在所难免,恳请广大同行和读者批评指正,我们欢迎您对教材中的论述、观点和写作方法提出评价。

邵一明

目　　录

第一章　企业战略管理概论

学习目标

- 了解企业战略发展的过程
- 掌握战略的定义、战略管理的概念
- 掌握战略管理理论的演变过程
- 解释战略管理的过程
- 学会分析战略的三个不同层次
- 掌握战略性思维的内容

第一节　企业战略概论

一、企业战略的发展过程

学习战略管理，首先要明确战略的含义。“战略”一词，从古至今一直有之。它最早来源于军事活动，被引入经济领域的历史并不算长。最早把战略的思想内容引进企业经营管理领域的是美国的管理学家切斯特·巴纳德(1886～1961年)。他在其代表作《经理的职能》(1938年出版)一书中，说明了企业是一个由物质的、生物的、个人的和社会的几个方面因素构成的综合系统。为了说明企业组织的决策机制，他开始运用战略因素这一思想对企业诸因素及它们相互之间的影响进行分析。国外在企业经营管理以至于经济领域广泛使用战略概念是在1965年，美国学者安索夫(H·I·Ansoff)的主要著作《企业战略》问世之后。在此之前，人们总认为企业战略是偶然决定的，或者认为它是最高决策者的信念，直觉的产物。并且，在以往的管理理论中，和战略相比的内容仅仅是以“企业家活动”、“企业政策”、“长期计划”等名称出现的。安索夫针对20世纪50年代末期，企业规模扩大和转向多种经营的形势，分析了产品—市场战略的意义。他把“经营决策结构”和“战略决策模式”摆在首位，以确定企业目标作为决策的出发点，建立了自己的企业战略规划理论，继而又在1979年推出了另一部力作《战略经营》，研究从战略计划推向战略经营，从现代组织理论的立场出发，分析环境、战略、组织三者之间的对应关系，进一步发展了企业战略模式的理论。20世纪80年代战略管理得到了较大发展。以产业结构分析为基础的竞争战略理论占据了主导地位。最近10年，企业注重对自身独特的资源和知识的积累，以形成特有的竞争力，形成了以资源、知识为基础的核心竞争力理论。

在我国，早在春秋时代，齐人孙武总结战争经验写成的《孙子兵法》，就蕴含着丰富的战略思想，流传至今。三国时代，诸葛亮向刘备提出的《隆中对》，是我国历史上军事战略系统分析的典范。在现代，战略规划已是我国政府制定国民经济发展规划和远景目标的重要工具。我国企业从20世纪90年代中期开始重视战略的研究。过去那种“脚踏溜冰鞋”，“溜”到哪儿算哪儿的经营思想在逐渐被克服。总经理们正在逐渐从繁冗的事务性工作中解放出来，认真思考企业任务、方向和战略。管理大师彼德·德鲁克认为，使企业遭受挫折的最主要的原因就是人们很少充分地思考企业的任务是什么。试想一下，一家没有方向意识和连贯一致的经营战略的企业，在激烈竞争的市场中，将会是什么结局？当一家企业像流浪汉一样，不知道应往哪里走时，它的命运是极其危险的，因为通常它会走到并不想去的地方。随着我国加入WTO和改革的不断深化，市场结构的细分化、多样化逐渐突现，企业战略显得越来越重要。

二、企业战略的内涵

关于战略的定义至今没有明确统一，许多学者从多种角度对其进行探讨，赋予了企业战略不同的含义。有的认为企业战略应包括企业目的与目标即广义的企业战略。有的认为企业战略不应该包括这一部分内容，即狭义的企业战略。本书仅列出关于战略定义的主要观点，读者可以通过思考和根据现实环境下企业的情况，确定哪种定义更为合适，或者根据自己的思想，重新确定企业战略的内涵。

1. 安德鲁斯的定义

美国哈佛商学院教授安德鲁斯(K. Andrews)认为，企业总体战略是一种决策模式，它决定和揭示企业的目的和目标，提出实现目的的重大方针与计划，确定企业应该从事的经营业务，明确企业的经济类型与人文组织类型，以及决定企业应对员工、顾客和社会作出的经济与非经济的贡献。

因此，从本质上讲，安德鲁斯的战略定义是通过一种模式，把企业的目的、方针、政策和经营活动有机地结合起来，使企业形成自己的特殊战略属性和竞争优势，将不确定的环境具体化，以便较容易地着手解决这些问题。

2. 魁因的定义

美国达梯莱斯学院管理学教授魁因(J. B. Quinn)认为，战略是一种模式或计划，它将一个组织的主要目的、政策与活动按照一定的顺序结合成一个紧密的整体。一个制定完善的战略有助于企业组织根据自己的优势、劣势和环境中的预期变化，以及竞争对手可能采取的行动而合理地配置自己的资源。魁因对此定义作过进一步的解释，认为战略应包括以下内容：

(1) 有效的正式战略包括三个基本因素：a. 可以达到的最主要的目的(或目标)；b. 指导或约束经营活动的重要政策；c. 可以在一定条件下实现预定目标的主要活动程序或项目。在魁因的定义中，确立一个组织的目标是战略制定过程中一个不可缺少的部分。

(2) 有效的战略是围绕着重要的战略概念与推动力而制定的。所谓战略推动力是指企业组织在产品和市场这两个主要经营领域里所采取的战略活动方式。不同的战略概念与推动力会使企业的战略产生不同的内聚力、均衡性和侧重点。

(3) 战略不仅要处理不可预见的事件,也要处理不可知的事件。战略的实质是建立一种强大而又灵活的态势,为企业提供若干个可以实现自己目标的选择方案,以应付外部环境可能出现的例外情况,不管外部力量可能发生哪些不可预见的事件。

(4) 在大型组织里管理层次较多,每一个有自己职权的层次都应有自己的战略。这种分战略必须在一定程度上或多或少地实现自我完善,并与其他的分战略相互沟通相互支持。

总之,魁因的定义与安德鲁斯的定义有类似之处,它们都属于广义的战略定义。

3. 安索夫的定义

美国著名的战略学家安索夫(H. I. Ansoff)指出,企业在制定战略时,有必要先确定自己的经营性质。有的企业根据产品系列的特性确定经营性质;有的企业根据构成产品系列的技术来确定经营性质;还有的企业是根据所有的市场确定自己的经营性质。如"机床公司"、"钢铁公司"、"电器公司"。企业不管怎样确定自己的经营性质,目前的产品和市场与未来的产品和市场之间存在着一种内在的联系,安索夫称这种现象为"共同的经营主线"。通过分析企业的"共同的经营主线"可以把握企业的方向,同时企业也可以正确地运用这条主线,恰当地指导自己的内部管理。

企业如果将自己的经营性质定义得过宽,则会失去共同的经营主线,也就无法制定合适的战略。例如,一个自称为"交通运输的企业",便找不到共同的经营主线。首先,这类企业的经营范围会愈来愈广泛,如市内交通、城市间交通、空中运输、水上运输等;其次,用户的范围相当广泛,如个人、家庭、企业、机关单位等;最后,产品范围也相当广泛,如汽车、火车、轮船、飞机等。这种变量可以形成无数个组合,产生出无数条共同的经营主线,使企业无所适从。

当然,企业也不能将自己的经营性质定义得过窄。在发达的今天,许多企业实际上是在若干种不同的行业里从事生产经营活动。同时行业的界限也随着科学技术的发展而不断地变化,不断地产生出新的行业。今天，纳米技术、生物技术、基因工程、网络技术的应用，已推出了许多新行业。所以，企业的战略必须一方面能够指导企业的生产经营活动；另一方面能够为企业的发展提供空间。

总之，安索夫的企业战略定义与安德鲁斯和魁因的不同，应该是属于一种狭义的战略定义。

4. 明茨伯格的定义

加拿大麦吉尔大学管理学教授明茨伯格(H. Mintzberg)对于企业战略的定义有着自己的独到之处。他指出，生产经营活动中，人们在不同的场合以不同的方式赋予企业战略不同的内涵，说明人们可以根据需要接受各种不同的战略定义。在这种观点的基础上，明茨伯格借鉴市场营销学中的四要素(4P)的提法，提出了企业战略是由五种规范的定义阐述的，即计划(plan)、计策(ploy)、模式(pattern)、定位(position)和观念(perspective)构成了企业战略的5P。这五个定义是从不同角度对战略这一概念加以阐述的。

(1) 战略是一种计划。从本质上讲，战略具有"行动之前"的含义。明茨伯格指出，战略是一种有意识的、有预计的行动，一种处理某种局势的方针。根据这个定义，战略具有两个本质属性：其一，战略是在企业发生经营活动之前制定的，以备人们使用；其二，战略是作为一种计划写进企业正式文件中的，当然不排除有些不公开的，只为少数人了解的企业战略。

(2) 战略是一种计策。这是指在特定的环境下，企业把战略作为威慑和战胜竞争对手的一种"手段"。例如，一个企业的竞争对手想要扩大生产能力时，便提出自己的战略是扩大厂房面积和提高生产能力。由于该企业资金雄厚、产品质量优异，竞争对手无力竞争下去，便放弃扩大生产能力的设想。然而，实际情况却是，一旦竞争对手采取了放弃的态度，该企业并没有将扩大能力的战略付诸实施。因此，这种战略只能称为是一种计策，使之对竞争对手构成威胁。

(3) 战略是一种模式。明茨伯格认为：战略是一种模式，它反映企业的一系列行动。这就是说，无论企业是否事先对战略有所考虑，只要有具体的经营行为，就有战略。当年的福特汽车公司的总裁亨利·福特要求“T型”福特汽车漆成黑色的行为，就可以理解为一种战略。

战略作为一种计划与战略作为一种模式，两种定义是相互独立的。在实践中，计划往往可能在最后没有实施，模式却可能事先并没有具体计划，但最后却形成了。就是说，战略可能是人类行为的结果，而不是人类设计的结果。因此，我们可以称第一个定义的战略是设计的战略，而第三个定义的战略是已实现的战略。

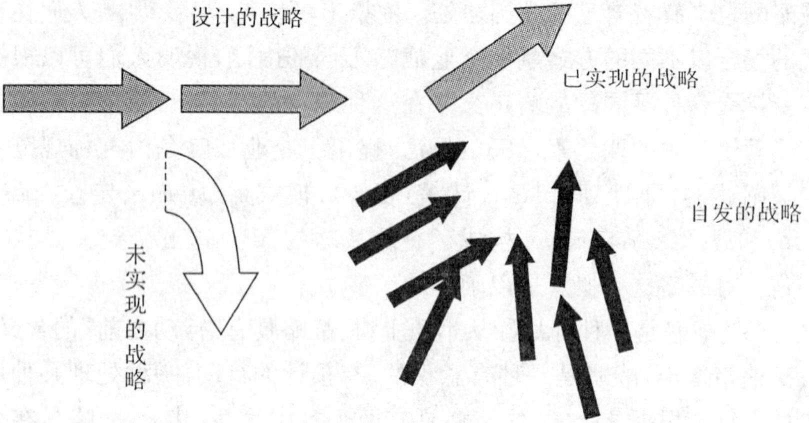

图1-1 战略的形式

图1-1表明，战略实际上是一种从计划向实现流动的结果。那些不能实现的战略在战略设计结束之后，通过一个单独的渠道消失，脱离准备实施的战略的渠道。此外，准备实施的战略与自发的战略则通过各自的渠道，流向已实现的战略。这是一种动态的战略观点，它将整个战略看成是一种“行为流”的运动过程。

(4) 战略是一种定位。前三种定义没有准确地回答一个基本问题，即战略到底是什么？鲁梅尔特(Rumelt)指出：“一个人的战略会是另一个人的战术——一个事物是否是战略，取决于当事人所处的地位。”同样，它也取决于当事人所处的时间。今天看来是战术的问题，明天可能就会被证实是战略的。因此，有些细节问题在一定时间、一定程度上应该视作战略。例如，在与通用汽车公司竞争中，亨利·福特一世痛失市场份额的原因之一就是他只同意将汽车漆成黑色，而拒绝漆成其他颜色。油漆颜色的选择看起来不是一个战略问题，但最后却成为了不折不扣的战略问题。

由此可见，战略的范围很广，它可以包括产品及生产过程、顾客及市场、企业的社会责任与自我利益等任何经营活动及行为。不过，最重要的是，战略应是一种定位，是一个组织在自身环境中所处的位置。对企业讲，就是确定自己在市场中的位置。这就是战略的第四种定义。在这里，战略实际上成为企业与环境之间的一种中间力量，使企业的内部条件与外部环境更加融洽。换句话说，战略就是要把企业的重要资源集中到相应的地方，形成一个产品和市场的"生长圈"。

总之，把战略看成一种定位的概念是通过正确地配置企业的资源，形成企业有力的竞争优势。

(5) 战略是一种观念。这一定义把战略看成为一种观念，它体现组织中人们对客观世界固有的认识方式。例如，有些企业是进取型的，创造出新的技术，开拓了新的市场；而有的企业则一成不变，固守在早已建成的市场上。企业的经营者对客观世界的不同认识会产生不同的经营效果。

由此可以看出，战略是一种观念的定义，强调了战略是一种抽象的概念，只存在于需要战略的人的头脑之中。把战略看作是一种观念，就像同价值观、文化和理想等精神内容为组织成员所共有一样，战略的观念要通过组织成员的期望和行为而形成共享。在这个定义里，还需要强调的是集体的意识，个人的期望和行为是通过集体的期望和行为反映出来的。因此，研究一个企业的战略，要了解和掌握该企业的期望如何在成员间分享，以及如何在共同一致的基础上采取行动的。

以上所列举的战略观点不足以覆盖所有研究成果。应当指出，每一种理论都有其独到之处，都能给我们一些有益的启示。

三、企业战略的特征

尽管人们对战略的认识有太多分歧，但是对战略特征的认识基本一致。概括起来，企业战略应具有如下特征：

(1) 企业战略具有全局性。企业战略就是企业发展的蓝图，制约着企业经营管理的一切具体活动，它追求企业的总体效果。企业战略是对企业的未来经营方向和目标的纲领性的规划和设计，对企业经营管理的所有方面都具有普遍的、全面的、权威的指导意义，只考虑局部利益的计划不能列入企业战略。

(2) 企业战略具有长远性。企业战略考虑的是企业未来相当长一段时期内的总体发展问题。经验表明，企业战略通常着眼于未来3～5年乃至更长远的目标。企业战略反对短期化行为。战略的成效也要以长远利益来衡量。

(3) 企业战略具有指导性。企业战略规定了企业在一定时期内基本的发展目标，以及实现这一目标的基本途径，指导和激励着企业全体职工努力工作。

(4) 企业战略具有现实性。企业战略是建立在现有的主观因素和客观条件基础上的，一切从现有起点出发。

(5) 企业战略具有竞争性。战略是为了适应市场的需要而产生的，是为了增强企业的活力和优势而制定的。战略的作用在于通过密切注视市场竞争态势和企业自身的相对竞争地位，抓住机遇，迎接挑战，发挥优势，克服弱点，以求在"商战"中克敌制胜，保障企业的生存和发展。

(6) 企业战略具有风险性。企业战略是对未来发展的规划，然而环境总是处于不确定的和变化莫测的趋势中，任何企业战略都伴随有风险。

(7) 企业战略具有创新性。企业战略的创新性源于企业内外部环境的发展变化，因循守旧的企业战略是无法适应时代发展的。

(8) 企业战略具有相对稳定性。企业战略一经制定后，在较长的时期内要保持稳定(不排除局部调整)，以利于企业各级单位和部门努力贯彻执行。

(9) 企业战略必须与企业管理模式相适应。企业战略不应脱离现实可行的管理模式，管理模式也必须调整以适应企业战略的要求。

(10) 企业战略与战术、策略、方法、手段相适应。一切好的企业战略如果缺乏实施的力量和技巧，也不会取得好的效果。

四、企业战略理论的演变过程

无论在管理理论还是管理实践中，战略管理理论皆占据着十分重要的地位。从发展的先后顺序上看，它大体可以分为：以环境为基点的经典战略管理理论，以产业(市场)结构分析为基础的竞争战略理论和以资源、知识为基础的核心竞争力理论。

1. 以环境为基点的经典战略管理理论

20世纪60年代初，美国著名管理学家钱德勒(Chandler)的《战略与结构》一书的出版，首开企业战略问题研究之先河。钱德勒在这部著作中，分析了环境、战略和组织结构之间的相互关系。他认为，企业经营战略应当适应环境和满足市场需要，而组织结构又必须适应企业战略，随着战略变化而变化。因此，他被公认为研究环境——战略——结构之间关系的第一位管理学家。其后，就战略构造问题的研究，形成了两个学派："设计学派"(design school)和"计划学派"(planning school)。

设计学派以哈佛商学院的安德鲁斯教授及其同仁们为代表。他们在主张经营战略是使组织(企业)自身的条件与所遇到的机会相适应的基础上，建立了将战略构造分为制定与实施两大部分的基本模型。该学派认为，首先，在制定战略的过程中要分析企业的优势与劣势、机会与威胁，因为，这将涉及企业的竞争环境和企业发展的外部空间。其次，高层的经理人员应是战略制定的设计师，并且，他们还必须督导战略的实施。再则，战略构造的模式应是简单而又非正式的，而且最好的战略应该具有创造性和灵活性。

几乎与设计学派同时产生的计划学派则是以安索夫为杰出代表。安索夫在1965年出版了《公司战略》一书。以他为代表的计划学派主张：战略构造应是一个有控制、有意识的正式计划过程，企业的高层管理者负责计划的全过程，而具体制定和实施计划的人员必须对高层管理者负责；通过目标、项目、预算的分解来实施所制定的战略计划等等，

1972 年安索夫在《企业经营政策》杂志上发表了“战略管理思想”一文，正式提出“战略管理”的概念，为后来的企业战略管理理论的发展奠定了基础。1979 年，安索夫又出版了《战略管理》一书，系统地提出了战略管理模式。他认为，战略行为是对其环境的适应过程以及由此而导致的企业内部结构化的过程；企业战略的出发点是追求自身的生存与发展。

从以上所述的内容中不难看出，尽管这一时期学者们的研究方法各异，具体主张不尽相同，但总体上说，其核心思想是一致的，主要体现在以下几点：

(1) 企业战略的基点是适应环境。企业所处的环境往往是企业自身难以左右的，因而企业制定战略必须充分考虑环境的变化，只有适应环境变化，企业才能求得生存与发展。

(2) 企业战略的目标在于提高市场占有率，企业战略适应环境变化旨在满足市场需求，获取理想的市场占有率，这样才有利于企业的生存与发展。可以说，企业如何获取理想的市场占有率在经典战略管理中居于核心地位。

(3) 企业战略的实施要求组织结构变化与其相适应。经典战略管理实质是一个组织对其环境的适应过程以及由此带来的组织内部结构化的过程。因而，在战略实施上，势必要求企业组织结构要与企业战略相适应。

这些核心思想为企业战略管理理论的形成与发展奠定了基础。然而，需要指出的是，以环境为基点的经典战略理论至少存在以下不足之处：

(1) 该理论缺少对企业将投入竞争的两个或几个产业进行分析与选择，它从现存的产业市场出发，要求企业所适应的环境实质上是已结构化的产业市场环境，这势必导致：一方面，企业所追求的生存与发展空间十分有限；另一方面，企业往往被动地适应环境，处于被动地追随领先者的困境之中，充其量只能是战略的追随者。

(2) 该理论缺乏对企业内在环境的考虑，它只是从企业的外部环境来考察企业战略问题。但从某种意义上说，正是这些不足之处才为推动企业战略管理理论的发展提供了契机。

2. 以产业（市场）结构分析为基础的竞争战略理论

经典战略理论缺陷之一是忽视了对企业竞争环境进行分析与选择。在一定程度上弥补这缺陷的是波特（Porter，1980 年）。他将产业组织理论中结构（S）——行为（C）——绩效（P）这一分析范式引入企业战略管理研究之中，提出了以产业（市场）结构分析为基础的竞争战略理论。

波特认为，企业盈利能力取决于其选择何种竞争战略，而竞争战略的选择应基于以下两点考虑：

（1）选择有吸引力的、高潜在利润的产业。不同产业所具有的吸引力以及带来的持续盈利机会是不同的，一个选择朝阳产业的企业要比选择夕阳产业更利于提高自己的获利能力，因为一个企业所选择的那个产业的内在盈利能力是决定该企业获利能力与机会的重要因素。

（2）在已选择的产业中确定自己优势的竞争地位。一般说来，在一个产业中，不管它的吸引力以及提供的盈利机会如何，处于竞争优势地位的企业要比处于竞争劣势地位的企业更有利可图。而要正确地选择有吸引力的产业以及给自己的竞争优势定位，必须对将要进入的一个或几个产业的结构状况和竞争环境进行分析。

在《竞争战略》一书中，波特提出了著名的五种竞争力量（进入威胁、替代威胁、现有竞争对手的竞争以及客户和供应商讨价还价的能力）所形成的竞争模型，认为产业的吸引力，即潜在利润是源于这五个方面的压力所产生的相互作用的结果。而“战略制定的关键就是要透过表面现象分析竞争压力的来源。对于表象之下的压力来源的认识可使公司的关键优势与劣势突现出来”。在此不难发现，企业可以通过其战略对五种竞争力量发生影响，并影响产业（市场）结构，甚至改变某些竞争规则，从而赢得竞争优势，提高自己的盈利能力；波特的研究正是按照这样的思路展开的。首先，他构建了一个制定竞争战略的模型，分析了决定产业因潜在利润而带来吸引力的五种竞争力量；并在此基础上提出了赢得竞争优势的三种通用战略：总成本领先战略、差异化战略和目标集聚战略。其次，波特通过对各个具体产业如分散型产业、新兴产业、走向成熟的过渡产业、夕阳产业以及全球性产业等的环境进行分析，把上述三种通用战略加以具体化。

与经典战略理论相比，竞争战略理论前进了一大步。它指出了企业在分析产业（市场）结构竞争环境的基础上制定竞争战略的重要性，从而有助于企业将其竞争战略的眼光转向对有吸引力的产业的选择上。然而，同经典战略理论一样，竞争战略仍缺乏对企业内在环境的考虑，因而无法合理地解释下列问题：为什么在无吸引力的产业中仍能有盈利水平很高的企业存在，而在吸引力很高的产业中却又存在经营状况很差的企业？受潜在高利润的诱惑，企业进入与自身竞争优势毫不相关的产业进行多元化经营，最终这些企业缘何大多以失败告终等等。波特后来对此缺陷有所认识，于是在此后的《竞争优势》一书（Porter，1985 年）中，从企业的内在环境出发，提出以价值链为基础的战略分析模型，试图弥补原有理论的不足。但是，就价值链的分析方法而言，它几乎涉及企业内部所有方面，存在着对主要方面（如特定技术和生产方面）重视不足的局限性。在这样的情形下，以资源、知识为基础的核心竞争力理论便迅速地发展了起来。

3. *以资源、知识为基础的核心竞争力理论*

近些年来，信息技术的迅猛发展使竞争环境更加恶劣，使得企业不得不把眼光从关注其外部产品市场环境转向其内在环境，注重对自身独特的资源和知识（技术）的积累，以形成特有的竞争力（核心竞争力）。20 世纪 80 年代中期"资源观"（resource-based view）和 90 年代初"知识观"（knowledge-based view）的提出正是对这种转变的积极响应。这一时期的企业战略管理理论称为以资源、知识为基础的核心竞争力理论。

该理论认为，企业经营战略的关键在于培养和发展企业的核心竞争力。所谓核心竞争力是"组织中的积累性学识，特别是关于如何协调不同的生产技能和有机结合多种技术流的学识"（Prahald & Hamel，1990 年）。因此，核心竞争力的形成要经历企业内部资源、知识、技术等的积累、整合过程。正是通过这一系列的有效积累与整合，形成持续的竞争优势后，才能为获取超额利润提供保证。很明显，该理论着重强调的是企业内部条件对于保持竞争优势以及获取超额利润的决定性作用。这表现在战略管理实践上，要求企业从自身资源和能力出发，在自己拥有一定优势的产业及其关联产业进行多元化经营，从而避免受产业吸引力诱导而盲目地进入不相关产业经营。

该理论进一步认为，并不是企业所有的资源、知识和能力都能形成持续的竞争优势，而只有当资源、知识和能力同时符合珍贵（能增加企业外部环境中的机会或减少威胁的资源、知识和能力才是珍贵的）、异质（企业独一无二的，没有被当前和潜在的竞争对手所拥有）、不可模仿（其他企业无法获得的）、难以替代（没有战略性等价物）的标准之时，它们才成为核心竞争力，并形成企业持续的竞争优势。因而，要培养和发展核心竞争力，企业应首先分析自身的资源、知识和能力的状况，然后依据上述标准，选择其中某一方面或几个方面，充分发挥这一方面或几个方面的优势，并成为最擅长者。显然，核心竞争力理论克服了波特的价值链分析模型涵盖企业内部所有方面的过度宽泛性。此外，在选择那些可能成为核心竞争力的同时，还应关注未来新的核心竞争力的培养。而要培养新的核心竞争力，必须提高产业预见能力。为此，企业应根据对人的需求欲望、技术发展、社会大趋势等前瞻性的预测，从完全想象的市场出发来构想未来的产业，培养新的核心竞争力，从而使自己永久地保持核心竞争能力的领导地位，成为未来产业的领先者。

第二节　企业战略管理过程

一、战略管理的定义

战略管理的本质与其他管理是不同的。具体的管理经常是处理许多经营控制的问题，如产品的高效生产、销售人员的管理、对财务进行监控等。这些工作是在战略指导下，在相应环境状况下，组织管理的一部分。实际上，很多管理者大部分时间是在进行经营控制。那么战略管理是什么呢？战略管理是在充分占有信息的基础上的一个决策和实施过程，包括三个相关联的主要阶段，即战略分析阶段、战略选择阶段、战略实施阶段。

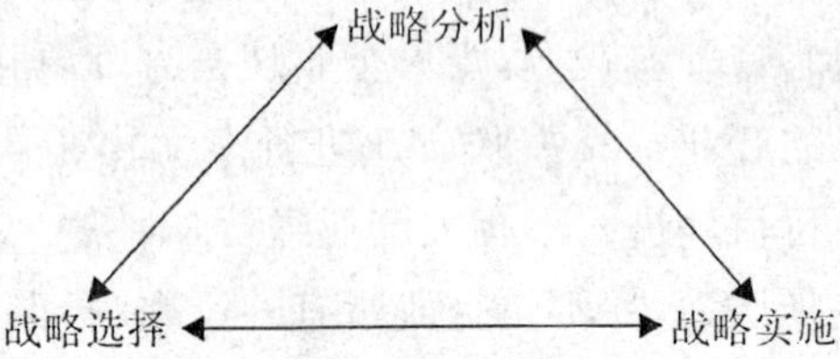

图 1-2　战略管理过程的基本模型

许多教科书认为这三个阶段是直线关系，即战略分析之后是战略选择，战略选择之后是战略实施。其实在实际工作中，各阶段之间是相互联系的，很可能评估战略时也就开始战略实施了，如图 1-2 所示。因此，战略选择和战略分析就会重叠；也可能战略分析是一个继续的过程，因此，就与战略实施重叠了。

二、战略管理过程的几个阶段

1. 战略分析

战略分析是指对为保证企业在现在和未来始终处在良好状态的那些关键性影响因素形成一个概观。战略分析要了解企业的战略地位，环境正在发生哪些变化？以及它们怎样影响企业活动？对这些变化企业有哪些资源优势？与企业有关的个人和团体——管理人员、所有者或股东以及联盟等的愿望是什么？这些怎样影响当前的地位？将来会发生什么？图 1-3 列出了战略分析的内容。

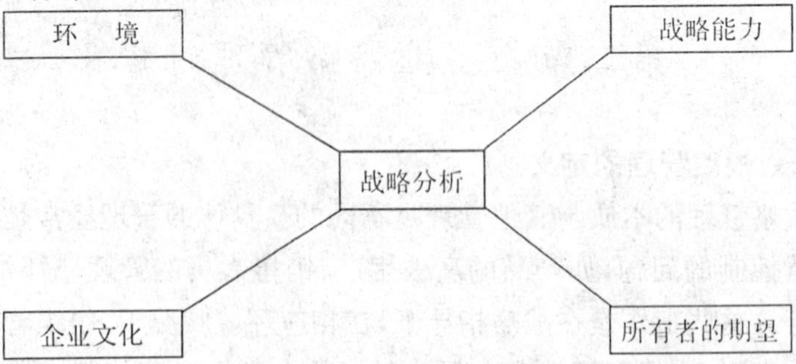

图 1-3　战略分析的内容

（1）环境。企业处在复杂的商品、经济、政治、文化、社会环境中，环境变化对企业的影响较为复杂。战略与企业在环境中的地位有关，因此，了解环境对企业的影响对战略分析来说是至关重要的。在考虑环境变化对现在的影响和预期的变化的同时，必须考虑历史和环境对企业的影响，因为环境变量非常多。有些环境变量会产生某些机会，有些则会给企业带来威胁。应将环境的变量整理出一个主要或整体概观，逐个分析几乎是不可能的。

（2）战略能力。考虑企业战略能力的方法就是考虑企业的优势和劣势。定义这些优势和劣势时会考虑企业的资源，如它的实物资产、管理水平、品牌、信誉、财务结构和产品等。而且，其目的也是建立一个有关战略选项的内部影响和约束的"大概面貌"。

（3）所有者的期望。所有者的期望会影响哪些东西可以被接受。

（4）企业文化。企业文化对战略有重要的影响。不同的信仰会干扰环境和资源对组织的影响作用。面对相同的环境和资源，不同的两组管理者会得出不同的结论，哪种影响会占据首位可能取决于哪一组权力更大。

战略分析为制定战略提供了基础。同时也很有必要了解企业现行战略和现行目标在方向及发展结果上的一致程度。现行战略能够应付组织环境变化吗？现行战略不可能与战略分析所描述的结果完全符合。不符合程度就是战略制定者面临的战略问题。有时需调整的程度较小，有时则需要作出大幅度的变动。

2. 战略选择

战略选择可分为以下三部分：

（1）战略选择的产生。在 20 世纪 70 年代和 80 年代，A 公司面临着一个关于将其变成何种程度的跨国企业的决策问题；到 1991 年其内部经营范围又面临另外的选择：应将重点集中在世界的哪个区域，在所有不同的国家之间可能保持相同的贸易基础吗？有必要通过市场集中来调整吗？这些都是很重要的问题，因为基本的或一般的战略是基于一个完全独特的或者说十分不同的世界范围的零售业的。在这些选择中,在产品开发和产品系列方面需要的战略方向是什么?公司应该通过内部开发沿用这些战略,还是通过特权增加合资更明智,用什么方法最恰当?所有这些都很重要,都需要认真考虑。其实,在形成发展战略时,一种潜在的危险是管理者不是把所有的选择都考虑在内,而只考虑那些明显的选择,须知最明显的不一定是最好的。在战略选择中形成各种战略方案是一个很有帮助的环节。

(2) 战略方案的评估。战略分析的过程中可以检验战略方案,评估它们的相对优点。在选择战略方案时,公司管理层可能提出一系列问题。首先,哪些方案能支持和加强公司的实力,并且能够克服公司的弱点?哪些能完全利用机会和优势,而同时又使公司面临的威胁最小或者能够完全消除?这一过程被称为战略匹配性或适用性。但是,第二类问题更重要,即选中的战略能发挥多大程度的作用?所需的财务资源更多吗?是否能在正确的时间、正确的地点提供足够的存货?员工能被重新培训以适应所追求的形象吗?所有这些都是可行性问题。即使这些目标都达到了,此方案对所有者来讲是否可接受?

(3) 战略的选择。这是选择战略方案的过程,也许只有一个或几个战略被选中。实际上不可能有真正"错误"或"正确"的选择,因为任何战略都免不了有一些缺点或危险!因此,最后选择是一个管理评测问题,不能总被看作为纯目的、纯逻辑的行为。

3. 战略实施

战略实施就是将战略转化为行动。战略实施分几个部分,它涉及资源计划(包括战略实施的"后勤保障"),哪些是需要完成的关键任务?组织资源混合使用时需要做哪些变动?到什么时候为止?谁对这些变动负责等?不同的部门应对什么负责?需要哪些种类的信息系统来监测战略的进程?需要重新培训员工吗?

战略实施还要求对战略变革进行管理,这就要求管理者掌握管理变革过程的方法和技术。这些机制不仅与组织重新设计有关,而且还与变动组织文化和日常工作、克服变动的政治阻力等有关。

上述战略管理过程的影响因素和阶段,可用图 1-4 来表示,其具体

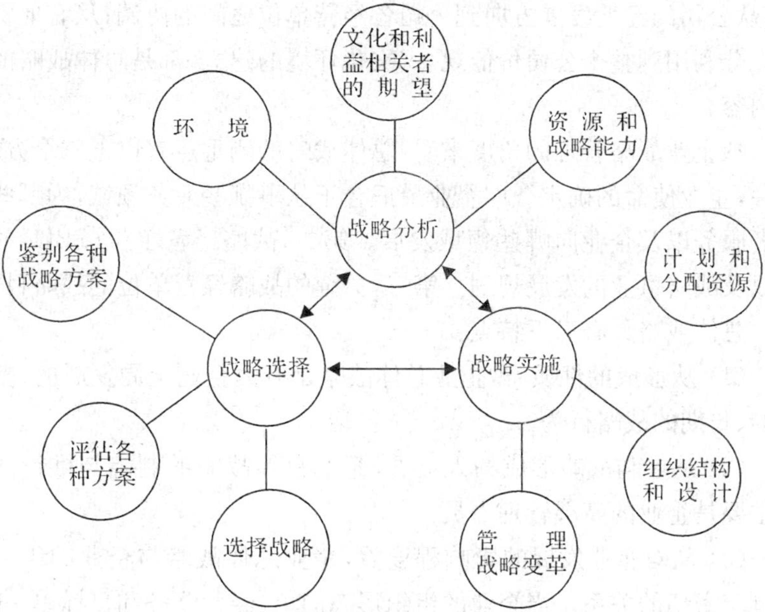

图 1-4　战略管理元素模型总结

框架,能帮助读者理清战略管理过程的思路。

三、战略管理的层次结构

企业内部往往设置若干管理层次,例如最高管理层、中间管理层和基层组织。尽管战略管理的最终责任由最高管理层的人员承担,但其他管理层的管理者都要参与,甚至要制定和实施各自范围内的某种战略,这样便会在企业内形成战略管理层次,依据大型公司的特点,把战略分为总体战略,事业部战略和职能部门战略。有些中小型企业,由于其内部没有相对独立的经营单位,不一定要将其战略分为三个层次。

1. 总体战略

总体战略,或称公司战略,是企业最高管理层指导和控制企业的一切行为的最高行动纲领。总体战略的对象是企业整体。在大中型企业里,特别是多种经营的企业里,总体战略是企业战略中最高层次的战略。它需要根据企业的目标,选择企业可以竞争的经营领域,合理配置企业经营所必需的资源,使各项经营业务相互支持、相互协调。可以讲，从公司的经营发展方向到公司各经营单位之间的协调；从有形资源的充分利用到整个公司价值观念、文化环境的建立，都是总体战略的重要内容。

从企业战略管理的角度来看，总体战略的侧重点有以下三个方面：第一，企业使命的确定。即企业最适合于从事哪些业务领域，为哪些消费者服务以及企业向哪些领域发展。第二，战略经营单位(SBU)的划分以及战略事业的发展规划。第三，关键的战略经营单位的战略目标。

总体战略具有以下特点：

(1) 从形成的性质看，企业总体战略是有关企业全局发展的、整体性的、长期的战略行为。

(2) 从参与战略形成的人员看，企业总体战略的制定与推行的人员主要是企业的高层管理人员。

(3) 从对企业发展的影响程度看，企业总体战略与企业的组织形态有着密切的关系。当企业的组织形态简单，经营业务和目标单一时，企业总体战略就是该项经营业务的战略，即经营战略。当企业的组织形态为了适应环境的需要而趋向复杂化，经营业务和目标也多元化时，企业的总体战略也相应复杂化，如形成多种经营战略等。不过，战略是根据企业环境变化的需要而提出来的，它对企业的组织形态也有反作用，会要求企业组织形态在一定的时期作出相应的变化。例如，企业准备利用一部分内部资源进行合资经营时，企业的组织形态就需要适应这种变化，形成可以进行合资的事业部。

2. 事业部战略

事业部战略，是在企业总体战略的指导下，经营管理某一个战略业务单位的战略，是企业总体战略之下的子战略，为企业的整体目标服务。事业部的战略重点是要改进一个事业部，在它所从事的行业中，或某一特定的细分市场中所提供的产品和服务的竞争地位，战略涉及该企业在它所从事的某一个行业中如何竞争的问题，涉及该企业在某一个行业经营领域中扮演什么样的角色，以及在战略里如何有效地利用好分配给的资源等问题。事业部战略的侧重点在于：如何贯彻企业使命；企业发展的机会与威胁分析；内部条件分析；企业发展的总体目标与要求；确定战略的重点、战略阶段和主要战略措施等。

3. 职能部门战略

职能部门战略，又称职能层战略，是为贯彻、实施和支持总体战略与事业部战略而在企业特定的职能管理领域制定的战略。它是企业内主要职能部门的短期战略计划，使职能部门的管理人员可以更加清楚地认识到本职能部门在实施企业总体战略中的责任和要求，有效地运用研究开发、营销、生产、财务、人力资源等方面的经营职能，保证实现企业目标。

职能部门战略一般可分为营销战略、人力资源战略、财务战略、生产战略、研发战略。从战略管理的角度来说，职能部门战略的侧重点在于：如何贯彻企业的总体目标；职能目标的论证及其细分化，如规模与生产能力、主导产品与品种目标、质量目标、技术进步目标、市场目标等；确定职能部门战略的战略重点、战略阶段和主要战略措施；战略实施中的风险分析和应变能力分析。

第三节　战略管理者与战略性思维

德国著名的军事战略家克劳塞维茨曾说过："在双方军队参战之前，战争的胜负已经可以从双方的战略家身上看出来了。"商业竞争在很大程度上与军事对抗一样，企业战略管理者的好坏对企业战略管理的成败有十分重要的关系。企业战略管理者是企业战略管理的主体，他们是企业内外环境的分析者，是企业战略的制定者，是战略实施的领导者和组织者，是实施过程的控制者和结果的评价者。一般来说，战略管理者包括企业的高层管理者、董事会，各事业部的经理，职能部门的管理者以及专职计划人员。

一、公司高层管理者

公司的首席执行官就像船长一样，是公司最重要的战略管理者。他的主要责任是制定公司的主要发展方向、主要目标、主要战略，也是主要的战略实施者。虽然公司的其他高层管理者也有重要的领导责任,但是,领导整个公司的战略计划制定和执行的最终责任却是由公司的首席执行官来承担的。

生产、市场营销、财务、人力资源以及其他部门的副总裁也有重要的战略制定和战略实施的责任。一般来说,生产副总裁在生产战略的制定中承担着主要的责任;市场营销副总裁在市场营销战略的制定中承担着主要的责任;财务副总裁则往往负责制定恰当的财务战略;一般来说,首席执行官级别以下的高层管理者也参与整个公司战略中关键要素的提出和确立,参与战略性的策划,同首席执行官紧密合作,寻求一致,达成统一,有效地协调战略的各个侧面。只有在小型的所有者管理的公司中,战略制定和战略实施的任务才会小到让一个人管理的程度。

但是,战略制定和战略实施的责任在管理者之间的这种分配并不意味着战略的制定和实施责任就局限在首席执行官、公司副总裁和小型公司的所有者和企业家身上。公司中的每一个主要的单位——业务单位、部门、参谋人员、支持小组、或者地区分公司,在公司的战略计划中,通常都有一个主要的或支持性的角色。而负责那个组织单元的管理者在上级的指导下,通常完成该部门的部分或绝大部分战略的制定工作,并选择执行所作出的战略抉择的途径和方法。虽然处于公司组织结构底层的管理者的战略制定和执行的范围明显要窄一些,要具体一些,但是,每一个管理者在其所管理的领域里都是一位战略制定者和战略实施者。

为什么说中底层管理者也是战略制定和战略实施队伍中的一员呢?其中的一个原因是:公司的经营在地理上越分散、越多元化,处于公司总部的高层管理者就越难制定和实施所有必要的行动和项目。坐在办公室的管理者对每一个地理区域和经营运作单元情况的了解都不足以使他领导在基层所采取的每一个行动。高层管理者将一部分战略制定的责任下放给下一层的管理者,他们管理公司的下一个层次的组织单元,从而让他们在这一个层次上取得特定和明确的战略结果,这几乎成了一种惯例。把战略责任下放到现场的管理者，让他们担负起实施在他们领域里所制定的战略行动，这种做法实际上建立了一种成败权责制度。如果执行的管理者也是该战略的制定者，那么它就很难在没有达到目标的情况下推卸责任或寻找借口。同时，如果对于将要执行的战略，实施者本人也参与了制定，那么，他们很可能对该战略有很强的支持，而这一点是有效地执行战略的一个重要前提。

在多元化的公司中，对不同的业务有不同的战略，这时，通常有四种不同的战略管理者：

(1) 首席执行官以及其他的高级公司层次的经理人员，对于影响整个公司所进入的所有多元化业务的大战略决策拥有主要的责任和权利。

(2) 对某一项特定的业务承担自负盈亏责任的管理者，在他的这个业务单元内，拥有主要的领导权。

(3) 某一个特定的业务单位内的职能领导和部门领导，他们对该业务单位的某一部分有着直接的权力(如制造、市场营销和销售、财务、研究与开发、人事)，他们的职责就是在各自的领域里执行各自的战略，支持整个业务单位的整体战略。

(4) 主要的经营单位的管理者(工厂、销售区域、地区分公司)，他们往往承担一种现场责任，在他们的领域里制定"细节"战略，在基层实施和执行整个战略计划中，由他们承担那部分内容的责任。

但是单一业务公司所需的层次只有三个(业务层次的战略管理者，职能领域层次的管理者，经营运作层次的战略管理者)。在大型的单一业务公司中，战略管理者的队伍包括：首席执行官是公司主要的战略家，对战略的制定和执行有着最终的权力；副总裁和部门领导，他们负责公司的重要活动(如：研究与开发、生产、市场营销、财务、人力资源等)；各个经营单元的管理者，像各个工厂的管理者、销售部门的管理者、分销中心的管理者以及参谋部门的管理者，他们负责具体管理公司的业务经营范围。不过，所有权企业、合作企业以及所有者与管理者合一的企业，一般只有 1～2 个战略管理者，因为在小型企业中对整个战略制定、战略实施职能的执行可以掌握在少数几个人的手中。

二、董事会的战略角色

由于战略制定和实施主要由一些关键的管理者负责，因此公司董事会的战略角色就是对他们进行监督，确保战略有利于股东利益。公司的经理执行人员对一些重大的战略行动向董事会的成员汇报，把公司的战略计划提交公司的董事会讨论。由于绝大多数的外部董事缺乏特定行业的经验，他们对特定公司的了解是有限的。董事会的成员很少对公司的战略问题有详尽的了解，几乎提不出更有吸引力的战略来反对管理部门所提出的战略方案。所以，董事几乎不能或不应该在战略制定或实施上扮演直接的角色。董事会的董事在战略管理中的角色是批判地评价并最终批准战略规划。董事要能够独立地评判管理层的战略提案是否经过了充分的分析，管理层提出的方案是否比其他的方案更能令人满意。董事会成员的另外一个角色是评价高层执行人员制定的战略和实施战略的能力和技能，判断首席执行官的战略管理工作是否做得出色。近年来，在苹果计算机公司、通用汽车公司和 IBM、康柏计算机公司、美国捷运公司，公司的董事会都认为高层执行人员对公司战略的调整速度和深度还不够，不足以适应市场上的变化。他们对公司的首席执行官施加压力，要求首席执行官退位，起用新的领导，增加公司的活力，从而更新公司的战略。所以，董事会的战略角色是双重的：

(1) 不断地审查公司的长期发展方向和战略的合理性。一般来说，给予高层执行人员自由的权利，但是对他们进行监控，提出建设性的批评，时刻准备在必要的时候进行必要的干预。

(2) 评价现任首席执行官以及其继任者的领导能力，一旦公司的业绩没有达到它应该达到的水平，就及时进行恰当的人事变动。这样，董事会的监督作用就得到了充分的发挥。

董事会所包括的成员在参与战略管理的程度上存在着很大的差异，表 1-1 是根据参与程度所进行的分类。其中挂名型、无主见型董事对企业战略管理的发展是不利的。

表 1-1

董事会在战略管理中的参与程度

低		参与战略管理的程度			高
被动、消极地					主动、积极地
挂名型	无主见型	低度参与型	中度参与型	积极参与型	促进型
从来不知道应该做什么，对战略毫不关心。	听任管理人员作出一切决策；只负责对管理人员提出的建议进行审查。	只是从形式上对部分企业高层管理者的建议进行审查。	有限地参与有关管理方面的决策，或者有选择地评审关键性战略决策或行动方案。	对企业的使命、战略、政策和目标提出询问，并作出最后抉择。通过各种委员会进行年度的管理审计。	在建立和修改企业使命、目标、战略和政策中起领导作用，并设有一个非常积极负责的战略委员会。

三、专职计划人员

当企业高层管理人员无法应付过于繁重的战略指定工作的时候，通常将其中的一部分工作交给一个由高层管理人员组成的计划委员会或由一名副总经理负责的专门的战略计划或规划部门。这种专职计划人员主要负责收集和分析各种数据，提出和评价各种可执行的战略选择。一般来说，专职的计划人员和专门的计划组织在大型企业中才有，其人数在 1～50 人之间。专职计划人员的职责是帮助高层管理者制定企业的目标和战略，并审查事业部的计划，协调各个事业部门的计划，帮助高层管理者设计企业的战略管理系统，准备企业计划手册，为各事业部提供环境分析结果，并为它们的计划活动给予指导，就诸如并购、事业部或产品线的出让等企业重大问题为高层管理者提供企业的整体规划，为高层管理者所关心的专项问题进行研究等。正因为专职计划人员可以在战略指定过程中起着如此重要的作用，在某些企业中，他们实际决定着企业的未来。这些影响力来源于他们在战略管理方面的知识和技术，来源于他们对战略决策所需信息的控制和掌握。然而，他们的这种角色也常常使他们与一线管理者之间出现矛盾。

四、战略性思维

战略管理者必须具备战略性思维，只有这样，战略管理者才能在错综复杂的环境中把握方向，发展壮大企业。所谓战略性思维，是指管理者能站在公司总体战略设想的高度，来制定决策和实施管理，对多变的市场环境灵活应付，给企业带来前期的效益。

战略性思维的内容主要有以下几点：

（1）超前意识。这就是要求战略管理者思想敏锐，目光远大，能先人一招地预见到事物的发展变化，提早作出决策并付诸行动。

（2）长远意识。战略管理者要集中大部分时间和精力去思考未来几年或更长时间的事情，考虑企业的发展方向和定位。虽然对未来长远发展情况的预测很困难，但绝不能只顾眼前而忽视长远。

（3）全局意识。战略管理者心中必须时刻装着企业全局，思考企业整体的利益。企业是一个系统，内含若干子系统，在子系统与系统之间以及各子系统相互之间，必然会出现矛盾。在战略管理过程中，就要按照全局意识来处理这些矛盾，协调各方关系，实现整体优化。这里还包括处理好企业与外部环境之间的关系，企业既受环境影响，又可影响环境，处理好这些关系，也是维护企业总体利益的需要。

（4）权变意识。战略管理是一门科学，又是一门艺术，这应成为管理者的共识。在战略规划和实施中，一切都要从实际出发，发挥各自的创造性，机动灵活地处理问题。即使是管理者本人或所在企业过去的成功经验，也不一定适合于当前或未来的新情况，也需要重新审定。

（5）创新意识。创新就是敢于求新、求异或标新立异，绝不墨守成规或随大流。战略管理者必须富有创新意识，面对竞争对手，出其不意，以新、以变取胜，形成自己的特色。

（6）人本意识。战略管理者要树立牢固的群众观点，充分发挥广大员工的积极性和创造性，让他们参与讨论、参与制定、参与实施。这样才能保证企业战略取得良好的效果。

战略管理者要树立并善于运用战略性思维，随时随地用它来指导自己的工作，思考有关企业战略的问题。战略的形成是一个渐进的过程，所以战略性思维是经常起作用的，并逐步形成适合本企业的战略思维模式。

思考题

1. 如何理解企业战略？它有什么特性？

2. 为什么要在我国企业中推行战略管理？

3. 谁负责企业的战略管理？

4. 企业存在什么样的战略层次？

5. 企业战略有灵活性，你能否举出一些影响企业战略的主要因素？

本章案例

蓝天公司的战略观念

蓝天公司在20世纪80年代引进国外生产线，制造和经营某种电子装置。前几年效益很好，但进入90年代后，效益呈逐年下降趋势。

公司董事会最近任命李平博士为总经理，期望他能推行战略管理，振兴公司经济。蓝天公司从未搞过战略规划，而在李平博士从前担任副总经理的那家公司里，战略规划早已成为管理过程中不可缺少的部分。通过调查，李平认为蓝天公司的前景堪忧，因为它的产品品种单一，工艺技术落后，而市场竞争激烈，有些竞争对手的产品性能比蓝天的更好；如不对公司今后的发展做认真的考虑，有可能被无情的市场淘汰。而公司的前任总经理们几乎没有思考过公司的未来，他们总是假定，公司将继续做正在做的事，永远如此。

在致力于把战略规划观念引入蓝天公司时，李平遇到了很大的阻力。尤其是一些不断重复的异议来自各级管理人员，而这些异议只是从前任总经理那里继承下来的：

“由于不确定性，我们公司确实不能做规划。我们不知道下周星期二将发生什么事，更不用说三年、四年、五年以后了。”

“如果你太注意规划，那就什么事都做不成。规划属于梦想家，属于喜好幻想的工商管理硕士类型的参谋人员，而不属于实干家。”

“我们没有时间做规划。这会把太多的注意力从日常工作上移开，而日常决策才是基层的突出的工作。”

此外，李平似乎无法使其下属相信，规划的目的是帮助管理者更好地作出当前的决策，并不完全是为了将来。

问题

1. 你能对李平所听到的各种异议作出有说服力的、逻辑性强的反驳吗？

2. 李平有可能使各级管理人员接受战略规划观念吗？他或许将不得不撤换大多数管理干部特别是高级管理干部吗？

3. 假如你是李平，你将在组织上、人力资源上和程序上采取什么措施以着手推行战略规划？

第二章　企业外部环境分析

学习目标

- ◆ 了解企业宏观环境分析的目的和性质
- ◆ 掌握企业宏观环境分析的内容和方法
- ◆ 了解影响行业与竞争的五种力量
- ◆ 学会分析企业的主要竞争对手

第一节　企业宏观环境分析

一、企业宏观环境分析的目的和性质

任何一个企业都不是孤立存在的，总是要与周围环境发生物质的、能量的和信息的交流与转换。离开了与外部环境的交流与转换，企业将无法生存和发展。换句话说，企业生存和发展要受到其所处的外部环境的影响和制约。特别是在当今的信息社会，在企业与外部环境的相互关系中，一般来说，环境力量总是不以企业的意志为转移，总是处在不断发展变化之中。正因为如此，企业应该认识环境的状况、特点及变化趋势，并在此基础上去适应它，而不是对抗它。

根据外部环境因素对企业生产经营活动影响的方式和程度，企业外部环境一般可分为两大类：一类是企业的一般社会宏观环境因素，包括：政治法律因素、经济环境因素、社会文化因素和科学技术因素，它们对企业的影响往往是间接的或潜在的；另一类是行业环境因素，包括：消费者、供应者、竞争者、替代产品生产者、潜在加入者等，它们对企业的影响往往是直接的或明显的。这两类环境因素与企业内部的关系如

图 2-1 所示。

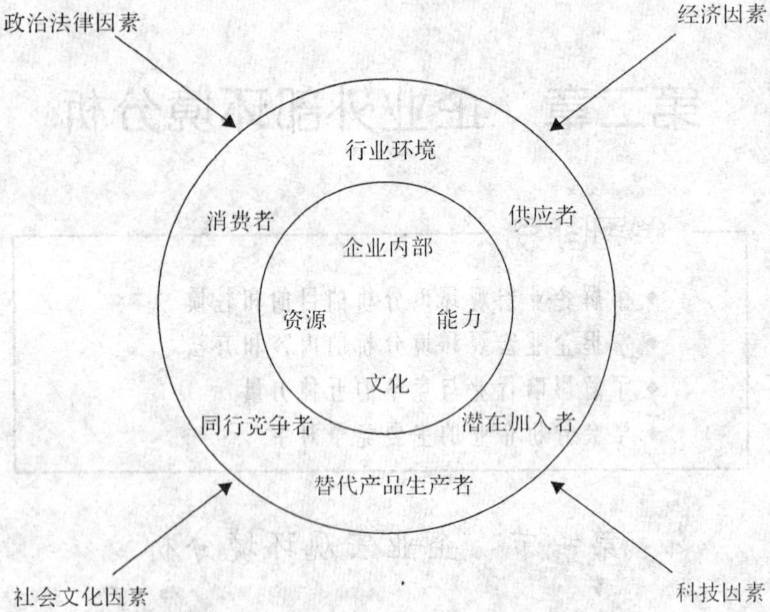

图 2-1　企业与外部环境关系示意图

大量研究表明:企业经营行为的改变是行业环境因素作用的结果,而行业环境因素的变动又是宏观环境因素驱动的,因此在分析把握企业外部环境形势时,首先应考察分析宏观环境因素的变动趋势,在此基础上再来分析行业环境及企业行为的变化。

对一个行业(环境)的宏观驱动因素作良好分析是制定良好战略的前提条件。如果不能敏锐地洞察在以后的 2～3 年内存在什么样的宏观环境因素,会给企业的业务带来多大的潜在变革,那么管理者根本无法为制定与新的环境节节相扣的战略做好准备。同样,如果管理者不清楚各个宏观驱动因素的意义和作用,那么,他们所制定的战略就难以对驱动因素及其行业所产生的影响作出积极有效的反应。所以对宏观环境因素的分析是很重要的,它对战略的制定有着十分重要的价值。

应该指出的是，尽管宏观环境所包含的因素很多，但对某一行业或某一企业来说，试图分析所有因素及其影响，不但困难，而且也没必要。重要的是从具体需要出发，认清哪些是关键因素，然后再对关键因素作分析就可以了。

宏观环境分析的目的或任务主要有两点：一是通过分析，考察预测与某一行业和企业有重大关系的宏观环境因素将发生怎样的变化；二是评价这些变化将会给行业及企业带来什么样的影响，以便为企业制定战略奠定基础和提供依据。

二、企业宏观环境分析的内容

构成企业宏观环境的因素很多。宏观环境因素分析主要是确认和评价政治、经济、科技、社会文化等因素对企业战略目标和战略选择的影响。

1. 政治环境因素分析

政治环境因素是指对企业经营活动具有现实的和潜在作用与影响的政治力量，如政治制度、体制、方针政策，同时也包括对企业经营活动加以限制和要求的法律和法规等。这些因素常常制约、影响企业的经营行为，尤其是影响企业较长期的投资行为。

（1）政治环境因素分析的内容。

具体来说，政治环境因素分析包括：

① 企业所在地区和国家的政局稳定状况。

② 执政党所要推行的基本政策以及这些政策的连续性和稳定性。政府通过各种法律、政策以及其他一些旨在保护消费者、保护环境、调整产业结构、引导投资方向的措施等。

③ 政府对企业行为的影响。作为供应者，政府拥有无法比拟的自然资源、土地和国家储备等，它的决定与偏好极大地影响着一些企业的战略；作为购买者，政府很容易培育、维持、增强、消除许多市场机会，如政府购买。

④ 有关法律对企业的影响。有关法律是政府用来管理企业的一种手段。一些政治因素对企业行为有直接的影响。但是一般说来，政

府主要是通过制定法律和法规来间接影响企业的活动。法律制度对企业的管理行为有着不同的要求。针对企业管理的法律政策很多，这些法律政策的主要目的有四个：一是反对不正当竞争，保护企业利益；二是反对不正当商业活动，保护消费者利益；三是保护社会整体利益不受损害；四是促进整个社会经济全面发展。

法律环境分析主要分析的因素有：一是法律规范，特别是和企业经营密切相关的经济法律法规，如我国的《公司法》、《中外合资经营企业法》、《合同法》、《专利法》、《商标法》、《税法》、《企业破产法》等。二是国家司法执法机关。在我国主要有法院、检察院、公安机关以及各种行政执法机关。与企业关系较为密切的行政执法机关有工商行政管理机关、税务机关、物价机关、计量管理机关、技术质量管理机关、专利机关、环境保护管理机关、政府审计机关。此外，还有一些临时性的行政执法机关，如各级政府的财政、税收、物价检查组织等。三是企业的法律意识。企业的法律意识是法律观、法律感和法律思想的总称，是企业对法律制度的认识和评价。企业的法律意识，最终都会物化为一定性质的法律行为，并造成一定的行为后果，从而构成每个企业不得不面对的法律环境。四是国际法所规定的国际法律环境和目标国的国内法律环境。

加入 WTO 后，随着我国经济体制改革的发展，以往政府所采用的行政管理手段将变为主要通过法律形式来贯彻执行，政府将依法行政，依规行政。这些法律法规的作用是双重的：一方面，它们对企业的行为有着种种的限制；另一方面，它们也保护着企业的合理竞争与正当权利。因此这是企业战略必须考虑的一个重要因素。

⑤ 各种政治利益集团对企业活动产生影响。一方面，这些集团会通过议员或代表来发挥自己的影响，政府的决策会去适应这些力量；另一方面，这些团体也可以对企业施加影响，如通过诉诸法律、利用传播媒介等。因此，企业必须花费时间、财力与各种利益集团抗争。

此外，这一环境因素中还包括国际政治形势及其变化，主要包括：国际政治局势、国际关系、目标国的国内政治环境等。对一个开放的国家来说，国际政治形势的影响是显而易见的。

(2) 政治环境因素对企业影响的特点。

① 直接性。即国家政治环境直接影响着企业的经营状况。

② 难于预测性。对于企业来说，很难预测国家政治环境的变化趋势。

③ 不可逆转性。政治环境因素一旦影响到企业，就会使企业发生十分迅速和明显的变化，而这一变化企业是驾驭不了的。

2. 经济环境因素分析

经济环境因素，是指一个国家或地区的经济制度、经济结构、物质资源状况、经济发展水平、消费结构与消费水平，以及未来的发展趋势等状况。现代的经济环境正在发生着巨大的变化，每一个企业都应充分地掌握这一变化。

(1) 企业经济环境的构成。企业的经济环境主要由社会经济结构、经济发展水平、经济体制、经济政策、社会购买力、消费者收入水平和支出模式、消费者储蓄和信贷等要素构成。

① 社会经济结构，是指国民经济中不同的经济成分、不同的产业部门以及社会再生产各个方面在组成国民经济整体时相互的适应性、量的比例及排列关联的状况。社会经济结构主要包括五方面的内容，即产业结构、分配结构、交换结构、消费结构、技术结构，其中最重要的是产业结构。

② 经济发展水平，是指一个国家经济发展的规模、速度和所达到的水准。反映一个国家经济发展水平的常用指标有国民生产总值，国民收入、人均国民收入、经济发展速度、经济增长速度。

③ 经济体制，是指国家经济组织的形式。经济体制规定了国家与企业、企业与企业、企业与各经济部门的关系，并通过一定的管理手段和方法，调控或影响社会经济流动的范围、内容和方式等。

④ 经济政策，是指国家、政党制定的一定时期国家经济发展目标实现的战略与策略，它包括综合性的全国经济发展战略和产业政策、国民收入分配政策、价格政策、物资流通政策、金融货币政策、劳动工资政

策、对外贸易政策等。

⑤ 社会购买力，是指一定时期内社会各方面用于购买产品的货币支付能力。国民收入的使用主要是由消费和积累两部分构成。其中，消费部分又分为个人消费和社会消费，前者形成居民购买力；后者形成社会集团购买力。市场规模归根结底要取决于购买力的大小。调查社会购买力水平，要注意国家经济政策和分配政策带来的居民购买力的变化，注意不同地区居民货币收入的变动情况。

⑥ 消费者收入水平和支出模式。消费者支出模式最终取决于消费者的收入水平。随着消费者人均收入的增加，消费者用于购买食品方面的支出比重会有所下降，而用于服装、交通、娱乐、卫生保健等方面的支出比重会上升。调查消费者支出模式，除要考虑消费者收入水平外，还要考虑不同国家、地区的生活习惯、价值观念以及家庭生命周期的不同阶段等因素。

⑦ 消费者储蓄和信贷。消费者储蓄的最终目的是为了消费，它来源于消费者货币收入。但在一定时期内，消费者储蓄水平直接影响到消费者的本期货币支出和潜在购买力水平。所以，消费者储蓄的增减变动会引起市场需求规模和结构的变动，从而对企业的营销活动产生影响。调查消费者储蓄情况，应注意政策变动、利率变动、通货膨胀水平等因素的影响。

（2）反映宏观经济运行状况的指标。宏观经济运行状况可通过一系列的指标来反映，如经济增长率、就业水平、物价水平、通货膨胀率、汇率、国际收支情况、利息率等等。

① 国民经济运行状态及其趋势。这是宏观经济环境的基础，在此，企业主要应当了解国民经济目前处于什么阶段，是产业结构调整时期、经济低速增长时期或是高速增长时期，并具体分析有关的经济指标，如国民生产总值、国民收入、国家预算收入的水平及其分配的状况等。一般来说，国民生产总值增长速度较快，居民用于个人消费的支出相应增加，从而提供了开辟新市场或开办新企业的机遇；反之，居民个人消费会有所减少，不利于企业的增长。

② 利息率。利息率对企业的影响可从两个角度来看：一方面，利息率直接影响着企业的销售市场状况。例如，较低的长期利率对零售业十分有利，因为它意味着鼓励居民的短期消费；而较高的长期利率对建筑业或汽车制造业有利，因为它鼓励居民购买长期耐用消费品。另一方面，利息率还会直接影响企业的战略抉择。一般来说，利息率较低有利于企业实施企业合并或兼并战略；反之，利率较高则不利于企业采用积极进取的增长战略。

③ 通货膨胀率。对大多数企业而言，通货膨胀率是一个不利因素。因为它导致了企业经营的各种成本（如购买原料费用、劳务费用、工资等）相应增加。同时，长期的通货膨胀率既抑制企业的发展，又会促使政府采取放慢增长速度的紧缩政策，导致整个宏观经济环境不利。对某些企业而言，较高的通货膨胀率也可能是一种机遇。例如，假定石油与天然气价格的增长速度快于其他行业产品价格的增长率，那么石油开发公司将因此获利，因为在通货膨胀率较高时期，贵金属价值通常会以更快的速度提高。

④ 汇率。汇率是一国货币购买力的表现形式。在国际市场上，它直接影响企业成本，并进而影响企业国际战略的制定。一般而言，如果本国货币购买力较高，企业将乐意购买外国的产品与原材料，或到国外投资，开办独资企业或合营企业；反之，如果本国货币购买力较低，则会削弱企业到海外投资、贸易或开发新市场的热情。

另外，经济环境因素中还包括以下内容：居民收入因素，这可进一步细分为名义收入、实际收入、可支配收入以及可随意支配收入等；消费支出模式和生活费用；金融制度等等。

因此，企业的经济环境分析就是要对以上的各个要素进行分析，运用各种指标，准确地分析宏观经济环境对企业的影响，从而制定出正确的企业经营战略。

3. 社会文化环境因素分析

社会文化环境包括一个国家或地区的社会性质、人们共享的价值观、文化传统、生活方式、人口状况、教育程度、风俗习惯、宗教信仰等各个方面。这些因素是人类在长期的生活和成长过程中逐渐形成的，人们总是自觉不自觉地接受这些准则行动的指南。

(1) 文化传统。这是一个国家或地区在较长历史时期内形成的一种社会习惯，是影响企业活动的一个重要因素。例如，中国的春节、西方的圣诞节就会给某些行业(卡片、食品、玩具、服装、礼品等制造及零售业)带来一个生意兴隆的极好时机。

文化环境对企业的影响是间接的、潜在的和持久的，文化的基本要素包括哲学、宗教、语言与文字、文学艺术等，它们共同构筑成文化系统，对企业文化有重大的影响。哲学是文化的核心部分，在整个文化中起着主导作用；宗教作为文化的一个侧面，在长期发展过程中与传统文化有密切的联系；语言文字和文化艺术是文化的具体表现，是社会现实生活的反映，它对企业职工的心理、人生观、价值观、性格、道德及审美观点的影响及导向是不容忽视的。

(2) 价值观。这是指社会公众评价各种行为的观念标准。不同的国家和地区，其价值观是不同的。例如，西方国家价值观的核心是个人的能力与事业心；东方国家价值观核心强调集体利益，日本、韩国等国的企业注重内部关系的融洽、协调与合作，形成了东方企业自己的高效率模式。

(3) 社会发展趋向。近一二十年来，社会环境方面的变化日趋增加，这些变化打破了传统习惯，使人们重新审视自己的信仰、追求新颖生活方式，影响着人们对穿着款式、消费倾向、业余爱好，以及对产品与服务的需求，从而使企业面临着严峻的挑战。现代社会发展的主要倾向之一，就是人们对物质生活的要求越来越高。一方面，人们已从“重义轻利”转向注重功利、注重实惠，有些人甚至走到唯利是图的地步。产品的更新换代日益加速，无止境的物质需求给企业发展创造了外部条件。另一方面，随着物质水平的提高，人们正在产生更加强烈的社交、自尊、信仰、求知、审美、成就等较高层次的需要。人们希望从事能够充分发挥自己才能的工作，使自己的个人潜力得到充分发挥。

(4) 消费者心理。这一因素对企业战略也会产生影响。例如，20

世纪80年代中期，美国可口可乐公司领导决定更改沿用了百年之久的配方，消息传出后，引起了轩然大波。老顾客的抗议电报和信雪片般地飞进亚特兰大可口可乐总部。原因是消费者认为，目前市场上的可口可乐是传统和标准的软饮料，不应当改变它的滋味。当然以后由于新可口可乐的滋味比原来更佳，受到了大部分顾客的欢迎。

(5) 社会各阶层对企业的期望。在这里，社会各阶层包括股东、董事会成员、原材料供应者、产品销售机构人员及其他与企业有关的阶层。这些阶层对企业的期望是各不相同的。例如，股东集团评价战略的标准主要是看投资回收率、股东权益增长率等；企业工作人员评价战略的标准主要是看工资收益、福利待遇及其工作环境的舒适程度等；而消费者则主要关心企业产品的价格、质量、服务态度等；至于政府机构，它们评价企业的立足点，主要看企业经营活动是否符合国家的政策、法规和各项有关的行政规章制度。

(6) 人口因素。它主要包括人口总数、年龄构成、人口分布、人口密度、教育水平、家庭状况、居住条件、死亡率、结婚率、离婚率、民族结构以及年龄发展趋势、家庭结构变化等等。人口因素对企业战略的制定有重大影响。例如，人口总数直接影响着社会生产总规模；人口的地理分布影响着企业的厂址选择；人口的性别比例和年龄结构在一定程度上决定了社会需求结构，进而影响社会供给结构和企业生产；人口的教育文化水平直接影响着企业的人力资源状况；家庭户数及其结构的变化与耐用消费品的需求和变化趋势密切相关，因而也就影响到耐用消费品的生产规模等。对人口因素的分析可以使用以下一些变量：离婚率、出生和死亡率，人口的平均寿命，人口的年龄和地区分布，人口在民族和性别上的比例变化，人口和地区在教育水平和生活方式上的差异等。

4. 科技环境因素分析

(1) 科技环境及其给企业经营带来的影响。企业的科技环境指的是企业所处的社会环境中的科技要素及与该要素直接相关的各种社会现象的集合。科学技术是最引人注目的一个因素，新技术革命的兴起影响着社会经济的各个方面，人类社会的每一次重大进步都离不开重大的科技革命。石器工具、青铜器、铁器、蒸汽机、生产流水线、现代通讯技术等等重大的发明无不将人类社会大大地向前推进一步。企业的发展在很大程度上也受到科学技术方面的影响，包括新材料、新设备、新工艺等物质化的硬技术和体现新技术、新管理的思想、方式、方法等信息化的软技术。一种新技术的出现和成熟可能会导致一个新兴行业的产生。具体来说，科学技术迅猛发展给企业带来的影响表现在：

① 科学技术的迅速发展，使商品从适销到成熟的时间不断缩短，大部分产品的市场生命周期有明显缩短的趋势。

② 技术贸易的比重加大。

③ 劳动密集型产业面临的压力将加大。

④ 发展中国家劳动力费用低的优势在国际经济联系中将被削弱。

⑤ 流通方式将向更加现代化发展。

⑥ 生产的增长也越来越多地依赖科技的进步。

⑦ 对企业的领导结构及人员素质提出更高要求，甚至全新的观念等。

(2) 企业的科技环境因素。企业的科技环境，大体包括社会科技水平、社会科技力量、科技体制、国家科技政策和科技立法等基本要素。

① 社会科技水平是构成科技环境的首要因素，它包括科技研究的领域、科技研究成果门类分布及先进程度和科技成果的推广和应用三个方面。

② 社会科技力量是指一个国家或地区的科技研究与开发的实力。

③ 科技体制是指一个国家社会科技系统的结构、运行方式及其与国民经济其他部门的关系状态的总称，主要包括科技事业与科技人员的社会地位，科技机构的设置原则与运行方式、科技管理制度、科技推广渠道等。它反映了一个国家或地区的科技研究与开发实力。

④ 国家的科技政策与科技立法指的是国家凭借行政权力与立法权力，对科技事业履行管理、指导职能的途径。

在企业面临的诸多环境因素中，科学技术本身是强大的动力，科技因素对企业的影响是双重的：一方面，它可能给某些企业带来机遇；另一方面，科技因素会导致社会需求结构发生变化，从而给某些企业甚至整个行业带来威胁。例如科学技术产生出汽车、青霉素、电子计算机的同时也产生出了核弹、神经性毒气、计算机病毒等危害人类。每种新技术都是一种破坏性的创造，新技术的出现总会无情地危害原有的技术。如晶体管危害了电子管，电视威胁了电影。如果一个组织固守原有的计划而不采用新技术，它就注定会失败。科技的发展，新技术、新工艺、新材料的推广使用，对企业产品的成本、定价等都有重要影响。这种影响就其本质而言，是不可避免的和难以控制的，企业要想取得经营上的成功，就必须预测科学技术发展可能引起的后果和问题，可能带来的机遇或威胁；必须十分注意本行业产品的技术状况及科技发展趋势；必须透彻地了解与所研究的技术项目有关的历史、当前发展情况和未来趋势，并进行准确的预测。

三、企业宏观环境分析的方法

企业环境分析方法主要有两大类，即环境调查法和环境预测法。

1. 环境调查法

根据调查者同被调查者接触方式的不同，环境调查的方法有访问法、观察法和实验调查法。

（1）访问法。访问法是指将所拟调查的事项，以当面、电话或书面向被调查者提出询问，以获得所需资料的调查方法。按问卷送递方式不同可分为：

① 面谈调查。面谈调查又分为个人面谈与小组面谈，一次面谈与多次面谈及动机调查所用的深层面谈。

优点：当面听取被调查者的意见，并观察其反应。问卷回收率甚高，如彻底执行可达100%。调查员可从被调查者的住所及其家居，推测其经济情况。

缺点：调查成本较高，调查结果正确与否，受调查员技术熟练与否及诚实与否的影响甚大。

② 电话调查。该方法是通过电话，直接向被调查人提问，以获得

所需资料。

优点:可在短时间内调查多数样本,成本甚低。

缺点:不易获得对方的合作,不能询问较为复杂的内容。

③ 邮寄调查。该方法是将设计好的问卷,选用邮政寄达被调查者,请其自行填答并寄回。

优点:调查成本低。抽样时可以完全依据随机抽样法抽取样本,因此抽样误差低。

缺点:收回率通常偏低,影响调查的代表性。因无访员在场,被调查者可能误解问卷意义。

④ 留置问卷调查。该方法是将问卷由访问者当面交给被调查人,交代清楚回答方法后,把问卷留置在被调查者家中,令其自行填写,再由访问者定期收回。

此方法系面谈调查和邮送调查两种方法的折衷办法,因此其优点及缺点也介于两种调查法之间。

(2) 观察法。采用该法时,被调查者并不感觉到正在被调查。如顾客动作观察:当设计新店铺时,应先研究吸引顾客之最佳方式;交通量观察:为研究某一街道之商业价值或改善交通秩序,调查某一街道之车辆以及行人流量或方向;店铺查稽;食品橱查稽等。

优点:因被调查者没有意识到自己正在接受调查,一切动作均极自然,准确性较高。

缺点:观察不到内在因素,有时需要作长时间的观察才能求得结果。

(3) 实验调查法。实验调查法起源于自然科学的实验求证法。一般用于一项小规模实验或新产品的小范围内试用,然后再用市场调查方法分析这种实验性的推销方法或产品是否值得大规模的推行。一般某一种商品,在改变品质、包装、设计、价格、广告、陈列方法等因素时,都可应用本调查法,先作小规模的实验性改变,以调查顾客反应。如新产品的口味测试等。

优点:使用的方法科学,具有客观性价值。

缺点:实验的时间过长,成本高。

2. 环境预测法

(1) 预测的做法。预测的主要目的,是要了解对未来的经营活动与决策有重要意义的各种不确定因素和未知事件,为决策提供可靠的依据。

预测有下列七个步骤:

① 确定预测的目标——其目的在于把握整个预测工作的重心。

② 搜集资料——搜集与预测对象直接及间接有关的资料。

③ 资料的研判及调整——研判所获资料是否能符合预测所需,若不能符合,则有两种方法加以解决:一种是另搜集适合问题的资料;另一种是加以适当的调整。

④ 资料趋势的分析——例如将其绘制成历史曲线,或求算其长期趋势等,以明了资料变化的一般特性。

⑤ 选择预测方法——选择预测方法时注意下列各点:广泛性、准确性、时效性、可用性、经济性。

⑥ 未来数字的预测。

⑦ 可能事态假设的检定——即众多方面事实与统计方法假设检定,以及检定预测结果是否正确。

(2) 环境预测的具体方法。随着现代科学技术的发展,预测科学广泛地吸收了应用数学、管理科学、数理统计、信息科学等领域的成果,使预测方法得到了迅速的发展。据统计目前预测方法大约有 300 多种,其中多数是预测实践中的演变型和改进型方法,经常使用的基本预测方法大约有十几种。

市场预测方法众多,既有定性预测方法,又有定量预测方法。

定性预测方法,是由预测者根据掌握的历史资料和现实资料,依靠个人经验、知识和综合分析能力,对市场质的变化的规律性作出判断,再以判断为依据作出量的测算。这类方法很多,如集合意见法、专家意见法、联测法、转导法、类比法、领先指标法、扩散指数法等。运用这些方法不需要高深的数学知识,可以充分利用人的经验、判断能力、想像力，能节省时间，节约费用，便于普及推广。但是，难免使预测结果带有主观片面性，或数量不明确的缺点。为此，要将这类方法的运用建立在广泛的环境调查研究基础上，结合定量分析预测方法，使定性分析结果有科学的数量概念。

定量预测方法，是在认识事物质的变化的规律性基础上，依据数据资料建立数学模型的描述，并作出预测，如时间序列预测法、因果关系预测法等。常用的预测方法有下列几种：

① 头脑风暴法。头脑风暴法是构建设想的一种非常有用的工具，它又称为智力激励法，是现代创造学奠基人美国学者奥斯本提出的。它把一个小组的全体成员都组织在一起，使每个成员都毫无顾忌地发表自己的观点，既不怕别人的讥讽，也不怕别人的批评和指责，是一个使每个人都能提出大量新观念、创造性地解决问题的最有效的方法。头脑风暴法应遵循下列四条基本原则：

第一，自由畅想。支持和鼓励参加者解除思想顾虑，创造一种自由的气氛，激发参加者的积极性。提出的观念越荒唐，可能越有价值。

第二，强调数量。提出的观念越多，就越有可能获得更多的有价值的观念。

第三，禁止评论。不能对他人的意见提出怀疑和批评，要研究任何一种设想而不管这种设想是否可行。排除评论性批判，对提出观念的评论要在以后进行。

第四，探索研究组合与改进观念。除了与会者本人提出的设想以外，要求与会者借题发挥，鼓励参加者对他人已经提出的设想进行补充、改进和综合。或者要求与会者指出，按照他们的想法怎样做才能将几个观点综合起来，推出另一个新观点。

头脑风暴法又可分直接头脑风暴法和质疑头脑风暴法。前者是在专家群体决策时尽可能激发创造性，产生尽可能多的设想的方法；后者则是对前者提出的设想、方案逐一质疑，分析其现实可行性的方法。

② 德尔斐法。德尔斐法是 20 世纪 40 年代由美国兰德公司(RAND)首创和使用的，50 年代以后在西方发达国家广泛盛行的一种

预测方法。德尔斐(Delphi)是古希腊神话中的神谕之地，城中有一座神殿，据传能够预卜未来从而享有盛名。因此，后人用德尔斐比喻高超的预测能力，它已经成为全球300多种预测法中使用比例最高的一种。

这种方法按规定的程式，采用背对背的反复函询方式，征询专家小组成员意见，经过几轮的征询与反馈，使各种不同意见渐趋一致，经汇总和用数理统计方法进行收敛，得出一个比较统一的预测结果供决策者参考。

在一般情况下，德尔斐法的实施需要以一些组织工作作为基础。首先应有一个管理小组，人数从两人至十几人，随工作量大小而定。管理小组应该对德尔斐法的实质和过程有正确的理解，了解专家们的情况，具备必要的专业知识和统计学、数据处理等方面的方法。管理小组对利用德尔斐法进行预测的工作过程有了一个大致设计以后，选出一份专家名单。通常，管理小组掌握着可供选择的专家名单，从中选择参加预测的专家组成应答小组，人数由十几个到一二百不等。专家的情况各不相同，有专业、水平、年龄、职务、性格、社会背景等诸方面的差别，这些都会影响他们对某一问题的认识，影响他们的回答，影响预测的结果。所以，应仔细研究选择应答小组名单，使这个小组的结构足以对研究的问题有全面的考虑，不致遗漏重要的信息。为此，名单中要有有关课题的各专业的专家，也要有其他专业的专家。最好安排几个善于进行跨学科思考的人，或者喜欢争论，喜欢提出问题的人。拟邀请的专家应事先征得同意，否则回收率太低，甚至不到50%。德尔斐法的具体过程分为四步：

第一，拟定意见征询表。预测组织者确定预测目标之后，根据预测要求，就预测内容写成若干个明确的、需要向专家调查了解的问题，列出预测意见征询表，规定统一的评估方法。征询的问题要简单明了，数目不宜过多，使回答问题不会占用过长时间。此外，要附上背景材料，供预测时参考。

第二，选择专家。专家选择是否合适是该方法预测成败之关键。选择的专家，一般应从事与预测内容有关的专业工作，精通业务，有丰富的工作经验，有预见性和分析能力，并且具有一定声望。有时还可适当考虑吸收不同专业领域的专家，以便从不同角度更全面地征询意见。专家人数一般为10～20人左右为宜。

第三，采用匿名方式进行多次反馈函询。即预测组织者通过向各位专家分别邮寄意见征询表，请他们在规定时间内（一周或半月）按征询表上的要求，填上各自意见并寄回。组织者在每次意见返回之后，将各种不同意见进行综合、分类和整理，经过汇总后形成新的意见征询表，然后再分发给各位专家，再次征询他们的意见。这样，每位专家都可以从新的意见征询表中了解其他专家的不同意见，并作出分析和判断，将自己的意见（修正或不修正）再次寄回。这样，经过几次反馈以后，各位专家对预测的问题的意见会渐趋一致。预测中对专家姓名必须加以保密，以消除可能出现的不良影响。

第四，运用数理统计方法进行收敛处理，作出预测结论。通常多用中位数法处理。中位数是指将各专家对预测目标的预测数值按大小顺序进行排列，选择居于中间位置的那个数表示数据集中的一种特征数。当整个数列的数目为奇数时，中位数只有一个；当整个数列的数目为偶数时，中位数则应为数列中间位置两个数的算术平均值。数列上下四分位的数值，表明预测值的置信区间。

运用德尔斐法时要注意下列事项：第一，预测的问题必须十分清楚，其含义只能有一种解释。否则，专家的回答可能十分离散。第二，预测的问题不能太多，一般以应答者在2小时内答完一轮为宜。但应要求专家自己独立回答，不要进行讨论，也不要请人代劳。第三，要忠实于专家们的回答。调查者在任何时候都不得显露自己的倾向。不要忽视不同意见，特别是与调查者相反的意见。否则，可能会有一些专家中途退出，并出现某些假象。但在归纳统计时，允许按事先确定的准则进行加权处理。第四，对于不熟悉这一方法的专家，应事先讲清意义与程序。参加这项活动毕竟要付出相应的精力，应给专家以适当的精神补偿与物质报酬。

德尔斐法具有以下一些特点：第一，匿名性。虽然征询表可以是不匿名的，但征询与应答必然“背靠背”进行，应答者只能在信息反馈时才知道全体专家的倾向。他不知道具体个人的回答也不知道作出某答复的人是谁。这样，某一个答复不会因权威、资历、才能等其他原因而“冲击”集体的信息交流。第二，统计性。收回的答复经过统计处理，并在统计评估的基础上建立集体的判断和见解。第三，反馈性。至少一次以上反馈给参加应答的专家，每个人可以知道集体答复的分布以及持与众不同意见者的理由。

③ 趋势外推法。这是一种主要用于技术预测的方法。技术进步是一步一步从一个基点陆续地延伸开来，而不是跳跃式发展的。既然如此，就有可能根据技术发展的历史来了解未来的发展趋势。一般来讲，企业或行业的技术水平曲线开始时很难提高，然后有个突破，快速上升，以后又出现较慢的成长阶段，使曲线又开始平缓下来。这时往往会出现其他一些新技术，把这一行业、这种技术所需要的资源吸引走，从而又出现一条新曲线。以此类推，新技术的出现，但都完成同样的功能。这些曲线的包络线代表由个别技术的能力所形成的总的功能的进步。由于一些情况在历史上总是重复出现，所以，可以据此预测未来出现的新技术。

④ 类比法。类比法，顾名思义，要求预测目标与类比对象具有类比性、相似性或近似性。类比法是遵循类比原则，把预测目标与其同类的或相似的先行事物加以对比分析，来推断预测目标未来发展趋向与可能水平的一种预测方法。类比法应用形式很多，如由点推算面；由局部类推整体；由类似产品类推新产品；由相似国外市场类推国内市场等等。类比法一般适用于开拓新市场；预测潜在购买力和需求量；预测新产品长期的销售变化规律等。它适合于中长期的预测。如由点到面的类比；以国外同类产品市场发展为依据来预测国内市场；以国内相近产品类推新产品等。

用相近相似产品类推新产品往往可以收到意想不到的效果。其应用范围也日益广泛。例如，人参酒是由酒发展到营养酒和药酒的新品种；许多牙膏也发展了药物牙膏以防治牙病。由此可见，把类比法用于新产品的预测,是一种常用的且有效的预测方法。

⑤ 预警分析法。进行环境预测,不仅要注意微观经济活动的变化,而且要注意宏观经济形势的变化对市场的影响,特别要注意经济周期变动对市场的影响。经济周期系指经济活动不断经历"低谷——扩张——高峰——收缩——低谷……"的循环周期性波动。经济周期是整个国民经济的景气(行情)循环,它反映国民经济某种重大的比例关系状况。

从国民经济整体上考察经济波动周期的特征,需要以对各主要经济变量周期波动特征的描述(称特定经济变量循环分析)为基础,进而对国民经济整体考察循环波动的特征(称循环分析)。循环波动是诸多经济变量综合表现出来的循环特征,它反映各经济变量循环特征的共性部分,具有平均的意义。预警分析是以多个经济变量构成预警指标体系,以其预先发出警告信号,了解市场行情波动前景,旨在为宏观经济管理和微观经营管理的微调提供信息依据。它的特点是以月度或季度统计数据为基础,以短期变动明显的经济变量为分析对象;就足够长的领先时间作出预报,以便有足够的时间酝酿调整措施和组织实施。

预警依赖监测,监测离不开指标。指标的经济内容是经济发展过程的变量数量特征及经济变量之间的数量关系特征。国民经济的经济过程种类繁多,关系复杂,不可能一一进行观察监测,往往只观察监测有助于人们对总体运行特征的把握,能反映国民经济运行特征的变量指标。这些指标波动与经济循环周期波动在时间上通常有领先、同步和落后三种现象。所以,预警指标体系,通常包括反映经济周期循环波动的经济循环变量有领先指标、同步指标和滞后指标。

领先指标,是指其循环转折变化出现的时间稳定地领先于经济景气循环相应转折变化的经济指标。这类指标是预警指标体系的主体,它的变动对市场行情变动始终起预报或示警作用。例如,订单、库存变动、建筑合同与许可、原料批发价格指数(不含粮食与饲料)等这些指标与经济景气行情的关系是不难理解的。它们反映着对经济活动提前几个月作出的决策或承诺,而经济决策的效果需要一定时间才产生。可见，领先指标只是由于它对周期变动的反映更为敏感，先于反映周期变动的总体经济行为，所以具有预兆意义。

同步指标，是指其循环转折变化在出现时间上与经济景气循环转折变化几乎同时出现(误差不超过 2 个月)的经济指标。这类指标是总体经济行为的衡量标志，如国民生产总值、工业生产、个人收入、制造业和商业销售等。这些指标的上升和下降，差不多与经济循环景气一致，它显示一般经济的进展情况，在预警分析中可用它们描述当前经济过程所处的景气状态，同时通过这类指标和先期指标在转折点上的时差，可由先期指标的转折点预示出同步指标何时出现相关的转折点。

滞后指标，是指其循环转折变动在出现的时间上稳定地落后于经济景气循环变动相应转折点(约 3 个月以上，半个周期以内)的经济指标。如单位产品劳动成本、抵押贷款利息率、商业库存、未清偿债务等。这些指标在经济意义上可作为过剩和失衡的标志，在预警分析中，其作用在于检验宏观经济波动过程是否确已超过某个转折点，进入了另一景气状态。

选择哪些指标作为预警分析的指标体系，预示市场行情波动，可由理论分析和经验观测两种方式确定。通常对历史资料的分析，可以寻找并发现各种指标对经济周期反映在时间上的先期、同步、落后的关系，从中选择有代表性的、具有明显规律的指标，按其先期、大体同步或落后于经济周期转折点而发生变动的重复性和规则性，根据相关关系来预测未来的经济变动。

领先指标在景气行情的周期性变化中在时间上领先，显然不能由这种时态现象中的领先落后关系取代本质的因果关系。但是，市场行情研究很大程度上是直接考察经济景气状态周期规律的时态。因此，由于周期规律的作用而使再生产具体发展过程中出现的领先指标，用来做短期行情分析和预测以及经济环境的研究是有意义的。在许多情况下，企业也可研究并发现一些经济指标同本企业销售的领先落后关系，从而建立一些领先指标预估本企业经营活动。

因而，合理地选择领先指标系列是预警分析的关键。选择领先指标的思路可以这样考虑：

从企业决策形成角度选择领先指标。企业的决策受市场信号的指导，形成决策付诸实施后，会反作用于市场。为此，从企业决策角度看领先指标应该包括：对企业决策有指导性的价格指数，如生产者价格指数；主要原材料、燃料、动力购进价格指数；消费品零售价格总指数；反映在价格信号指导下的企业决策进而影响其后阶段产量的存货变动指标，如工业企业产成品库存额和工业企业原材料、燃料库存额；影响企业产量的产品单位成本指数等。

从企业生产条件角度选择领先指标。这些指标主要有劳动力、固定资产和流动资金等生产条件。

从企业环境约束角度选择领先指标。企业环境约束主要来自能源、原材料、货物运输、商业、金融等方面。

综上所述，领先指标选择应该符合经济上的合理性、统计上的充分性和实际运用与经济周期时序关系的确定性等原则要求。为了提高预测的有用性，无论作什么判断，都必须根据相当数量的领先指标统计数据的情况作出判断。为此，预警分析中，对领先指标系列观察结果要进行剔除与修正，调整季节变动影响，以便反映变量稳定关系，然后利用领先指标系列的变量变化估计下一期经济运行状态，对其所属的景气状态作出预报。

领先指标预测法的运用有以下几个步骤：首先，分析预测目标与其他目标的关系，找出领先指标、同步指标和滞后指标。如把钢铁、燃料价格变动作为机械产品价格变动的领先指标；其次，画出领先指标、同步指标、和滞后指标的时间序列数据图形；最后，进行预测。

用领先指标进行预测虽然有许多优点，但也存在一些局限性。其一，领先指标一般可预示行情的转折点，但至多只能指示未来变动的方向，对变化幅度难以揭示。其二，领先指标只是时态上的领先，它只能成为行情上升或下降的先兆，并不一定就是经济周期变动的信号。因为影响行情变化的不仅有周期性因素，还有许多非周期性因素，领先指标的变动往往是两类因素共同作用的结果。其三，个别领先指标波动频繁，甚至会发生偏离，使观察分析产生困难。用指数将主要领先指标综合化可以减少观察困难。而综合指数是运用数学方法的结果，用何种方法编制指数会有一定的主观分析带来的任意性。

领先指标分析法既可用于宏观经济分析，也可用于预测微观经济环境。在国外，有许多企业采用这一方法进行经营预测。例如，美国福特公司每年都要根据领先指标分析法作第三年的市场预测，先预测下一年的人口增长、家庭大小、国民总收入、各类家庭收入、银行利息、失业与就业率、每户拥有汽车数以及旧车报废情况，再预测第三年个人、国内、国际市场的汽车需求状况。

⑥ 时间序列法。时间序列预测法就是将经济发展、购买力增长、销售变化等同一指标的统计数据，按时间顺序加以排列，构成统计的时间序列，然后运用一定的数学方法使其向外延伸，预计市场未来的发展变化趋势，并确定预测值的方法。在定量预测方法中，时间序列分析方法涉及的数学知识比较简单，方法较直观，在实际中经常被采用。常用的方法有平均数法、移动平均数法、指数平滑法、季节指数法、趋势延伸法等。

运用时间序列法进行预测，必须以准确、完整的时间序列数据为前提。为了让时间序列中的各个数值正确地反映研究预测对象的发展规律，各数值间具有可比性，编制时间序列要做到：总体范围一致；代表的时间单位长短一致；统计数值的计算方法和计量单位一致。

时间序列预测法具有以下几个特点：

第一，时间序列分析法是根据市场过去的变化趋势预测未来的发展，它的前提是假定事物的过去会同样延续到未来。

第二，时间序列数据变动存在着规律性与不规律性。时间序列数据的变动分为四种类型：长期趋势变动、季节性变动、周期性变动、不规则变动（也称随机变动）。所以，时间序列数据的变化，有的具有规律性，如长期趋势变动和季节性变动；有的就不具有规律性，如不规则变动（偶然变动），以及循环变动（从较长时期来观察也有一定的规律性，但短期间的变动又是不规律的）。

第三，它撇开对事物发展变化过程因果关系的具体分析，直接从时间序列统计数据中寻找事物发展的演变规律，建立模型，据此预测未来。

⑦ 因果关系预测法。因果关系预测法是从事物变化的因果关系出发，寻找市场发展变化的原因，分析原因与结果之间的联系结构，建立数学模型据以预测市场未来的发展变化趋势和可能水平。因果关系预测法需要的数据资料比较完整、系统，建立模型要求一定的数理统计知识，在理论上和计算上都比时间序列分析预测法复杂，其预测精度一般要比时间序列分析预测法高。最常用的因果关系预测法有回归分析法、经济计量分析法和投入产出法。

所谓回归分析法，是在掌握大量观察数据的基础上，利用数理统计方法建立因变量与自变量之间的回归关系函数表达式，来描述它们间数量上的平均变化关系。这种函数表达式称回归方程式。回归分析中，当研究的因果关系只涉及一个因变量和一个自变量时，叫做一元回归分析；当研究的因果关系涉及一个因变量和两个或两个以上自变量时，叫做二元回归分析或多元回归分析。此外，回归分析中，又依据描述自变量与因变量之间因果关系的函数表达式是线性的还是非线性的，分为线性回归分析和非线性回归分析。通常线性回归分析法是最基本的分析方法，遇到非线性回归问题可以借助数学手段化为线性回归问题处理。

所谓经济计量法，是在以经济理论和事实为依据的定性分析基础上，利用数理统计方法建立一组联立方程式，来描述预测目标与相关先决变量之间经济行为结构的动态变化关系。这组联立方程式称为经济计量模型。采用经济计量法要求我们能客观地揭示市场变量因果关系之间错综复杂的关系的规律，运用该法建立的经济计量模型一般能较好地描述经济活动包含的经济行为结构，它是比较先进、能取得较好预测结果的一种预测方法。

所谓投入产出法，就是把一系统内各部门在一定时期内投入（购买）来源与产出（销售）去向排成一张纵横交叉的投入产出表格，根据此表建立数学模型，计算消耗系数，并据以进行经济分析和预测的方法。它为经济管理部门和生产单位从事经济平衡、计划管理、市场预测等提供科学的经济信息。严格地讲，投入产出法是一种特殊的经济计量模型，它广泛应用于研究国民经济两大部类间、积累与消费间的比例关系，预测各部门的投入量和产出量。从应用范围上看，可分为全国性、地方性、专业性、大型企业、一般企业等形式。

第二节　行业竞争力量结构分析

一、影响行业与竞争的五种力量

当企业创造了某种新的产品或服务并能够满足一部分顾客需要的时候，市场就产生了。在这里，我们将对某种产品或服务有购买欲望的顾客的集合称之为市场。与此同时，为提供相同或相似产品或服务的行业也同时诞生了。与市场相对应，我们将提供某种相同或相似产品或服务的行业的集合称之为行业。

行业环境指企业组织所处的经营领域的环境。行业环境主要包括五种要素及其关系，见图 2-2。这五种要素共同作用，决定了行业竞争的性质和程度，它们是形成企业在某一竞争领域内竞争战略的基础。

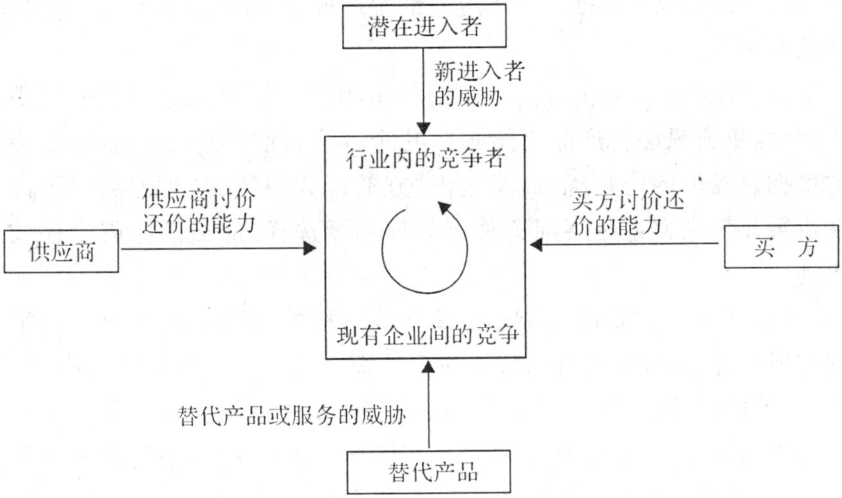

图 2-2　行业竞争的五种力量

作为管理者，应充分了解这五种要素是怎样影响竞争环境的，由此，可以明确在该行业企业应当处于什么样的战略地位。

1. 买方对行业的影响

买方对行业的影响主要取决于买方与行业的讨价还价能力。主要包括如下因素：

（1）行业内企业产品的差异化程度。如果行业内企业的产品是差异化的，那么行业内企业在与买方的交易中就占有优势；反之，如果行业产品是标准化或差异很小的，那么买方在交易中就占有优势，而且会使行业产品价格下降。

（2）买方对价格的敏感程度。如果客户对价格很敏感，那么客户就会对行业形成较大的成本压力。在以下几种情况下，客户可能会对价格很敏感：a. 涉及的原材料对客户产品成本的比例很大；b. 涉及的原材料对客户产品的整体质量无关紧要；c. 客户的边际利润已经很低。

（3）买方拥有行业内企业成本结果信息的程度。客户拥有供应商成本信息越准确，客户的讨价还价能力越强。一些大的客户强烈要求获得供应商的成本数据。当供应商的生产成本下降后，客户也要求同比例地减价。

（4）买方行业与供应商行业的集中程度。如果买方行业的集中程度大，供方只能将产品卖给很少几个客户，此外别无市场，那么买方就拥有较大的谈判优势；反之，供方的行业很集中，买方除了可以在少数几家供方企业买到这种产品外别无选择，那么供方就会比较主动。

（5）买方采购量的大小。像沃尔玛这样的大型连锁超市具有很强的侃价能力，他们往往可以不按商业惯例行事。例如，生产商愿意为 15 天内付款提供 2％的折扣，这是一项商业惯例。然而由于沃尔玛的采购量很大，常常是大多数供应商销售量的一半，使得供应商不得不接受沃尔玛 30 天后付款却仍然享受 2％的回扣的待遇，而且折扣额是以总票额（包括运输费等等）为基数，而不是以净票额为基数。

也正是由于这种有点霸道的做法，一些生产商尽量避免与连锁店打交道。

(6) 买方的转换成本。如果买方因为转向购买替代品而产生的转换成本很小，买方对行业内企业的压力就比较大；反之，买方就比较容易被行业内企业"套牢"。

(7) 购买者后向一体化的可能性：后向一体化即购买者也开始从事原材料的制造和销售，也就是说，进入供应商的经营领域。啤酒和软饮料生产厂商通过威胁要采取后向一体化战略——从事"易拉罐"的生产，这就会从"易拉罐"生产厂商那里取得一系列优惠条件。

2. 供方对行业内企业影响

供方对行业的影响也很大。例如，他们可以通过提价来转嫁不断上升的成本，或降低所提供商品或服务的质量来降低成本。但要使这样的变动长期有效，供应商应该比他们的顾客更具有讨价还价的能力。

供方对行业的影响因素及其影响作用的机理与上面提到的"买方对行业内企业的影响"的内容基本相同，不再赘述。

3. 替代品威胁

替代品给行业产品的价格制定了一个上限。因为当一种产品的相对价格高于替代品的相对价格时，人们就转向购买替代品。例如。零售商店不仅同其他零售商店竞争，而且还同邮购商店竞争。因此，管理者必须密切关注那些质量有所改进的或价格有所下降的替代品。放松管制和科技进步为一大批替代品从传统产品那里抢夺市场份额提供了可乘之机。例如，金融业的放松管制使很多原来只能由银行从事的业务变成可以有许多非银行机构来经营。同样，激光照版技术的发展产生了传统铅印版本书籍的替代品，现在，图书再也没有铅印版本的了。

4. 新加入者的威胁

来自行业外的第四种影响力量，也是最敏感的影响力量是潜在的入侵者。一般而言，当行业具有较高的投资回报时，就会吸引很多的潜在加入者。新加入者的竞争将导致整个行业内平均利润的下降，除非行业市场正处在迅速扩张的时期。

潜在加入者是否会真的采取行动入侵到行业中来，取决于潜在加入者对行业壁垒的认识，包括进入壁垒和退出壁垒。进入壁垒就是企业为进入某一个新行业所要克服的困难（或风险）；退出壁垒就是企业要退出某一个行业所要承担的损失。

行业内企业携捷足先登之利可以对入侵者形成一定的进入壁垒，但究竟能否阻止新加入者的入侵，还要取决于进入与退出壁垒的高低。进入的壁垒主要包括：

（1）行业内企业的规模经济性。规模经济性指的是由于大规模生产经营而形成的成本优势，通常情况下，老企业比新加入者的规模大，这将给那些产量低、成本高的新加入者进入该行业造成很大的障碍。例如，一家新公司想加入造纸行业是非常困难的。因为造纸企业要想实现高效生产，必须达到一定的产量要求，对一个刚起步的造纸企业来说，很难达到这个产量，这势必使之处于高成本的劣势中。

（2）学习或经验效应。学习效应，亦称学习或经验曲线效应，指的是由于重复做某件事（某项活动）次数的增加，人们可以从中找到（学到）更加具有效率的做事方法，从而可以降低成本，这些成本下降主要来自于员工对工作的改进、生产布局的合理化、专门设备和工艺的开发、经营管理的控制等方面。学习效应应对那些以知识为基础的企业更为重要。从某种意义上说，对学习或经验加以管理较之对其他“可感人”投入物的管理更为重要。

规模经济与学习效应时常同时发生，但从管理的角度看，两者具有本质的差别，不能混为一谈，见图 2-3。规模经济性指的是某一时刻的产量对成本的影响状态。而学习效应指的是产量的积累量对成本的影响状态。

（3）行业内企业已经建立起一些与规模无关的其他优势。这些优势与企业的规模大小没有关系，包括：行业内企业拥有专有（或专利）技术，已占据最佳的地理位置，已控制了最佳或主要的原材料来源，已形成了较为丰富的学习效应。

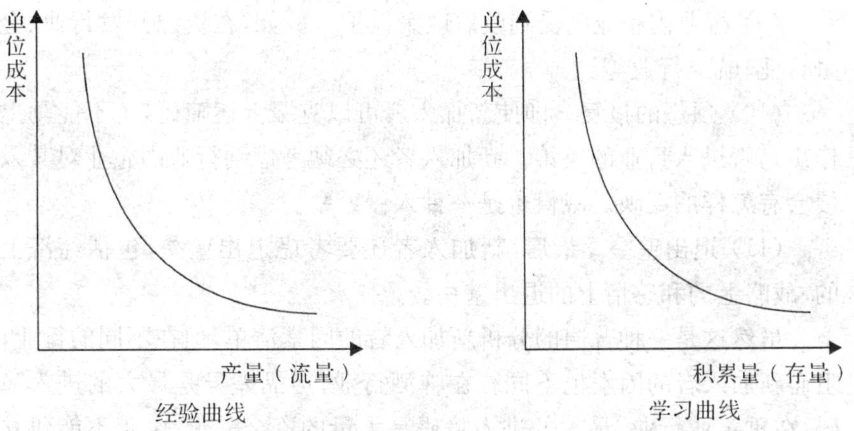

图 2-3　规模经济效应和学习效应

(4) 产品差异。如果顾客已经对行业产品形成了独特的认识、信念或偏爱，已成为行业内企业的“忠诚顾客”，那么新加入者要想占领市场，就必须克服消费者对这种老品牌的忠诚。

(5) 成本。如果进入一个行业的初始投资额(固定成本，流动资金等)较高，那么能支付这笔投资的新加入者的数量就会很少。例如，对将要进入石油化工行业的新企业而言，筹集投资所需资金是一个很大的进入障碍。

(6) 顾客的转换成本。这里的转换成本是指顾客从一个供应商转到另一个供应商时所发生的成本(包括机会成本、会计成本和感情成本)。有些时候，转换成本会给新加入者吸引顾客造成很大困难。

(7) 进入分销渠道的难易程度。好的分销渠道已被行业内企业瓜分完毕。新加入者面临挤入已有分销渠道或建立新的分销渠道的压力。

(8) 预期的市场增长率。随着增长机会的不断缩减，进入一个新市场的诱惑力也不断减弱。处于快速增长市场中的企业，对新加入者的抵制不强烈，因为市场提供了足够多的机会。但在一个增长缓慢的市场中，老企业就要拼命抵制新加入者，因为新加入者会掠夺老企业的市场份额。

(9) 行业内企业已受到政府政策保护。例如,在资源开发行业、金融行业、航空行业等。

(10) 预想的报复。即使新加入者可以克服上述障碍,也不能马上作出是否进入行业的决策。新加入者还必须考虑到行业内企业对其入侵会有怎样的反映。威慑也是一种入侵壁垒。

(11) 退出壁垒。最后,新加入者还要考虑退出壁垒,包括经济上的、战略上的和感情上的退出壁垒。

虽然这是一种普遍的分析新加入者的因素清单,但在不同的行业,阻碍新加入者的因素也不同。在啤酒行业,产品差异是最大的进入障碍;在重工业行业,最大的进入障碍是大量的资金需求;由于不能建立广泛的销售渠道,美国的农产品很难在日本及其邻近国家拓展市场。在商业软件行业,虽然可以从新加入者那里得到更好的产品,但转换成本,其中包括习惯等会迫使顾客继续使用原先的产品。

5. 行业内企业的竞争

行业内的企业并不都是竞争对手。通常的情况是既有竞争又有合作。理解这一点非常重要。广告战、价格战、服务战等竞争方式比比皆是,但技术合作、委托制造、合资联盟、甚至各种暗地里的"卡特尔",也随处可见。

行业内企业的竞争程度取决于很多因素:

(1) 行业内企业的数量和力量对比。当数量较多而且力量比较均衡的时候,总会有企业自以为是地采取某些竞争手段,引发行业的动荡。而企业数量很多而且力量又不平衡时,中小企业则要以龙头老大的领导者所建立的游戏规则行事,这样的行业比较稳定。而当企业数量很少而规模都很大时,行业表面比较平静,竞争潜流在深处涌动,直到发生引发行业结构变化的大地震。

(2) 行业市场的增长速度。行业市场增长迅速时期,竞争强度弱一些,各自都在忙着收获。而当行业市场增长放缓或衰退时,市场份额之争就非常激烈。

(3) 行业内企业的差异化与转换成本。当行业内企业营销战略差异化较高时，即每个企业都服务于一个差异化的细分市场时，竞争程度较低。而当差异化程度很低时，竞争就较为激烈。这也是战略管理非常强调定位的主要原因。

如果一个企业可以轻易地转换到另一个企业的细分市场上，这时行业竞争就会激烈，会有很多的模仿者；反之，一个企业能够形成别的企业无法模仿的差异化，这时竞争压力就会相对弱些。

(4) 战略赌注。行业内企业对在本行业内发展的战略赌注下得很大，竞争就会很惨烈；反之，则会心平气和一些。

(5) 在许多传统行业，由于历史的原因，沉淀了各自的行业游戏规则，企业只在游戏规则的范围内竞争，很少越雷池一步。例如，巧克力已成为一个全球性的行业，但在这个行业中大家都遵守一个共同的原则：无论原料价格涨落与否，其最终产品的价格不变。你可以改变包装的大小，但标价不能有大的改变。而在计算机、信息技术等新兴行业，则没有这么多规矩，因此，竞争就更激烈，位次变动也更频繁。

(6) 行业的分散与集中程度。分散与集中，指的是行业销售额在行业内企业间的分配比例。当少数几家企业控制了行业销售额的很大一部分的时候，我们称这个行业具有较高的集中程度；反之，则称为分散的。有些行业"天生"就是集中的，如石油化工。因为它要有较大的初始投资；也有的行业恐怕"永远"都是分散的，如修鞋。但绝大部分行业，都有一个由分散到集中的发展过程。分散行业竞争比较弱，而集中的行业则具有较高强度的竞争，尤其是在由分散向集中的过渡时期。国内彩电行业的竞争就是最好的例子。

(7) 退出壁垒。退出壁垒既有经济上的、战略上的，也有感情上的。经济上的投入越大，特别是固定的专用资产投入越大，退出就越困难，就容易形成死守阵地的殊死搏斗。员工安置等成本过高，也是影响退出的重要壁垒。退出一个行业常常还会在战略上牵连其他业务，有时其损失是巨大的。感情也是一种退出壁垒，它包括主要领导的感情、员工的感情、顾客的感情、公众的感情和政府的感情。退出壁垒高，竞争就激烈，反之，则相对和缓。广义上，可以把退出壁垒也看作是入侵壁垒的一种。当企业估计到退出壁垒很高时，对进入该行业就要持谨慎的态度。

综上所述，行业中的企业要面对五种力量的影响，它必须识别这五种力量，并选择恰当的行业作为自己的业务领域。总的来说，竞争越强烈，获利性越低。因此，那些低进入壁垒、买方与供方处在较强的讨价还价地位、替代品威胁严重、行业内企业竞争激烈的行业是没有吸引力的行业，这样的行业，企业难以建立战略性竞争优势，更难以获得超额利润。相反，那些进入壁垒高、买方与供方只有较低讨价还价力量、替代品威胁较少，行业内企业竞争不甚激烈的行业，才是有吸引力的行业。

第三节　企业的主要竞争对手分析

成功的战略家往往会经常地检测公司的竞争对手——透视它们的战略，观察它们的优点和弱点，并尽量预测它们下一步将要采取的行动。如果一家公司不注意竞争对手的所作所为，那么它就如瞎子赶路。如果一家公司不去预测其竞争对手的各种行动，不去理解它们的战略，不去预测它们下一步最可能采取的行动，那么它就不可能战胜竞争对手。就好像在体育运动中一样，搜集对手的情报起着关键的作用。竞争对手采取的战略以及对手下一步最可能采取的行动对企业作出行动有着直接的关系——它是否需要阻挡竞争对手采取的行动，或者竞争对手的行动是否提供了一项新的进攻机会。因此在确定竞争对手之后，必须对竞争对手进行分析。根据波特教授对竞争对手的分析模型，我们对竞争对手的分析主要从四项要素着手，即未来目标、现行战略、对自己和产业的假设和能力，如图 2-4 所示。

1. 未来目标

分析并了解竞争对手的未来目标，将有助于了解竞争对手对其自身地位及财务成果的满意度，从而可以推断其改变战略的可能性以及其他企业行为的敏感性。对竞争对手未来目标的分析至少应包括以下内容。

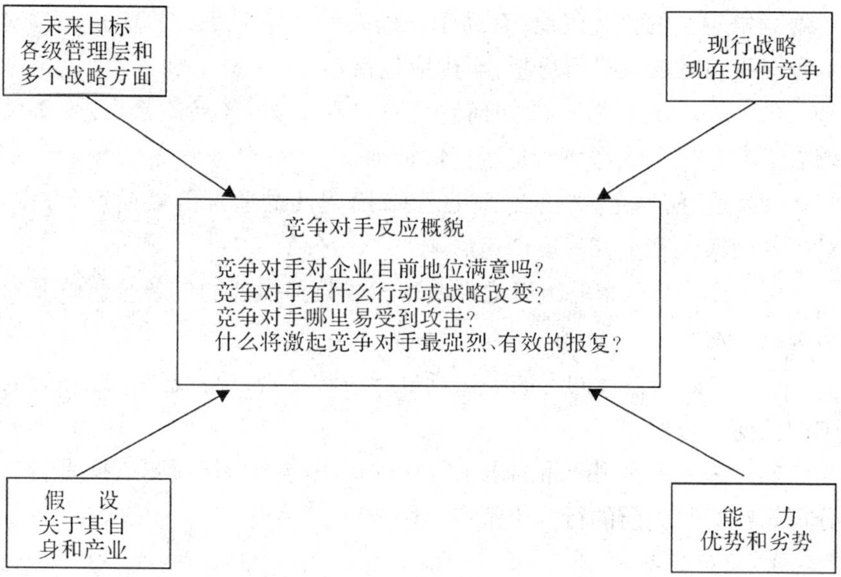

图 2-4 对竞争对手分析的内容示意图

(1) 竞争对手已声明和未声明的财务指标是什么? 它如何权衡协调各目标(比如获利能力、市场占有率、风险水平等)之间的矛盾?

(2) 它所追求的市场地位总体目标是什么? 是希望成为市场的绝对领导者,还是行业领导者之一,还是一般的追随者,还是竞争参与者,还是希望成为后来居上者,还是仅仅安于做一个积极进取的新手?

(3) 各管理部门对未来目标是否具有一致性? 如果存在明显的分歧甚至派别,那么是否可能导致战略上的突变?

(4) 竞争对手的核心领导者的个人背景及经验如何? 其个人行为对整个组织的未来目标的影响如何?

(5) 竞争对手的组织机构特别是在资源分配、价格制定和产品创新等关键决策方面的责权分布如何? 奖励制度如何? 会计制度和惯例如何?

2. 自我假设

自我假设包括竞争对手对自身企业的假设和对所处行业及其他公司的假设。自我假设常常是企业各种行为取向的最根本的原因,因此了解竞争对手的自我假设，有助于正确判断竞争对手的真实意图。对竞争对手自我假设进行分析，至少应包括：

(1) 在公开陈述中，它如何看待自己在成本、产品质量、技术等关键方面的地位和优劣势？是否把握精确、适度？

(2) 是否有某些文化上、地区上或民族性的差别因素使竞争对手对事件的察觉和重视程度产生影响？

(3) 是否有严密的组织准则或法规或某种强烈的信条会影响其对事件的看法？

(4) 它如何估计同行的潜在竞争能力？是否过高或过低地估计其中的任何一位？

(5) 它是否预测产品的未来需求和行业趋势？其预测依据是否充分可靠？对其当前的行为决策有何影响？

3. 现行战略

对竞争对手进行现行战略的陈述和分析，实际上就是看它正在做些什么？正在想些什么？至少我们应看看：

(1) 其市场占有率如何？产品在市场上是如何分布的？采取什么销售方式？有无特殊销售渠道和促销策略？

(2) 研究开发能力如何？投入资源如何？

(3) 其产品价格如何制定？在产品设计、要素成本、劳动生产率等因素中哪些因素对成本影响较大？

(4) 采取的一般竞争战略属于成本领先战略，还是特色经营战略，还是集中一点战略？

4. 能力

对竞争对手的能力进行客观评价，是竞争对手分析过程的一项重要内容，因为能力将决定其对战略行动作出反应的可能性、时间选择、性质和强度。能力分析包括以下方面：

(1) 核心能力。竞争对手在各个职能领域内的能力如何？其最强能力在哪个职能部门？最弱能力在哪个职能部门？这些能力将发生怎样的变化？

(2) 增长能力。在人员、技术、市场占有率等方面有增长能力吗？财务方面、对外筹资方面是否能支持增长能力？

(3) 迅速反应能力。在财务上、生产能力上、核心产品上是否存在着对竞争者的行动作出迅速反应或发动即时进攻的能力？

(4) 适应变化的能力。能否适应诸如成本竞争、服务竞争、产品创新、营销升级、技术变迁、通货膨胀、经济衰退等外部环境的风云变幻？是否存在严重的退出障碍？

(5) 持久耐力。维持一场长期较量的能力如何？为维持长期较量会在多大程度上影响收益？

通过对竞争对手的未来目标、自我假设、现行战略和能力的分析评价后，我们就可以推测其行为动向。比如，将竞争对手的未来目标与现行地位相比较，就可以推测其是否有可能调整战略；根据其未来目标、自我假设和能力，就可以推测其最有可能作出些什么样的战略变化；也可以预期可能采取的行动的强度究竟有多大；还可以推断什么事件最易挑起竞争者之间的竞争，什么行动或事件可以阻止其作出迅速而有效的反应。

5. 市场信号

这里讲的市场信号(market signaling)，同竞争对手的分析相联系，是指竞争对手采取直接或间接反映其意图、目标或内部情况的行动。它是市场中信息传递的间接方式，有助于企业分析和预测竞争者情况和制定自己的战略。

从市场信号中了解竞争对手，是建立在上述对竞争对手的未来目标、假设、现行战略和能力已经进行调研的基础之上的。以调研成果同发现的市场信号相比较，可以鉴别哪些信号是真实的意图，哪些信号是虚张声势或故意误导，从而迅速作出判断，采取正确反应。市场信号多种多样，采取何种形式主要依据竞争对手的行为及使用媒介而定。比较重要的市场信号形式有以下几种：

(1) 行动的提前宣告。这是竞争对手使用的正式的信息传递方式，表明它可能或不打算采取某种行动，如扩建工厂、推出新产品、调整产品价格等。这种信号有多种功能,主要是想抢先于竞争者占领有利地位。例如自己要扩建工厂、扩大生产能力,就希望竞争者不扩大能力;宣告自己将推出一种新型产品,是希望竞争者不再去研究试制,也希望用户等待购买此种新产品,在新产品上市前不买其他企业的产品。也可能是一种安抚性步骤,试图使即将采取的战略改变对其他企业刺激最小,避免引起不利的报复行动。也可能是向金融市场传递信息,以达到提高股票价格和企业信誉的目的。

(2) 行动的事后宣传。竞争对手经常在其行动(如新建工厂、新辟市场、兼并收购等)结束后才宣布,这就是事后宣传。其目的是让其他企业注意此信息而改变其行动。

(3) 对产业情况的公开评论。竞争对手公开对产业情况发表评论,如对市场需求和价格的预测、对生产能力增长的预测、对原材料供应情况的预测等。这些评论可能正是它对产业的假设,发表评论是希望其他企业在同样的假设下运作,避免因看法不一而使竞争激化。

(4) 对自身行动的讨论和解释。竞争对手经常利用某些机会来讨论或解释自身的行动,如进入某产业、降价、联合、兼并收购等。目的是希望其他企业了解其行动的原因和结果,追随这一行动或不采取类似行动,至少能理解其行动。

市场信号的形式还有一些。研究竞争对手的历史,考察它所发布的市场信息与其实际行动之间的关系,将极大地提高判断信号真实性的能力。市场信号增进了企业对竞争对手的了解,对企业选择和制定竞争战略大有好处。认为注意市场信号会分散企业领导精力的看法,是不正确的。无视市场信号就等于无视全部竞争者。

思考题

1. 企业宏观环境分析的方法有哪些?请比较它们的优缺点。
2. 行业竞争结构的五种力量是什么?
3. 企业竞争对手分析应从哪些方面进行?

本章案例

空运产业竞争结构分析

空运企业的竞争，不仅仅指现有航空公司之间的竞争(这本是我们一般理解的“竞争”范畴)，也包括航空公司与其买方、供方、替代品、潜在的进入者之间的竞争。有人把这种广义的竞争称为“延伸的竞争”。五种力量的合力决定了航空运输业竞争的激烈程度及其利润率，最强的一种或几种力量占着统治地位并对战略构成起决定性作用。

当空运业的竞争走向一种极端时，就出现了经济学家们所谓的理想竞争中的产业特征：各公司及其产品均十分相似；出入自由；航空公司对供方和买方均无争价优势；竞争不受任何限制。与这种极端现象接近的局面，曾在美国放松管制后一段时间，在美国国内市场上出现过，泛美航空公司的破产和人民捷运公司的被吞并都是这一时期典型的案例。下面逐一分析五种基本竞争力量以及政府在产业竞争结构中的地位和作用。

1. 替代产品带来的压力

一般而言，所有的航空公司都在与生产替代品的产业进行竞争。替代品在价格、服务方面给空运带来了很大的压力，直接设置了空运业的上限价格(最高价位)，从而限制了空运业的潜在收益。

(1) 如何识别替代产品。对于航空公司来说，只有在弄清航空运输企业所从事的业务之后，才能理清寻找替代产品的思路。

业内不少航空公司认为他们正在从事传统意义的航空公司运输业务。这是一种被专家们称为“市场营销近视症”的观点，其狭隘性表现在下列两个方面：

其一，许多航空公司正在推行多元化战略，不再囿于空运圈内裹足不前，而是积极向其他产业(特别是相关产业)拓展业务；

其二，即使对仍在从事传统的航空市场业务的公司来说，也需要从更深一层意义上来识别其业务。如果不治愈此类“近视症”，就会对竞争性质产生误解，而这些认识上的误区将导致两种恶果：低估严重的威胁；失掉许多机会。

(2) 识别航空公司的替代产品及其竞争力。

① 商业联络业务领域。当今许多航空公司将其主要的市场营销战略放在吸引为商业目的乘坐飞机的旅客身上。这些旅客的目的既不是为了享受空中飞行的乐趣，也不是为了到另一个地方去放松身心，而是去做生意。商务客占我国国内客总数的80%。航空公司在此领域面临的替代产品竞争来自两方面：

一是来自那些提供视听电话、电话会议设备、传真机、电子邮件这一类高级电信器材的供应商。例如电话公司现在已经能够提供廉价的全球性通信手段，并且在不久的将来能将纯声音通信辅之以形象、场景通信，经理人员将会既节省时间又降低成本，还能免受长途劳顿之苦。这种通信能力不仅影响了航空公司运送商务旅客的业务，而且严重地影响了与运送紧急文件有关的航空快递业务。最近几年，国际、国内通信行业发展很快，中国各航空公司必须正视这一形势。

二是来自水陆运输商的竞争。当然，在2 400公里以上的中、远程航线上，水陆运输对空运构不成威胁。但是，就短程航线而言，水陆运输的地位不可轻视，尤其是在1 500公里以下的航线。

近年来我国重视了交通基础设施的建设，一条条高速公路如沈大线、广深线、沪宁线、京太线、京津塘线的开通和更多的一级公路(如成渝线等)的开通，大大缩短了城市之间的距离，对空运业带来了较大的压力。如成都至重庆在一级公路通车前，飞机每天往返有4个航班，旅客还愁买不到飞机票；通车后，乘飞机的旅客锐减，航空公司不得不每天减去了3个航班。再如，合肥至南京、南京至上海的高速公路通车后，上百辆大型豪华客车以其方便(营运班次多、随时可以乘车走)、快捷(合肥到上海由过去的10余小时缩短为4～5小时，南京至上海由过去的6～7小时缩短为2～3小时)、经济实惠和舒适的特点吸引了大量旅客。在短距离旅行中，乘飞机与高级公路上乘豪华大巴相比在省时、快捷、舒适等方面已无明显优势，在价格和班次上还处于下风。另外，公路运输的特点是能够提供“门到门”的服务，这是民航和铁路自叹弗如的。

国内铁路在公路的挑战下节节败退，但不能说铁路对民航就不具威胁了。自 1996 年以来，铁路运输在航空和公路的双重挤压下加大了改革力度，明确提出了“面向市场，主动出击，扩大份额”的口号，主要措施有：一批豪华列车投入营运；深广线上实行列车巴士化；列车普遍提速，减少旅客旅途时间；从 1997 年开始开行 63 对以北京、上海、广州、武昌、西安、成都等城市为中心的夕发朝至客车，并在京—哈、京—广、京—沪、陇海四大主线提速区段按时速 140～160 公里开行，加之列车车票价低的优势，对航空运输形成了较大冲击。另外在国内经济发达地区，已在酝酿高速铁路计划。在国外，许多国家正在增加对铁路系统的投资，越来越多的城市进入了从自己的市中心到其他城市市中心的 3 小时区间航程之列，这对于当天往返的商务旅行者而言，坐火车比乘飞机更加可行。

国内某些地区的三角大战正愈演愈烈。例如，原来通用航空公司在北京至太原航线上每周飞 11 班，保持着 100%的空运市场占有率，但自 1996 年 6 月 25 日京太高速公路全线贯通后，公路客运在两地间每天对开数十班次，高峰时密度为每 10 分钟一趟，且崭新的运营车辆配备航空坐椅、电视、电话、空调、音响、冰箱、热水器、洗手间、全封闭行李舱，并在旅途中免费为乘客提供快餐、饮料及纪念品，服务档次直逼空中服务！这种局面是通航未曾预料到的，其直接结果就是通航的客座率在当年夏秋旺季增长的势头被遏制，只能维持淡季的平均水平。

② 度假旅游业务。与商业联络业务相比，在度假旅游业务方面可以替代空运的方式就更多了。由于度假旅游对于世界上大多数人来说是一种奢侈品，因此，主持这一市场的航空公司必须提醒自己：本公司正在与其他的奢侈品和服务供应商竞争。航空公司有三件事要做：一是说服顾客乘坐飞机旅行；二是想办法让顾客选择本公司；三是诱导顾客飞向该航空公司航班所到之处。

由以上分析可以看出，为让更多的人投资于旅游，既需要各航空公司的携手合作，也需要航空公司、机场、旅行社、饭店和地方政府的“联袂演出”。国内航空公司普遍缺乏这种横向、纵向联合意识，更不擅长引导顾客消费，其结果就是国民手中可支配收入大量流向“外人田”。1996年国内出现了去东南亚旅游的高潮，同时有一小部分先富起来的国人踏上了北美的游览历程，这是国内消费者自发的旅游动向，并非被激发出来的结果。加拿大航空公司很快注意到了这一变化，便采取了相应措施，相比之下，国航、东方等国内航空公司并未及时重视这一情况。

③ 航空货运业务。一般把航空货运业务分为五类：紧急货运、日常性的易腐性货运、日常性的非易腐性货运、特快专递和邮件。

在很多市场中，由于空运费用较昂贵（往往高出地面运输价格的10倍），发货人更愿意采用轮船、火车、卡车等地面运输方式托运货物。

紧急货运市场又分两种：一是经营性紧急货运，如一家石油公司的一台打井机出了故障，导致停产，为把损失减少到最低限度，只有选用空运方式运来所需要的零配件。有趣的是，远程运输的最大竞争对手——船运公司有时也会因需要零配件修复故障而求到航空公司门上来。可以说，航空公司经营性紧急货运的业务基本上没有替代品的威胁。二是营销型紧急货运。供货商为了避免供货误期、失去顾客的忠诚和信任，只好置节省费用于不顾而选择空运方式。在此情况下，航空公司也鲜有替代对手。

就日常性的易腐性货物而言，所谓日常性相对于紧急来说的，所谓易腐性是因为有关货物只能在严格限制的时间内售出。这类货物又分两类：物理易腐物，如鲜花、水果和海味食品；经济易腐物，如新闻报纸、流行歌曲唱片。在这两类业务中，也少有替代品的威胁，尤其是在中远程航线上。

前面的分析中已提出货运业的替代品是地面运输，这主要是指日常性的非易腐性的货物运输而言的。认识到这一点，航空公司就要着力于说服更多的货主采用空运。这里有三方面的理由可以用来使精明的货主乐意选用空中服务：第一，包装费用较低，因为空运的环境较好；

第二，保险费通常会有大量节省；第三，可以加快资金流转，因为信用证往往是在收货人收到货后才开始支付。事实上，空运业对特定的货主而言还意味着其他好处，这里不再赘述。

至于快递业务（或急件业务），传真机就是一个替代型的竞争对手；邮件业务的替代产品也是前文已多次提到的其他运输方式。

2. 供应商（供方）的争价能力

供方向航空公司施加压力有两招：一是提价；二是维持原价，但降低其产品的质量和服务。当供方的压力足够大时，可以导致航空公司因无法使其产品价格跟上成本的增长而失去利润。

供方和航空公司之间互相施加的压力是此消彼长的关系。具备下述六项特点的供方集团可以给航空公司带来较强大的压力：

当供方产业由几个公司支配，且其集中化程度比空运业高时，供应商在向较为分散的航空公司销售产品时，往往能在价格、质量及交货期上施加相当的影响；

当航空公司并非供方集团的主要客户时，则供方往往会自抬身价；

当供方产品成为航空公司的主要投入资源时，由于这种产品对航空公司产品的质量至关重要，使得供方在争价时又多了几块砝码；

当供方集团的产品已针对航空公司而差别化时，航空公司打“供应者牌”的可能性就变得非常小；

当供方集团表现出前向联合的现实威胁时，航空公司在与供应商争价时底气明显不足；

当供方集团在向空运业销售中不必与替代产品竞争时，供方争价的声音自然就高了八度。

上述这些条件不仅处于动态变化之中，而且往往超出了航空公司能了解和控制的范围。下面来分析与国航有关的供方。

（1）油料公司。在国内市场上，中国航空油料总公司长期以来是各航空公司唯一的供应商。民航内部对这种独家垄断的市场不乏微词，但由于种种原因，这种情况在近5年内很难改变。虽然深圳等地有合资的航空油料公司，但无碍中航油一统天下的大局。中航油在国内采取统一价格，其水平高于国际平均价格。因此，中航油在价格、数量、质量及供油时间上有相当大的决定权。

在国际、地区市场上，油料供应商较多，航空公司的选择余地较大。譬如在香港有几家油料公司，国航油料处就采取招标的方式掌握了主动权。

(2) 飞机制造公司。航空公司与航空器制造商之间的关系一直是人们议论的话题。仍以国航为例，其机队规划的特点就是以波音系列为主，共有各型波音飞机44架。机型单一、先进，对机组管理、维修管理和企业形象等方面都很有利。但其弊端表现在对波音公司产品的争价能力有限。1996年国务院从大局出发，将机队规划审批权由民航局移到国家计委。结合国航的未来规划和国家的统一部署，在国航未来的机队大家庭中将引入空中客车A340。这样国航的主要飞机供应商就是两家。

波音与麦道的合并使世界航空工业成为垄断程度最高的行业。两大公司的合并虽然顺应了航空公司希望机队单一化的愿望，但航空公司的选择比从前更少，甚至会面临别无选择的局面。在今后较长时间内，国内不少航空公司机队的扩大是意料中的事，对如何采购的问题必须慎之又慎。既要降低经营成本，又要防止受制于供方，还要兼顾国家利益，这些是航空公司在机队选型和采购中所面临的主要问题。

(3) 航材公司。中国航空器材总公司隶属于民航总局，全权代表中国各航空公司对外采购飞机，实际上是中间商的角色。国航不可能绕开它直接向飞机制造公司订货。尽管国航能派员列席有关飞机定购的业务谈判，但终不如自己直接与外方谈判方便。

除了飞机以外的航空器材的选购业务一般由航空公司自行办理，而从前这些业务都是中国航空器材总公司统揽的。

(4) 飞机发动机公司。目前世界上飞机发动机制造公司仍保持三国鼎立之势。美国的通用电器公司、普惠公司和英国的罗·罗公司长期以来竞争激烈。发动机制造是航空工业的重头戏，集中体现了这一产业高投入、高技术、高风险的特征。例如，为了争夺波音777的发动机市场，三家公司都投入了巨资研制适合波音777的发动机，结果都通过了适航检验，无一落马，但从经济效益角度看，可谓三败俱伤。从短期看，航空公司愿意从发动机厂商之间的竞争中坐收渔利；从长期看，这样血本无归的竞争降低了发动机厂商再投入的兴趣和能力，他们不愿意再如此厮杀下去。在这样的情况下，他们也考虑到联合之路。普惠和通用电器已经决定在新一代波音747发动机项目上摒弃前嫌、共同研制。这可能是两家进一步合作的预兆，是罗·罗公司最不愿意看到的事情。可以预料，发动机市场将与飞机市场一样，是欧美之间的较量。罗·罗公司很善于打“政治牌”，近两年在亚太地区收获颇丰。对于中国市场，三家的争夺格外引人注目。我国航空公司与他们讨价还价的能力取决于以下三个因素：我国的外交政策；三家的竞争、联合态势的程度和变化；具体机型的适航要求。从较长时期看，最重要的因素还是三家的竞争走势。

(5) 机上供应品制造商。机上供应品包括餐食、纪念品、报刊杂志等物。从理论上讲，业务量较大的航空公司在与机上供应品厂商的交往中，应该占据主动地位，因为厂商较多，自己又是大主顾。国内航空公司应该采取招标和合同化管理的方式，与这类供应商打交道。

(6) 劳动力“组织”。在国外，航空公司的高技术雇员（飞行员、机务维修员等）、普通员工大多数有自己的工会。欧美这一类工会的力量很强大，例如泛美航空公司的破产与工会的不合作有很大的关系；在法航，前几年发生过几次罢工事件，损失很大。航空公司在考虑劳动力压力时，应着重分析两点：第一，劳动者组织起来的程度；第二，稀缺劳动力的供应是否会萎缩。在20世纪80年代末90年代初，由于国内的“航空公司热”，一些新成立的公司挖走了不少大航空公司的技术人才，特别是机务人员和飞行人员。目前国内不少航空公司正面临着来自员工要求提高收入的压力。从组织角度看，这些压力尚不能形成合力。只要事关安全大局的部门的人员稳定，航空公司在这种对抗中就能掌握主动权。从国内航空公司的长期发展看，人力资源管理方面的主要问题有两个：一是缺乏经营管理人才，二是员工素质跟不上发展要求。

如果国内航空公司下决心解决这两个问题，势必要把目光投向劳动力市场，引进公司所缺的人才。但现存的激励机制在近几年不会有大的改观，因此各航空公司在招聘时气魄也很有限，结果是很难网罗人才和留住人才。

(7) 机场。从供方角度看，机场应给航空公司提供安全生产、优质服务的基本条件。但在现实中，由于各机场的物质条件和管理风格的差异，航空公司与机场之间的关系也不相同。这种关系可分为两类：一类是航空公司与驻地所在机场之间的关系，在国内，这类关系大多不理想；另一类是航空公司与其航班经停机场之间的关系，这类关系比较和谐。国内很多地方的航空公司和机场(省局)之间经常闹摩擦，双方领导还未认识到在根本利益上两家是唇齿相依的关系，但某些机场目前的容量处于饱和或超饱和状态，加之机场的软件、硬件与航空公司的发展要求差距较大，因此近几年内国内航空公司的发展在客观上仍然受制于机场。有些机场和航空公司、管理局是一家，如新疆乌鲁木齐机场、云南昆明机场，往往不让其他国内航空公司飞进去或限制其航班密度。

(8) 飞机租赁公司。近几年来，飞机租赁公司的生意越来越火，以至于波音和空客深感恐惧。著名的飞机租赁公司有YLFC、GECAS和BAS等。我国航空公司20世纪90年代以来大多数已尝到了“买飞机不如租飞机”的甜头，但他们应注意到飞机租赁的利弊。

3. 买方的议价能力

买方与航空公司竞争的手段主要是三种：压低价格、要求较高的产品质量、索取更多的服务项目。航空公司的每一个主要的买方集团的上述能力的强弱取决于众多市场情况的特点和这种购买对它整个业务的重要性。在下列八种情况下，一个买方集团会给航空公司带来较强的压力。

相对于航空公司的销售量来说，购买是大批量和集中进行的；购买者有时会采取后向联合的策略。例如，在加拿大，有一个叫加拿大3 000的航空公司(Canada 3 000 Airlines)，它只管公司的运营管理，公司的所有销售活动全部委托给一个批发商。该批发商得到的佣金比其他批发商在其他航空公司得到的佣金高得多。该批发商拥有自己的订座办公室，使用佩刀(Sabra)和阿波罗(Apolo)订座系统，它并不面对顾客，而是付给代理人佣金让代理人销售加拿大3 000航空公司的客票。它还负责做广告、促销等市场活动。这是空运市场上的一个极端例子。如果这家批发商再为另一个航空公司服务，那加拿大3 000航空公司只能任其摆布了。

购买者从航空公司购买的产品占其成本或购买额的相当大的一部分，他们会竭尽全力争取每一个优惠价格；反之，当航空公司的产品只占购买者成本的很小一部分时，购买者对价格就不太敏感，甚至懒于议价。休闲旅客往往对应于第一种情况，属于价格敏感型，组织他们旅行观光的旅行社自然也是价格敏感者。公务旅客常常不在乎价钱，他们要的是快捷和服务。

各航空公司向社会推出的产品无差异或差异不大，买方显然会打“公司牌”。例如，在淡季，新疆航空公司和南方航空公司每周三、六都从北京飞乌鲁木齐，起飞时间、价格、空中服务都差不多，在这种情况下，代理人显然更愿意与付佣金较高的航空公司合作。

购买者面临的转换成本少。代理人在航空公司之间改换门庭并不需要太多的成本，因为业务流程都是通用的。

买方盈利低。低利润迫使买方极力压低购买成本。比如设在小城镇的代理点就是这种情况。

购买者是同行。典型的例子就是航空公司之间互相代理业务。例如国航和西北航空有相互代理协议，两家都飞从西安到北京的航段，故国航不能指望国航的客座能在西北航空代理下卖个好价。反过来，西北航空在从北京到西安的航段上也有类似感受。

航空公司的产品对买方的产品及服务无重大影响。例如一个刚刚成立的小航空公司要开一条往来于两个大都市之间的航线，那么代理人可能会对该公司采取较强硬压价政策，除非该公司的产品的确与众不同，一上市就深受欢迎。

买方掌握航空公司充分的信息。国内不少客货代理点的经理、工作人员就是从航空公司流出去的人员，他们中不少过去从事的就是市场营销活动，对航空公司的定价政策、销售成本和内部管理非常熟悉。

以上笔者分析了买方为什么能向航空公司施加压力。下面笔者逐一分析航空公司的买方。

(1) 旅行代理，国内一般称之为代理人。在当今许多国家，70%以上的客票都是通过旅行代理订购的。在欧美一些国家，由于放松管制和自由化力量的加强，佣金政策已成为很多航空公司市场营销的重要组成部分。为了培养和保持旅行代理的忠诚，航空公司为高销售额提出了高佣金。在国内代理市场上，代理人的力量也愈发强大。他们已开始走联合之路，一些实力雄厚的代理人在与航空公司签协议时更具有压价的资本。

值得强调的是，在航空运输市场上，旅行代理不仅仅有买方的身份，它也扮演顾客的角色。所谓顾客是指在选择航空公司方面作出决策的人。不少公务旅客和休闲旅客倾向于让旅行代理替他们决定究竟乘哪一家航空公司的航班。旅行代理的"顾客"身份在休闲旅客面前得到更充分的表现。因为休闲旅客中很多人每年只有一次飞行旅游机会，对某些人来说一生中也只是一次，所以这些人愿意听取旅行代理为他们提供"内行"的建议。还有一个很重要的原因，休闲旅客往往对最低票价极感兴趣，而当今空运票价变化的速度之快使得只有旅行代理可以通过他们的计算机订座终端查到特定市场中互为竞争关系的航空公司给出的最新最低票价。

(2) 旅游经营商。由于很多休闲旅客不只是希望买一张机票，他们还希望得到吃、住、行、玩一条龙服务。这种需求的存在，使旅游经营商应运而生。他们与旅行社、饭店、出租车公司、商店、餐馆等供应商讨价还价，最后得到一揽子服务的最低价格。这种行当在国外方兴未艾，成为航空公司的重要顾客，在国内已崭露头角。

(3) 集运商和包销商。集运商在国外是航空公司的另一个大买主兼顾客。他们的作用体现在"运"字上，也就是说，他们与旅游经营商的不同在于，他们只为了获得价格便宜的座位与航空公司讨价还价，并不负责膳宿和中转接送等项目，因为有不少旅客喜欢自行安排时间表和食宿地点。在大多数情况下，欧美的集运商也是包销商，所谓包销是指将某一航班上一段时期内一定百分比的客票包销出去；如果卖不出去，可以在一定提前期内退回航空公司。包销商也常常通过旅行代理将座位售给大众。在国内，温州等地已有包销商经营数年，业绩颇佳。

(4) 有决策权的旅客和货主。这是指点名要某家航空公司的消费者。这类旅客和货主在国内市场上的比例要高于国际市场，他们往往富于旅行经验。对航空公司之间的区别略知一二，在购买时倾向性较大。国航在这类旅客中的优势比较明显，他们出于安全因素往往首选国航航班，将价格因素排在第二位。这一类型的旅客和货主是唯一能将顾客、消费者、买方三种身份统一起来的人。

(5) 机场、省局、航站。在国内，某些新通航的机场、航站和航班很少的机场、省局、航站，往往有求于航空公司飞往他们那里。为了打消航空公司怕亏损的念头，他们与航空公司签订包销协议，保证航班达到航空公司所期望的客座率。在此情况下，国内的骨干航空公司在争价中自然占了上风。买方有时不惜经营性亏本也要签此类协议，因为有地方政府为他们撑腰打气，他们可以得到长期的社会效益和经济效益的回报。待这个市场成熟以后，这些机场、省局、航站摇身一变，就成了航空公司的供方。

对于国内机场和航空公司之间的关系，在此可作一个小结。在大多数情况下，机场既是航空公司的供方，也是航空公司的买方（几乎所有的机场、省局、航站都下设客货代理公司）。换言之，航空公司既是机场的供方，也是机场的买方。双方关系的实质以合作为主，竞争为次，是一种相濡以沫、同舟共济的关系。如果不能正确地理解双方的关系，就会两败俱伤。值得庆幸的是，越来越多的国内航空公司和机场的高层领导深明此义，已较好地建立起双方的合作关系。

(6) 货运代理公司。在欧美航空货运市场上，80%以上的出口货物和90%以上的进口货物都是通过这个方式运输的。目前国内这方面的数字还难以统计，但可以肯定货运代理公司承揽了国内航空货运市场一半以上的业务。由于国内货运代理业集中程度远远高于客运代理，航空公司的压价能力就很有限。

(7) 急件运输公司和捷运公司。在相当长一段时间内，像 DHL(敦豪)和 TNT(天地)这样的国际货运公司常把盈利颇高的紧急货物送到航空公司门下，它们一直是航空公司的重要买主和顾客。如今的形势已发生质变，急件运输公司和捷运公司中有一些公司已开始用自己的飞机承运货物，变成了航空公司的直接竞争对手。凡有志于发展货运的航空公司应密切注意这类动态。

需要进一步说明的是，对于空运业来说，重要的是识别顾客的压力，要想尽一切办法对顾客施加影响。除了前面已经提到的旅行代理、旅游经营商、集运商、包销商、机场、急件运输公司、捷运公司外，高级管理者的秘书、高级管理者本人、公司旅行事务部经理，甚至家庭主妇也扮演了顾客(customer)的角色。

4. 进入者的威胁

进入者是指加入航空运输业的新手。它们的到来使本来就竞争激烈的航空运输市场更添一份喧闹。由于进入者怀有强烈的占有市场份额的欲望，通常具备较充足的资源，以新的业务能力为进攻武器，其竞争力往往不容小觑。

对于航空运输业来说，进入威胁的大小由以下两点决定：市场上呈现的进入障碍和进入者想像中的原来航空公司的反击力度、规模和持久性。如果障碍高或进入者认为原航空公司会坚决地报复，则这种威胁就会较小。下面列出了六种进入的障碍：

(1) 规模经济性。规模经济性是指在一定时期内产品的单位成本随总产量的增加而降低。规模经济性迫使进入者作两难的选择：要么一开始就以大规模生产并准备接受原来航空公司顽强抵制的风险，要么以小规模经营来承受高单位成本的劣势。一般情况下，新航空公司不得不选择后者。原因在于航空运输业充分体现了大规模生产的优越性，主要有以下四点：拥有庞大航线网的航空公司能把竞争较弱的航线上得到的利润补贴到竞争激烈的航线上去，这既是一种销售武器，也是一种减少破产可能性的保险措施；大规模生产在营销方面还可以增加常客优惠计划的吸引力，有利于树立公司形象；大航空公司可以以低价成批定购飞机，从而降低购买、维修成本；最后，在一架飞机因故不能投入运营时大航空公司能更换另一架飞机。由此可见，一个只有4架运—7飞机的航空公司很难与另一个拥有30架喷气式大型运输机的航空公司在同一市场上竞争。这同样也是超级航空公司出现在国际航空运输市场上的原因之一。当然，大型化也有下列三方面的弊端：规模越大，经济性未必越佳，扩大到一定程度后，单位成本反而会往上升；官僚主义会导致大航空公司市场反应迟钝、管理费用增加、系统协调功能下降；在一个职员关系疏远、冷淡的大航空公司中，很难保持一个统一的服务信念，更难保持优质高档的服务。总之，航空公司大型化是有利有弊，对欧美大航空公司而言是利大于弊，因为其销售优势相当大，其弊端由于计算机的应用和工会力量的削弱而得到缓解。

(2) 产品差别化。产品差别化是指现有的航空公司由于过去的广告、优质服务、特色产品、公共关系等因素而获得了商标及顾客忠诚方面的优势。产品差别化迫使进入者耗费很大的代价去克服顾客对现有的航空公司的好感。

(3) 资金需求。航空运输业是高风险、高投入、应用高技术的产业。1996年年底一架B737、B747、B767、B777的订货价分别是0.43亿美元、0.64亿美元、1亿美元、1.41亿美元左右；即使采用租赁方式，也需要大笔资金注入。加上占用资金庞大的航材库存、高额的燃料费用、高额的劳动力成本、越来越多的市场营销费用，都要求空运业的实业家们具备高超的理财能力。国内一些小航空公司由于没有足够的资金保证，在开业不久就陷入窘境。

(4) 掌握销售渠道。在很大程度上空运产品的销售渠道已被现有的公司所控制，这一点在欧美市场上最严重。几大公司控制着几大计算机订座，其中美利坚公司(AMR)下的Sabre集团的Sabre系统实力最强，Sabre集团在1995年是AMR的创利首富，超过了航空运输集团所创利润。

(5) 与规模无关的成本劣势。这是指现有的航空公司具有一些进入者无法模仿的成本优势。这种优势与规模大小无关，主要有：良好的安全记录；最佳的地理位置；对最佳燃料来源的控制；政府补贴，国内大多数航空公司都享有中央或地方政府的补贴；学习或经验曲线，这是指产品的单位成本随着航空公司积累的经验的增加而下降。

(6) 潜在的进入者对于现有的航空公司的反击的想像也将影响其入侵行动。下列三种情况的存在象征着进入者将遭到迎头痛击：一种对进入者勇于报复的历史，美国市场富于这种传统；现有的航空公司拥有足够的资源予以反击，包括过剩的运力和未用满的借贷能力；产业处于低速增长阶段，市场吸收新公司的能力有限，譬如南美市场。

下面从国航所面临的两个不同的产业环境分析潜在竞争者的威胁。

一个是国内航空运输市场的进入威胁。在 20 世纪 80 年代末 90 年代初国内航空运输市场上，曾出现过“航空公司热”。近年来基本上没有批准成立新的航空公司，中国航空公司和天鹅航空公司是无独有偶的例外。

航空公司必须警惕以下两种进入者的威胁：一是在局部市场上某公司要加入进来，比如在北京—乌鲁木齐航线上，北方航空公司虽然停飞了，但条件成熟时它还会卷土重来；二是国内某些航空公司可能采取兼并、合并等方式成立新的航空公司。

另一个是国际航空运输市场上的进入威胁。据 ICAO 统计，1994 年国际客运量世界前 30 名的空运企业中，就有 19 家直接飞中国。国际市场上的竞争程度比国内市场更激烈、更复杂，觊觎中国市场的外国航空公司为数不少，而它们之间多种形式的联合往往能越过国家间的双边或多边协定与国内航空公司展开直接或间接的竞争。前面谈到的 AMR 是世界空运业巨子，其航空集团中的主力军美利坚航空公司(AA，世界第一大航空公司)并未参与中国通航，但从 1995 年开始在北京设立办事处，可谓司马昭之心，路人皆知。

5. 产业现有企业间的竞争的特点

从历史角度来看，空运业可划分为两个时期：管制（regulation）时期和放松管制（deregulation）时期。一般来说，在管制时期，航空公司的成立必须经过繁琐的、严格的审批程序，其战略规划和日常运营都受到政府的牢牢控制，航空公司之间的竞争程度是有限的。以美国为例，在1978年之前，如果没有CAB（Civil Aeronautics Board民用航空委员会，FAA的前身）或FAA（Federal Aviation Administration联邦航空局）的批准，航空公司就不能改变其航线结构、票价、基本运营技术（如机型）；尽管航空公司还必须向CAB或FAA提交详细的运营和财务方面的报告，几乎所有的信息都很容易为竞争者所获得，但竞争格局不会因此有很大改变。在放松管制时期，政府只行使行业管理的职能，航空公司在市场环境下自主经营，空运业才真正进入竞争时代。仍以美国为例，其国会于1978年通过了《航空公司放松管制法》（Deregution Act），简化了新航空公司成立的手续，允许它们自由定价、自由选择国内航线；在过去的近二十年的时间里，可谓群雄逐鹿美国市场。这期间，有过人民捷运航空公司的辉煌与衰落，有过泛美和东方这样的巨型航空公司的破产和消失，有过很多航空公司的重组和被吞，幸存下来的航空公司经历了1979～1989年的相对繁荣和1990～1994年的全面衰退（5年中全行业亏损130亿美元，比莱特兄弟发明飞机以来空运业的利润总和还多，只有西南航空公司和联邦捷运能保持盈利）。

迄今为止，只有极少数国家经历了美国这样的两个时期。我国的空运业正处于由管制时期缓慢地向放松管制时期转变的阶段，现阶段更多地带有管制时期的特点。航空运输业的竞争要素只有在放松管制时期才能发挥重要作用。由于空运业在国内市场和国际市场具有迥然不同的行业特点，竞争要素也就分为下面两种类型。

（1）国内空运市场上的竞争要素。安全的重要性在空运业是绝对排在第一位的。除此以外，国内空运市场上的竞争要素分为两个级别。第一级别是影响力较大的四个因素：航班时刻、航线、定价和航班频率；第二级别是影响力较小的五个因素；设备、服务、舒适、忠诚和总体感觉。

① 航班时刻。航空公司的计划人员总是力求在营运和市场这两大功能之间保持较好选择性的平衡。从营运角度来说,就是要使飞机日利用率最大化并使运营成本不断降低;市场营销工作则聚焦于高峰时期,以提高载运率。这两者之间的相互作用是戏剧性的。例如,在两个城市之间,一个为了提高载运率而只提供少量航班的航空公司会因为竞争者提供了更多的班次从而失去很多顾客;更糟的是,航班上空出的座位不能被"储存",给航空公司的现金流通带来负面影响。

航班时刻不仅要考虑某一市场的特点,而且要考虑与其他市场上航班时刻的衔接;航班时刻还受到需求高峰期的影响,需求高峰往往是每天、每周、每年的某一段时期,比如傍晚的航班一般比晚上九点半的航班更受欢迎。另外,节日和假期对航班时刻的冲击力很强,并且时有单向性。

在高需求时间与低需求时间之间作平衡,对航班时刻计划人员是一个复杂的挑战。某些不可预测因素(像航班延误、取消等)将使这一问题更加棘手。为了达到较高的日利用率,飞机的过站中转时间往往被设计得较短(美国西南航的平均中转时间为半个小时)。在这种情况下,一次延误不仅影响某架飞机全天的安排,而且对本公司甚至其他公司的运营将产生系统性影响。

毫无疑问,最成功的航空公司都将制定航班时刻的工作作为运营计划的核心内容,因为这一工作本身既能建立也能破坏顾客的选择偏向。

综上所述,航班时刻是航空公司大多数职能的高级集成,这些职能包括销售、广告、市场研究、定价、服务、OD(origin and destination)流确定、运输高峰处理、飞机利用率提高,等等。

② 航线。航线网络是航空公司的重大事项。随着放松管制的进程,航线系统已成为一个脆弱的竞争因素。这是因为:在航空公司的航线结构中,进退自由已成为一个变化很快的因素;对航空公司来说,进入一个新的航线时,往往要权衡再三;如果一个航线被证明是可行的,

那就意味着竞争者也会进入这个市场。就城市而言，一个航班可能是直达的、经停的或中转(换航空公司或换航班)的。航线网络提出了新的问题，通常有三种形式的航线网络交织在一起：一种是中心辐射系统；一种是线型航线结构；还有一种叫网格式网络。

上述三种网络在下列方面各有利弊：市场营销和运营，高峰期处理，方向的不平衡性处理，恶劣天气的处理，飞机利用率，载运率，过站密度，服务统一性的可控程度。在美国，巨型航空公司(年营业额超过10亿美元的航空公司)一般都采用中心辐射系统；中国的航空公司的航线结构大多以线型和网格式网络为主。可以预料，随着国内航空运输业的发展，大航空公司也将采用中心辐射系统。

③ 定价。在所有的竞争要素中，定价或许是最复杂和最不稳定的。把旅客行程的价值与具体的时间、具体的地点以及竞争因素结合起来转换为一种数量化的概念，这既是一门科学，也是一门艺术。定价涉及的因素主要有舱位等级、佣金、团队包座和一天中具体的时间。在欧美，由于航空公司采用了收入管理系统，它们的定价完全建立在计算机自动处理的基础之上，没有任何一位专家能解释某一张机票票价的具体依据。这样做充分考虑到了旅客对价格的承受能力和公司收益的最大化。

和其他行业一样，价格大战是空运业的一种常用的竞争武器。中国各航空公司在这场战争中的竞技水平仍处在蹒跚学步阶段。1997年第四季度，民航总局放松了票价的浮动上下限，这是国内航空运输政策的一个重大变化。对国内航空公司来说，无论是内战、外战，如果只知一味降价，结果将是总体收益下滑、客座率依然很低。摆脱这种困境的有效办法是尽快在公司内推广收入管理系统。

④ 航班频率。离港时间是旅客考虑的主要因素。一个注重航班频率甚于增加航班座位的航空公司往往更容易攫取一块很大的市场份额。航班频率低意味着在航班的取消或增加方面缺乏弹性，也意味着航班时刻的灵活性较差。

航班频率是一种强大的破坏旅客对某公司忠诚的武器，理由很简单:在一般情况下,即使某旅客对A公司一直有好感,但他通常会选择第一个航班(非A公司航班)飞走,把所有后面的航班(包括A公司的航班)作为候选。换言之,一个在一天内或一周内提供航班频率较高的航空公司往往成为旅客的首选。一般情况下,高航班频率意味着高市场占有率。

容易与航班频率混淆的概念是航班密度(density)。航班密度通常是指在一天中,与几个运输高峰期有关的航班密集程度。例如,在1996~1997年冬春季北京—上海航线上,每周一的8:00~9:00,国航的航班密度为2,东航的航班密度为1。一般来说,航班密度高也意味着能吸引更多的旅客。

⑤ 设备。这里的设备主要是指航空器和航空器上为旅客服务的设施。很多空运业的高级经理们高度强调机型对于航空公司运营的意义,他们认为旅客倾向于选择最新、最快、最舒服的飞机。但我们也注意到在欧美市场上,很多"高龄"飞机仍在为公司贡献余生。

很多航空公司相信,如果他们不能赶上或超过竞争者的设备水平,他们就会失掉一些市场份额。少数航空公司坚持用"年轻"的设备,比如三角航空公司和新加坡航空公司都乐于此道,后者机队的平均机龄是4年。

⑥ 服务。这是一个已被广泛讨论过的话题。当上述竞争要素难分高下时,顾客服务就扮演了一个极其重要的角色。传统的客运服务是一个包括订座、出票、信息查询、登机、机上餐饮、空乘举止、离机程序、行李领取的全过程,如今一些航空公司开始提供旅馆预定、旅游一揽子服务、租车、机上电影、机上电话等服务,顾客的需求正朝着更复杂的方向变化,航空公司的服务工作比以往任何时候都更加富于挑战性。

⑦ 舒适。这里的舒适是针对顾客向机场提出的下列要求而言的:停车方便、排队时间短、步行距离短、停车费用低等。当一个城市(如伦敦、东京等)有两个以上的机场时,航空公司便有可能帮助旅客作出选择。

⑧ 忠诚。开发和保持顾客的忠诚依靠两点:一是广告轰炸;二是

顾客自身的经验。航空公司将安全工作放在首位，因为安全是顾客关心的第一要素。有一定空运经验的顾客倾向于选择自己忠诚的那家航空公司。近10年来，国际闻名的航空公司一般都用常客优惠计划(frequent flying program)来建立和维持顾客的忠诚。

⑨ 总体感觉。总体感觉是指被顾客感知到的竞争要素之和。当一个旅客将某公司看成能提供最理想的时刻、最多的航班频率、最低的票价、最好的服务、最新的飞机时，他将忠于这家航空公司。他的总体感觉可能是事实的反映，也可能是他的想像，但这是他自己的感觉，正是这种感觉在他购票时有强大的影响力。

(2) 国际空运市场上的竞争要素。从管制性的国际空运市场到放松管制下的国际航空运输市场，竞争要素的作用也有很大差别。在前一个市场上，政府保持着强有力的控制权，公众利益被摆在第一位；在后一个市场上，政府不再控制或很少控制航空公司的运营，利润被当成主要目标。

在国际航空运输市场上，竞争的本质是政府专制的权力。这种权力可用来制定规章、制定法律、调整竞争要素以利于国有航空公司。国际航空运输市场上的竞争要素共有六项：运价、航班频率、市场准入、设备、服务、广告。

① 运价。由于政治、经济和社会等方面的考虑，空运价格对于不同的国家有不同的意义。比如，对于某些国家而言，空运是赚取外汇的一种手段。对于所有经营国际业务的航空公司而言，只有不断改进其价格政策和价格体系，才能保证长期盈利。航空公司应注意以下两点：一是慎用降价策略，该策略在短期效果喜人，但对长期效益往往有负面作用；二是价格体系应力求简单，以避免沉重的培训费用和"收入稀释"(指本该购买高票价的旅客购买了低廉票时，航空公司的收入就会减少)现象。

② 航班频率。航班频率被形容为航空公司的生命血液(lifeblood)。在中美、中加航线上，国航的竞争者提供了更多的航班(即更多的选择)，这也是国航落败的原因之一。很多国家的政府通常在外航

的登机口时段上做种种限制，迫使外航降低其航班数目，同时让本国的航空公司占有最佳的进出港时间。

③ 市场准入。这是国际航空运输双边和多边谈判中的核心内容。现在中国就面临着很多外航要求通航、增加航班、进入中国国内市场等，如美西北航空曾要求与国航代号共享。美国市场是世界上最大的航空运输市场，是不少大型航空公司垂涎的宝地，但美国政府在准入问题上非常谨慎。

④ 设备。政府在适航问题上做文章，对外航设置障碍。例如，一些国家以没有基础设施支持为由，不允许外航某种机型降落。各国还充分利用环保问题限制外航对环境有污染的机型，如噪音很大的超音速协和号飞机目前只能在伦敦—纽约两地间飞行。

⑤ 服务。由于国际航班往往代表国家形象，加上公务旅客较多，各航空公司都很重视国际航线上的服务工作。在历次服务质量评比中，瑞士航和新航是佼佼者。

⑥ 广告。多数国际性航空公司在其促销预算中都为广告列出一大笔钱。对于许多旅客，比如对于那些闲暇旅客来说，广告也是唯一能够接触到他们的办法。一般来说，航空公司的广告预算不低于其年营业收入的3%。

上述每一种竞争要素对航空公司成本皆有影响，故采取任何一种竞争要素都要考虑成本与收益的关系。另外，很多不确定性是与竞争要素的运用有关的，这是因为判断竞争者的潜在的反应并非易事。最重要的是，航空公司决策者要意识到竞争要素是关键性的工具。它们一旦被正确利用，航空公司就能较大幅度地提高其市场份额和盈利能力。

6. 在航空运输业中政府的力量

政府在航空运输业中所起的作用可以分为四种：

(1) 行业管理者。行业管理又分为对内、对外两部分：对外参加ICAO的有关活动，负责与其他国家的谈判，为本国航空公司的生存和发展争得有利的环境和政策；对内负责适航管理、基础设施建设管理、公平竞争管理、空运安全管理、服务质量监控、航空公司成立的审批等事宜。在国际航空运输市场上，西方发达国家政府的目的是给本国的航空公司创造有利的竞争环境和保护政策。其中，美国政府的政策不仅影响美国市场，而且影响全球国际航空运输市场。1997年初，欧委会宣布成立一个可与FAA(美国联邦航空局)相抗衡的民用航空安全组织的计划。该组织将在欧洲建立一个统一的安全水平标准，并保证将这个标准推广到全世界。

(2) 投资者。政府以投资者的身份参与航空公司的战略管理甚至日常运营管理。迄今为止，世界上绝大多数的国际航空公司都是国有企业或国家控股，政府对航空运输业的干预程度由此可见一斑。各国政府对其国内的航空公司都有护犊之心，特别照顾其国旗航空公司。西方国家的政府和航空公司经常一致对外行动。

(3) 延伸的竞争者。以我国为例，政府扮演了“延伸的竞争者”的所有角色。国内大多数中小航空公司的后台或是国家有关部委，或是某些地方政府，此时政府直接加入了现有航空公司之间的竞争；当中央和地方两级政府联合出资兴办机场时，政府扮演的是供方的角色；当政府通过宏观调控政策鼓励发展高速公路和铁路时，它是在扶植航空运输的替代品；邮政当局与航空公司签订航空邮件合同，有关部委还通过红头文件规定出国公干者必须乘坐中国民航班机(很多外国政府规定政府官员出国须乘本国国旗航空公司的航班)，此刻政府充当的是买方的角色；不少地方政府一直保持着办航空公司的高昂热情，他们正做着培养航空运输市场进入者的事情。谈论多年的政企分开，在民航还未见实质性进展；从航空公司的高层人事安排到公司内部的经营决策(机队规划，飞机的选型和租购，重大基建和技改项目的审批，等等)，政府的影子无所不在。三大集团公司的上级机关分两块：一块是民航总局和它的地区管理局；另一块是国务院的几个重要部委加上地方政府，可以说是婆婆一大堆。民航体制改革已停滞多年，既束缚了航空公司的手脚，也养成了不少企业的惰性。这种惰性表现为：分配上吃民航的“大锅饭”；粗放式经营；没有危机意识；缺乏进取精神；抓安全忽视经济效益;看眼皮底下,不了解本行业发展大趋势等等。

(4) 军事指挥者。在非常情况下,民航一般被编为军事序列。例如在海湾战争期间,美国的航空公司就为美军运送了大量的人员和装备。

总之,无论是在国内市场,还是在国际市场,政府的影响力非常强大,这种影响往往超过了供方、买方、替代品生产者、潜在进入者、直接竞争对手中任何一个的压力,有时甚至能超过这五种压力之和。任何一个想在航空运输舞台上有所作为的航空公司,都必须花大力气研究国内、国外的政府及其相互关系,想方设法取得它们的长期信任和支持。

上述分析使我们有理由说政府是航空运输产业结构中第六种力量,对波特模型作如此改动将非常有助于研究航空公司所处的国际和国内环境。

第三章　企业内部条件分析

学习目标

◆ 掌握价值链的基本模型，构造企业自身的价值链
◆ 了解业务外包对企业发展的意义
◆ 了解业务外包与专业化生产的区别
◆ 理解有形资源、无形资源的内容
◆ 理解企业核心能力的特点

第一节　企业资源分析

企业的经济活动必须要有资源，资源也反映了企业的实力。通过企业资源分析，可以明确企业的优势和劣势。资源是企业所控制或拥有的有效因素的总和。企业的资源包括实物资源、人力资源、财务资源和无形资源。按不同目的，资源可分为不同类型。

一、企业资源的分类

1. 按其是否容易确认和评估，资源可分为有形资源和无形资源

(1) 有形资源。与无形资源相比，有形资源容易被识别，同时也容易估计它们的价值。作为有形资源，公司的借款能力、工厂和设备的状况、雇员的各种属性(包括数量、培训的类型和他们曾有的经历)都是看得见的。许多有形资源的价值可以通过财务报表予以确立。有形资源包括：财务资源、物质资源、人力资源和组织资源，见表 3-1。

(2) 无形资源。因为无形资源看不见，竞争对手难于掌握和模仿，所以它们是持续竞争优势的可靠来源，经理人员也希望使用无形资源

表 3-1

有形资源

财务资源	公司的借款能力 公司内部资金的再生能力
物质资源	公司工厂的位置,设备的精良程度,原材料的获取途径
人力资源	公司的经理人员和员工培训、经历、判断力、智力、洞察力、适应性、承担的义务和忠诚
组织资源	公司正式的汇报结构及其正式的计划、控制、协调机制

作为企业能力和核心能力的基础。

在一项研究中,研究人员邀请高级经理去识别企业持续的竞争优势的源泉,经理们指出了 30 多种竞争优势的源泉。值得一提的是,这些源泉中最重要的一项是无形资源:企业产品质量的信誉。在对英国企业的 847 名总裁的调查中也证实了这一点。这项研究希望能了解企业的总裁对各种无形资源对整个企业成功的相对重要性的理解,研究的结果证实了企业信誉的重要性。在 13 种无形资源中,总裁们根据其重要性把企业信誉排在了第一位。无形资源如表 3-2 所示。

表 3-2

无形资源

技术资源	技术的贮存,如专利、商标、版权和商业秘密等成功运用它们所需要的知识
创新资源	技术工人、研究设备
信誉	对顾客的信誉 品牌 对产品质量、耐久性、可靠性的认识 对供应商的信誉、有效率和效力的相互支持及互惠互利合作关系

2. 按其发挥的作用不同,资源可分为一般意义上的资源和核心资源

一般意义上的资源应用在各个企业中,泛指生产活动所必需的一切要素;核心资源是企业长期累计所得的、为企业所私有,并可被企业

用来为某些细分市场有效地生产出有独特价值的市场出售物的独特有形物和无形物的统一体。

二、企业资源的特征

总的来说，不同类型的企业资源，或多或少、或强或弱地表现出以下特征。

1. 路径依赖性

企业资源的路径依赖性是由于企业资源是在特定的企业历史文化背景下创造与形成的，从而形成了与相应企业环境中的不同资源要素间相互作用关系与千丝万缕的联系，它只有在该环境下与相联系的企业资源要素共同运作下才可以完全实现其原有的价值创造力。简单地说，企业资源的路径依赖性是其与该企业中其他企业资源联系程度决定的。当与企业中其他企业资源联系越复杂、越广泛，企业资源的路径依赖性就越强；反之就弱。一般说来，有形资源的路径依赖性低，路径简单，有的甚至没有，而无形资源的路径依赖性较高，路径复杂。

企业资源的路径依赖性导致：在较大程度上约束企业未来发展战略的选择空间；能够保护企业资源避免被竞争者无偿快速获取；限制企业资料的扩散性与交易性。提高企业资源的交易成本，对单一企业而言影响不会太大，却会在较大程度上提高母子公司系统中对资源共享与扩散管理的难度；容易造成企业竞争力对固有资源的依赖，导致企业僵化。

2. 累计性

累计性是指企业资源的形成具有过程性与时间性。这是因为企业资源不是孤立存在于企业中的，其价值创造力的发挥需要通过与企业其他资源连接起来，融合在一起共同发挥作用。可以这么说，创造企业价值能力越强的企业资源，其积累性特征越明显。因此，要想增强企业竞争力，实现企业持续发展，就必须进行资源的持久创造与积累，树立企业资源管理的战略性经营理念，并实施必要的企业资源储备战略。

3. 模仿性

企业资源模仿的不完善性是指企业资源不能够被完全复制运用到其他组织环境中去的特征。这主要是由企业资源价值创造的活动与效果间因果关系的模糊性与不确定性造成的。(Lippman & Rumelt 1982)。企业资源模仿的不完善性,是决定资源维持企业竞争力的首要必备条件。

无论是资源拥有者还是竞争者,都难以有效把握管理行为与效果间存在的因果关系,从而提高了资源模仿的不完善性,并为拥有者充分挖掘潜力带来了难度,对于企业竞争者而言更是无法通过复制的方式完全模仿企业的资源。虽然在一定程度上可以通过转移企业员工,从企业现有员工中获取所携带的企业资源,但也无法完全进行资源模仿。为了尽可能地维护企业竞争优势,就必须为员工提供长期的"租金",其目的是:一方面维护企业资源间的联系;另一方面则是为了防止其他组织通过挖人员而实现对企业资源关系的转移与模仿。

4. 扩散性

企业资源的扩散就是指企业在不同组织间有着一定程度的可移植利用价值,从而形成了企业资源在不同组织之间流动与共用的可能性。不同的企业资源,其扩散性不同。影响企业资源扩散的因素主要有:

(1) 企业资源使用价值专用程度的高低,直接决定了企业资源的扩散性,专用性越高则扩散性越差;反之则强。一般说来,企业资源的适用对象与用途越多,其扩散性就越强。

(2) 企业资源模仿的不完善程度决定了扩散的难易程度,模仿程度越低,企业资源价值失效性程度就越高,扩散性就越差。

(3) 企业资源的扩散成本也直接影响了企业资源的扩散性。企业资源的扩散成本越高,企业资源的扩散性就会越低。企业资源的扩散成本包括企业资源转移的交易成本(显性成本)与企业资源转移的失效成本(隐性成本)。在无法实现相关资源同步扩散的情况下,必然会导致企业资源扩散的失效性。

5. 时效性

企业资源的时效性主要是指企业资源会随着企业发展、市场竞争环境变化，以及由于企业资源的扩散造成竞争对手的不断模仿而出现市场竞争能力的衰减。企业资源的时效性对企业资源管理提出的相应要求是：

(1) 要尽快回收企业资源价值，也就是要及时用足现有企业资源的价值创造力。这对企业集团内部资源共享管理的要求尤为突出。

(2) 要进行必要的资源储备，一方面可以及时替代即将失效的企业资源价值创造活动、保持企业持续发展；另一方面则是适应市场不断发展变化的要求。

(3) 要加强对企业资源的组合管理，也就是说企业应该根据自身发展战略的要求，围绕企业的现有核心业务、近期新业务以及未来新业务等，进行相应的企业资源的匹配性组合管理。不仅要不断强化推动现有核心业务发展的企业资源，还要储备未来新业务发展所需要的企业资源，同时还要及时处理已经或即将失效的企业资源，避免造成企业的僵化。

6. 交易性

在市场经济中，只要能够创造经济价值的因素就具备潜在交易性的特点，就存在交易的可能性。关于企业资源的交易性，存在两种分歧的观点：

一种认为，存在合理的战略资源竞争(可能是不完善竞争)市场，企业可以通过交易获取企业战略资源。另一种认为，真正独具特色的资源(如声誉)是无法在市场中完全获取的，从而认为企业资源具有不可完全交易性。虽然人们对企业资源交易性问题的看法存在差异，但都认为存在交易的可能性，只不过交易的完全性不同而已。

一般说来，企业资源交易的方式大致有四种：一是直接从要素市场购买某些资源；二是部分或全部购买资源的拥有公司；三是从资源拥有公司中购买资源服务(如 IBM 公司从微软公司购买操作系统)；四是在资源拥有的现有员工指导下进行资源的转移(复制)。

三、评价企业资源利用程度的指标体系

1. 评价指标的选择原则

(1) 导向性原则。对企业资源利用程度的评价是为了向企业领导层提供决策的依据,从而制定更好的竞争战略。测定与评价企业资源利用程度不是目的,而是为了反映企业资源在过去和现在发挥作用程度不同的原因。因此,在选择评价指标时,应具有导向作用,引导企业挖掘资源,投资于未来竞争,而不是鼓励企业短期行为。

(2) "横向"、"纵向"原则。企业核心资源通常是相对的,是通过比较得出来的。若核心资源可广泛应用在大批企业中,则其只能算一般意义上的资源。因此,评价指标必须使企业能与市场中同类优秀竞争对手相比较。

(3) 综合性原则。评价企业资源利用程度不仅要从不同的角度观察,而且要有关联性,能综合地反映出企业利用资源的某一方面。这就要求评价指标间有一定的联系性和综合性,从而克服单一指标的局限性。

(4) 科学性原则。科学性原则是一切科学研究工作的共同准则。因此在选择评价指标时,指标的设计应规范、合理,经得起推敲,理论上站得住脚,实践中使用起来又恰当。

(5) 简易性原则。选择出的评价指标必须具有可操作性,才能应用于实际。因此指标的选择应从我国的统计、会计、业务核算的实际情况出发,便于数据的搜集与加工。

根据以上原则,可选择以下一系列指标来评价企业资源利用程度。

2. 企业资源的评价指标

(1) 反映企业物质资源利用程度的指标:

① 流动资产周转率。该指标反映企业投入的流动资产运用效率的综合性指标。在一定条件下,资产周转越快,平均占用的资金越少,流动资产利用率就越高,该指标越大越理想。

$$\text{流动资产周转率}=\frac{\text{产品销售收入}}{(\text{期初流动资产}+\text{期末流动资产})/2}$$

② 总资产利润率。该指标反映了企业全部资产的获利能力，是企业管理水平和经营绩效的集中表现，因而是评价和考核企业经济效益的核心指标。该指标值越大，表明企业资产运用的综合水平高。

$$\text{总资产利润率}=\frac{\text{利润总额}}{(\text{期初资产总额}+\text{期末资产总额})/2}\times 100\%$$

③ 成本费用利润率。该指标反映了企业所得与所费之比，一般地，成本费用水平越低，则企业盈利的水平越高；反之，成本费用高，则企业盈利水平低，该指标越大越好。

$$\text{成本费用利润率}=\frac{\text{利润总额}}{\text{成本费用总额}}\times 100\%$$

式中，$\text{成本费用总额}=\text{产品销售成本}+\text{产品销售费用}+\text{财务费用}+\text{管理费用}$

④ 资本保值增值率。该指标是企业生存和发展的重要条件。一般地资本保值增值率等于百分之百为资本保值，大于百分之百为资本增值。该指标反映了投资者投入企业的资本完整性和保全性，其值越大越理想。

$$\text{资本保值增值率}=\frac{\text{期末所有者权益总额}}{\text{期初所有者权益总额}}\times 100\%$$

式中，所有者权益＝实收资本＋资本公积＋盈余公积＋未分配利润

(2) 反映企业财务资源的指标

① 资产负债率。该指标反映企业面临的财务风险程度以及长期偿债能力。

$$\text{资产负债率}=\frac{\text{负债合计}}{\text{资产合计}}\times 100\%$$

② 速动比率。该指标反映企业快速偿付流动负债的能力。

$$\text{速动比率}=\frac{\text{流动资产总额}-\text{存货}}{\text{流动负债总额}}\times 100\%$$

③ 财务内部收益率。该指标反映一个企业项目投资在整个计算期内各年净现金流量现值累计等于零时的折现率。反映企业投资项目所占用资金的盈利率。

(3) 反映企业创新资源的指标：

① R&D 投入强度。该指标反映企业 R&D 经费占销售收入的比重，该指标越大越好。

$$\text{R\&D 投入强度}=\frac{\text{R\&D 经费}}{\text{销售收入}}$$

② 新产品销售份额。该指标反映企业新产品销售份额对企业销售收入的贡献。

$$\text{新产品销售份额}=\frac{\text{新产品销售收入}}{\text{销售收入}}\times 100\%$$

③ 技术贸易指数。该指数越大，表明企业技术创新产出能力越强。

$$\text{技术贸易指数}=\frac{\text{技术净收入}}{\text{技术购入额}+\text{技术售出额}}\times 100\%$$

第二节　企业核心能力分析

目前，越来越多的企业把拥有核心能力作为影响企业长期竞争优势的关键因素。并且越来越多的人认为，如果企业有意在未来的市场上获取巨大的利润份额，就必须建立起能对未来顾客所重视的价值起巨大作用的核心能力。然而在某一重要的核心能力方面要建立起世界领先地位，绝不是一朝一夕可以做到的，如果企业想在未来竞争中获得成功，现在就必须着手建立企业的核心能力。

1990 年，Prahald and Hamel 在《哈佛商业评论》上发表了《公司核心能力》一文后，理论工作者围绕“企业核心能力”掀起了研究的新高潮，发表了一系列具有划时代意义的论文。其中最有代表性的论文有：1992 年兰格路易斯提出的“能力论”，1993 年福斯发表的“核心能力论”，以及 1994 年哈默和哈尼发表的《企业能力竞争论》等等。

许多大型的多元化经营的企业目前更注重突出优势和明确主要业务，更加重视企业的核心力量。在产品和市场战略被看作是企业中相对生命短暂的现象的同时，企业核心能力则被认为是企业竞争优势持久的源泉。

一、企业能力概述

1. 企业能力的概念

美国管理史学家小艾尔弗雷德·D·钱德勒(Alfred D. Chandler J. R.)认为,企业能力是企业在历史的发展过程中,充分利用规模经济和范围经济获得的生产能力。营销能力和管理技能,是企业内部组织起来的物质设施和认得能力的集合。企业的长期投资产生了规模经济和范围经济,同时产生了庞大的组织结构。组织的能力来源于企业对三个方面的投资:一是对企业进行大规模生产设备的投资,以使其能充分利用技术所具有的潜在的规模及范围经济;二是为配合大规模生产,对全国乃至国外的营销、流通网络的投资,这不仅为了增强监督和调节的两个基本活动,而且还要为将来日益扩大的生产和流通制定计划。三是分配资源并培养具有领导作用的管理人才。企业能力是企业长期发展、维持优势的特征,是企业持续发展的动力。

2. 企业能力的分类

(1) 按照能力所处的管理层次不同:可以将能力区分为选择性能力、组织性能力、技术性能力和学习性能力。

① 选择性能力存在于企业的战略制高点,企业投资和市场决策在这一层次上作业。如企业的响应能力和企业的战略决策能力。企业的响应能力是指企业在恰当的时间内对重要事件、机会和外部威胁作出有意识的反映以获得或保持竞争优势的能力;企业的战略决策能力决定了企业核心资源的配置,也决定了企业未来的兴衰。其作用表现在产业发展相对平稳时期,保持企业核心能力发展和积累的一致性;准确预测产业的动态变化,适时进行企业核心能力的跃迁,以适应新的市场竞争环境。

② 组织性能力主要存在于和高层管理相连接的中层管理技术结构层中,是企业持续增长的内在动力,企业竞争优势地位因组织能力而得以不断重新确立和巩固。组织能力是建立在组织素质和组织结构之上。组织素质是一个组织的根本优势之所在,而组织素质的培养和提高则要靠持续的修炼。也就是说,要成为 个学习型组织。组织作为

动态系统，随着形势的不断变化，具有进化和应变的特征。组织素质越高，这种特征越明显。

③ 技术性能力主要存在于生产作业层，基层的作业活动都在这一层次完成。它包括以下要素：a. 寻找可靠的可选技术，并决定最合适的引进技术的能力；b. 对引进技术实现从投入到产出的转换能力；c. 改进以适应当地生产条件的能力；d. 实现局部创新的能力；e. 开发适当地的 R&D 设备的能力；f. 制定基础研究计划，并进一步提高改进技术的能力。

④ 学习性能力应当和组织的各个层次密切相关，并可以通过某种方式转化为企业的内部规则。按照吸收能力的观点，在已知的环境中，学习是最重要的。

（2）能力按照其在价值链上位置的不同，可分为一般能力和核心能力。

① 一般能力能够通过价格完全体现，涵盖了公司整个价值链。它包括市场界面能力（如销售、广告、客户服务等）、基础设施能力、技术能力等组织内分散的活动、技巧。同时还包括企业的文化与价值观。

② 核心能力强调价值链上特定技术、生产力、营销和企业文化方面的专有知识，能为企业获得超额利润，它是企业一般能力整合的结果。表明企业在某一方面比竞争对手更出色，更为擅长。

二、企业核心能力分析

自第二次世界大战以来，世界经济和科技的发展非常迅速，市场结构发生了根本性的变化：需求不足，供给过剩，竞争越来越激烈；科技成果的传播和应用速度越来越快，在核心产品的生产上创造成本或差异优势的难度越来越大，营销的附加值增加；在科技进步的作用下，技能和知识正在代替资产成为竞争力的主要来源。可以说现已进入了一个高科技、高投入、高变化、高风险的时代。

20 世纪 60、70 年代的西方企业，尤其是美国企业已经初步认识到了上述的变化趋势，它们采用了不相关多样化的战略，希望通过进入许多不同的行业来降低风险，结果最终不得不放弃这种战略而回归主业。

与此同时，有些学者发现日本和美国有一类企业的效益长期好于其他企业，这些企业采用的多样化战略是以某种优势为核心进行相关产品或行业的拓展，同时，它们从市场上购买大量的零配件和半成品。美国的管理学者们就提出了两种可以同时使用的概念或技术，即建立核心竞争优势和战略性外购。

从20世纪60年代到80年代末，一批与核心能力相互关联的新理论涌现出来。1990年，美国学者普拉哈拉德和英国学者哈默尔发表了《公司的核心能力》一文。该理论构成了90年代西方最热门的企业战略理论，它是对几十年来美国大企业战略理论包括多样化战略的一个更高层次的发展。可以看出，这是西方企业特别是美国企业在全球范围内遇到前所未有的真正的竞争后的反应和探索，是企业成长实践的直接反映，无不体现出一种把建立和提高核心能力作为企业应该考虑的首选战略的实质。90年代以来，核心能力理论越来越受到学术界和企业界的重视，一些新的成果不断出现在各报刊和杂志上。运用核心能力理论，对近年来企业发展"多元化"战略和"专业化"战略的争论加以研究，可使我们对该问题的认识更深入一步。其实，"多元化"或"专业化"不过是企业发展战略的形式问题，经营战略的实质在于企业的核心能力。

今天，建立和发展企业自身的核心能力已经成为了西方企业普遍追求的战略目标，也是各种企业发展战略运用的有效性的根本，西方企业的成功无不与对核心能力的重视有密切的关系。目前我国相当的一批企业对核心能力的管理并不令人乐观，有的企业不仅没有抓住历史契机迅速发展独特竞争力，甚至还逐步丧失掉过去曾经辛辛苦苦建立的竞争优势。这说明我国企业在核心能力理论的实践上仍然存在一些误区，当务之急是正确地理解、鉴别、培养和保持核心能力。

1. 企业核心能力的概念

近些年来，越来越多的企业注重战略的研究，以保持其竞争优势。企业的战略可以分为市场战略、产品战略、技术战略等，这些职能战略是企业外在和显性化的战略。在信息日渐爆炸的时代，任何企业单是依靠某一项或某几项职能战略，最多只能获取短暂的一时的优势，唯有追求核心能力才是使企业永久立于不败之地的根本战略。因此,具有活的动态性质的核心能力是企业追求的长期战略目标,是企业持续竞争优势的源泉。

核心能力,又称核心专长、核心竞争力,根据普拉哈德和哈默尔的定义,核心能力是“组织中的积累性学识,特别是关于如何协调不同的生产技能和有机结合多种技术流派的学识。”,其要点是：a. 核心能力的载体是企业整体,而不是企业的某个业务部门、某个行业领域；b. 核心能力是企业过去成长过程中积累而产生的,而不是通过市场交易可获得的；c. 核心能力关键在于“协调”和“有机结合”,而不是某种可分散的技术和技能；d. 核心能力存在形态基本上是结构性的、隐性的,而非要素性的、显性的。

综合地说,核心能力是指企业依据自己独特的资源(资本资源、技术资源或其他方面的资源以及各种资源的综合),培育创造本企业不同于其他企业的最关键的竞争能量与优势。这种竞争能力与优势是本企业独创的,也是企业最根本、最关键的经营能力,换言之,也只有在本企业中,这种竞争能力与优势才能得到最充分的发挥。凭借这种最根本、最关键的经营能力,企业才拥有自己的市场和效益。

核心能力是以知识、技术为基础的综合能力,是支持企业赖以生存和稳定发展的根基。打个比方,如果企业是一棵树,那么核心能力应该是树根,核心产品是树干,而最终产品是树叶和花,这时即使来一场狂风暴雨般的经济危机将树叶和花冲垮了,但是企业有树根在地底下,它还会慢慢地再发展起来的。因此说,企业在某一产品或某一方面具有一定的优势,并不代表企业就一定具有较强的核心能力,只有这种产品和技术使竞争对手在一个较长的时期内难以超越而得以保持时,才是企业真正的核心能力的体现。可以说,企业的实力或竞争优势并不在于产品,而在于支撑其产品的核心能力。企业只有系统地确认、培育和扩展其核心能力,才能在激烈的市场竞争中保持优势。

2. 核心能力的构成要素

企业核心能力是一个复杂和多元的系统,主要包括以下几个方面：

(1) 研究开发的能力(R&D)。研究与开发是指为增加知识总量，以及用这些知识去创造新的应用而进行的系统性创造活动。它包括基础研究、应用研究和技术开发三项。

基础研究主要是为获得关于现象和可观察事实的基本原理而进行的实验性或理论性工作。其作用是既能扩大人们的科学知识领域，又能为新技术的创造和发明提供理论依据。从长远发展来看，基础研究是技术开发的基础工作，同时也是科研实力的重要标志和创新的基础。

应用研究是为获取新知识而进行的创造性研究，较之基础研究有明确的目的性，是连接基础研究和技术开发的桥梁。

技术开发是指利用从研究和实际经验中获得的现有知识，或从外部引进的技术、知识，为生产新的材料、产品、装置，建立新的工艺和系统，以及对已生产和建立的上述工作进行实质性改进而进行的系统性工作。

目前，越来越多的企业重视自身的研发能力，国外一些大公司都有自己专门的研发机构，这是因为：首先，企业所需要的一些关键的、先进的技术很难从市场上买到，特别是在企业竞争异常激烈的今天，具有最先进技术的企业不会在别人具有模仿能力之前轻易放弃丰厚利润的回报。其次，即是一些常用的技术能买到，其交易的费用也是很高的。尤其是随着科技的发展和企业竞争的需要，企业所需的技术也越来越先进和复杂，其价格也高，企业要获得技术就要付出更大的代价。再者，有的技术引进来也不是马上就能用得上，需要企业通过内部消化吸收，与本企业生产、管理融合之后，才能取得实效。企业还需要从企业外部不断获取所需要的信息和知识，在理解和消化的基础上创新。

所以说，技术知识是企业核心能力的重要组成部分，只有通过研究与开发，形成自己与众不同的技术和知识的积累，特别是形成自己的人才积累，才能使别人难以模仿和超越。

(2) 不断创新的能力。发展、竞争和变化是绝对和永恒的，一个企业要保持发展和竞争优势，就必须善于总结和提高，永远地追求卓越，不断超越自我，不断进取和创新。

所谓的创新就是根据市场和社会变化，在原来的基础上，重新整合人才、资本等资源，进行新产品研发和有效组织生产，不断创造和适应市场，实现企业既定目标的过程。包括技术创新、产品及工艺创新和管理创新。企业创新的主体是决策层、技术层、中间管理层和生产一线管理层。创新能力表现为创新主体在所从事的领域中善于敏锐地观察原有事物的缺陷，准确地捕捉新事物的萌芽，提出大胆新颖的推测和设想，并进行认真周密的论证，拿出切实可行的方案付诸实施。

企业要取得核心能力，必须准确地把握世界科技和市场发展动态，制定相应创新战略，使技术创新、管理创新、产品创新等协调展开。在以技术变化迅速和产品周期不断缩短为特征的商业竞争中，创新是保持长久竞争优势的动力源泉，创新能力是一个企业核心能力和旺盛生命力的体现。

(3) 将科技成果转化为生产力的能力。只有将创新意识或技术成果转化为可行的工作方案或产品，提高效率和效益，创新和研究开发才是有价值和有意义的。

转化能力与企业的技术能力、管理能力有很大的关系。转化的过程即创新的过程，转化不仅需要进一步的创新，还需要切实可行的方法和步骤。创新只有转化为实际效益，才是真正意义上的创新。转化能力在实际应用中表现为其综合、移植、改造和重组的一些技巧和技能，即把各种技术、方法等综合起来系统化，形成一个可实施的综合方案，将其他领域中的一些可行的方法移植到本企业的管理和技术创新中来，对现有的技术、设备和管理方法等进行改造，并根据企业实际和时代发展进行重新组合，形成新的方法和新的途径，达到更优的效果。

(4) 组织协调的能力。面对激烈变化的市场，企业要有优势，必须始终保持生产、经营管理各个环节、各个部门运转协调、统一、高效，特别是在改革创新方案、新产品新工艺以及生产目标形成之后，要及时调动、组织企业所有资源，进行有效、有序地运作。

这种组织协调能力涉及企业的组织结构、企业战略目标、运行机制、企业文化等多方面。突出表现在企业有坚强的团队精神和强大的凝聚力，即个人服从组织，局部服从全局，齐心协力，积极主动，密切配合争取成功的精神；表现在能根据生产中不同阶段要求，有效组织资源，并使其在各自的位置上正常运转。

(5) 应变的能力。应变是一种快速反应能力，它包含对客观变化的敏锐感应和对客观变化作出的应付策略。

客观环境时刻都在发生变化，企业决策者必须具有对客观环境敏锐的感应能力，保持战略随着客观环境的变化而变化。特别是今天的竞争环境会经常出现无法预料的事件，如某一国家或地区金融危机的发生、某项技术的发明、政府政策的调整等，为把这种变化的条件对企业自身的影响减少到最低程度，企业就必须迅速、准确地拿出应变的措施和办法。

应变能力表现在能在变化中产生应对的策略，能审时度势，随机应变，能在变化中把握方向和机遇，加快发展自己。

3. 核心能力的基本特征

核心能力是企业的特殊能力，具有如下一些特点：

(1) 价值优越性。核心能力是企业独特的竞争能力，应当有利于企业效率的提高，能够使企业在创造价值和降低成本方面比竞争对手更优秀，它给消费者带来独特的价值和效益。那些能够使企业为用户提供根本性好处的技能，才能称得上是核心能力。区别核心能力与非核心能力的标准之一，是它给用户的好处是核心还是非核心的。例如，本田公司在发动机方面的技能称为核心能力，而其处理与经销商关系的能力就不是核心能力。因为本田在生产世界一流的发动机和传动系统方面的能力确为用户提供了颇有价值的好处：节省油、易发动、易加速、噪音低以及振动小。但很少用户是因为本田的经销人员的独特能力，才在众多的品牌中选择了本田汽车。用户是决定何者是、何者不是核心能力的最终裁判。

(2) 异质性。一个企业拥有的核心能力应该是独一无二的，即其他企业所不具备的，至少是暂时不具备的，是企业成功的关键因素，核心能力的异质性决定了企业之间的异质性和效率差异性。

(3) 延展性。核心能力应该具备一定的延展性，应该为企业打开多种产品市场提供支持，对企业一系列产品或服务的竞争力都有促进作用。拥有强大的核心能力，意味着企业在参与依赖核心能力的最佳产品市场上拥有了选择权。如夏普公司的液晶显示技术，较其可以在笔记本电脑、袖珍计算器、大屏幕电视显像技术等领域都比较容易获得一席之地，而不是将其优势领域限定在一个很小范围。而如果公司没有取得核心能力方面的领先地位，被拒之门外的就不仅仅是一种产品市场，而是会失去一系列市场和商机。核心能力犹如一个"技能源"，通过其发散作用，将能量不断扩展到最终产品上，从而为消费者源源不断地提供创新产品。如佳能公司利用其在光学镜片、成像技术和微重量控制技术方面的核心能力，使其成功地进入了复印机、激光打印机、照相机、成像扫描仪、传真机等多个产品市场；夏普公司利用其在平面屏幕相关能力上的领先地位，使其成功地进入了笔记本电脑、便携式电脑、微型电视、液晶投影电视等多个市场领域。可见，随着产业、技术的演化，核心能力可以生长出许多奇妙的最终产品，创造出众多意料不到的新市场，它是企业竞争优势的根源。

(4) 难以模仿性。核心能力在企业长期的生产经营活动过程中积累形成，深深印上企业特殊组成、特殊经历的烙印，其他企业难以模仿。例如：索尼公司的产品创新特别是小型化能力；松下公司的质量与人格的协调能力；海尔公司的广告销售和售后服务能力；科龙公司的无缺陷制造和销售产品的能力。核心能力由于具有与众不同的独到之处，因此不易被人模仿，任何企业都不能靠简单模仿其他企业而建立自己的核心能力，应靠自身不断地学习、创造及在市场竞争中的磨炼，建立和强化独特的核心能力。

(5) 不可交易性。核心能力与特定的企业相伴生，虽然可以为人们感受到，但无法像其他生产要素一样通过市场交易进行买卖。

(6) 难以替代性。由于核心能力具有难以模仿的特点，因而依靠这种能力生产出来的产品在市场上也不会轻易为其他产品所替代。

4. 企业核心能力的形成

核心能力是企业的内在综合能力，是企业在长期的市场竞争中形成的一种独特的智慧和韬略，其形成过程也是复杂的，既受到企业决策者及员工的知识、能力和素质、企业的经济实力、技术力量、管理机制和企业文化等内部条件的制约，又受到外部市场环境等客观因素的影响。一般来说，企业核心能力的形成要经过三个阶段。

(1) 确认阶段。企业应对现有资源和竞争力及其在市场中的价值，加以系统考察，进而确认企业的核心能力。确认的标准有三个，即：一是具备顾客可感知的价值；二是具备专用性，核心能力是企业差异化的有效来源，具有竞争对手难以模仿的独特性；三是具有潜在的扩展性，核心能力应当能够覆盖多个部门或产品，可以提供潜在的进入市场的多种方法。

(2) 培养阶段。核心能力一旦得到确认，企业就应该不遗余力地加以培养。培养过程是核心能力的形成过程，也是最复杂、最关键的过程。首先是开发、获取构成核心能力的技巧、技术等各种要素，为核心能力的形成打下物质基础。这一阶段的核心是获取最关键的技术和人才，并争取时间捷足先登。实现这一目标的模式可以是"内部发展型"，即通过企业内部资源的积累逐步实现；也可以是"外部扩张型"，即通过吸收外部资源来实现。其次是整合技巧、技术等各种竞争力要素。核心能力是由不同要素有机联系而成的整体的竞争实力，核心能力要素的整合，涉及企业内部管理的各个方面。比如，要使企业在某核心技术方面的专长成为核心能力，其一，需要企业在该技术领域不断进取提高，始终保持领先地位，做到这一点要求企业不仅能给予必要的资金支持，还要建立有效的科研开发激励机制，以保证研发人员的研究热情；其二，需要在产品的试制和试销方面对新产品开发予以支持，并很好地协调科研部门和生产部门的关系；其三，在产品营销阶段，需要建立营销部门和科研部门之间密切的信息联系，及时将市场信息反馈到研发部门，使研究开发更好地与市场需求相一致，等等。

(3) 扩展阶段。扩展有三个方面的含义：一是将核心能力应用在最终产品或市场的开发上；二是利用核心能力开发中间产品，这些中间产品往往会被用在多个最终产品领域，并对最终产品市场产生决定性的影响；三是发展和更新核心能力，因为核心能力并不是一种固化的竞争力，而是一个动态系统，随着科学技术的进步和市场环境的变化，原有的核心能力可能会演化为一般的能力而逐渐丧失竞争优势，因而企业必须时时关注核心能力的发展演变，并不断推进、丰富，直至更新。

5. 企业核心能力的评价指标体系

核心能力体现的是一个企业的综合素质和能力，要准确、全面地评价企业的核心能力是比较困难的。但可以从其构成内容上进行适当的定性和定量分析。

首先，要看企业是否有明确的主营领域，该主营领域是否有稳定的市场前景，以及本企业在该领域中与同行业竞争对手相比的地位如何。如果一个企业没有明确的主营领域，经营内容过于分散，则很难形成核心能力。如果一个企业虽然有明确的主营领域，但在该领域中的竞争地位很弱，也谈不上有核心能力。

其次，要对企业在该领域中的主导产品进行分析，包括该产品的前景、市场地位、产品的差异性和延展性等。核心产品可以延伸至多个最终产品领域，最大限度地实现核心能力的范围经济。如果一个企业没有过硬的核心产品，则很难说该企业具有较强的核心能力。

再次，企业核心能力分析。分析的内容主要包括：支持企业核心产品和主营业务的优势技术和专长是什么，这种技术和专长的难度、先进性与独特性如何，企业是否能不断吸收新的技术和信息以巩固和发展自已的专长，这些专长是否得到了充分发挥，为企业带来何种竞争优势，强度如何等。企业核心能力的独特性和持久性在很大程度上由它赖以存在的基础所决定。一般经验基础之上的专长，比建立一般难度或个别技术骨干基础之上的专长，具有更好的独特性。

最后，成长能力分析。核心能力是具有动态的，昔日的核心能力，今天可能已成为一般化技术。为了使企业具有长久的竞争优势，必须不断保护和发展自己的核心能力，包括对现有核心能力的关注和对新的核心能力的培育。如果一个企业既缺乏付出艰苦努力培育核心能力的耐心，又缺乏洞察未来商机开创核心能力的远见卓识，那它怎么可能取得长久的竞争优势呢？因此，对企业核心能力的诊断和分析，还应该涉及这一更深层次的内容，即企业发展核心能力的能力分析。主要包括企业对现有优势技术和专长的保护与发展，对新技术信息及市场变化趋势的追踪与分析，高层领导的进取精神与预见能力等。

从以上的分析可以对核心能力进行指标体系的设计，它主要由三个层面构成：市场层面、技术层面和管理层面。

(1) 市场层面。市场层面分析的内容包括核心业务(主营领域)和核心产品(主要产品)。

① 核心业务的指标有：a. 主营领域的明确程度；b. 主营领域收入占总收入的份额；c. 主营领域的市场前景；d. 企业在主营领域中的市场地位。

② 核心产品的指标有：a. 核心产品的明确程度；b. 核心产品的市场占有率；c. 宣传促销效果；d. 核心产品的品牌信誉；e. 销售收入的增长速度；f. 核心产品优势地位的稳固性；g. 核心产品的市场前景。

(2) 技术层面。技术层面分析的内容包括吸收能力、开发与合成能力、延展能力三个部分。

① 吸收能力的指标有：a. 信息系统先进有效程度；b. 获取信息渠道的广泛有效性；c. 技术信息动态追踪效果；d. 信息分析与处理效率；e. 新技术的吸收转化率；f. 与科研院所年合作项目数；g. 年参加培训人员占职工比例。

② 开发与合成能力的指标有：a. 技术管理人员占职工比例；b. 年研发费用投入量；c. 高级技术人才占技术人员的比例；d. 年科技立项数；e. 基于核心技术的专利数；f. 核心技术的独特性；g. 核心技术的领先程度；h. 生产工艺技术的先进性；i. 基于核心技术的新产品开发数；j. 产品研发人员占职工比例。

③ 延展能力的指标有：a. 核心技术发展前景；b. 核心产品的差异性；c. 与目标市场相关的营销资源的积累；d. 核心产品延伸领域的市场增长率；e. 核心能力延伸领域数。

(3) 管理层面：管理层面分析的内容包括现有核心能力的保护与发展、高层领导的素质与能力、新核心能力的设想与构建。

① 现有核心能力的保护与发展指标有：a. 围绕核心能力培训体系的有效性；b. 核心技术保密的有效性；c. 企业凝聚力；d. 高层领导关注市场及其变化趋势的程度；e. 核心技术产品开发激励机制的有效性；f. 现有核心能力发展长远规划的有效性；g. 核心能力定期评价与分析体制健全性。

② 高层领导的素质与能力指标有：a. 主要高层领导的文化程度；b. 高层领导班子结构的合理性；c. 高层领导的学习进取精神；d. 高层领导的决策能力；e. 企业管理和控制系统的有效性。

③ 新核心能力的设想与构建指标有：a. 高层领导战略思维能力；b. 企业对外环境的适应性；c. 技术开发力量的储备水平；d. 新核心能力构建的长远规划有效性；e. 新核心能力构建阶段成果显著性。

第三节　企业价值链分析

一、企业价值链概述

价值链(value chain analysis)是一种将企业在向顾客提供产品过程中的一系列活动分为在战略上相互关联的活动类，从而理解企业的成本变化以及引起变化的原因和方法。价值链分析最初是为了在复杂的制造程序中分清各步骤的“利润率”而采用的一种会计分析方法，其目的是为了决定在哪一步可以削减成本或提高价值。企业的经营可以认为是一个由设计、生产、营销、交货等价值活动所组成的集合。企业的部分优势就是来源于企业能比竞争对手更便宜、更有效地完成那些具有战略意义的活动。企业的价值活动分为主要活动和辅助活动两大类。主要活动是指以企业购进原材料进行加工生产成为最终产品，将其运出企业，上市销售，到售后服务的一系列活动。辅助活动始终贯穿在这些活动之中。图 3-1 是对价值链的一个图解。

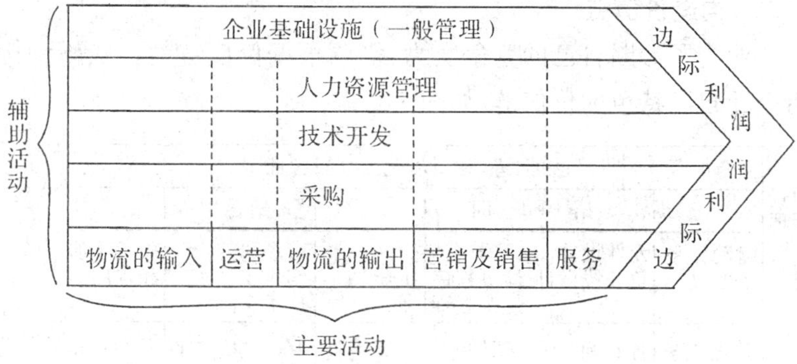

图 3-1　基本价值链

主要活动分为五类：物流输入活动、生产运营活动、物流输出活动、市场营销活动以及售后服务活动。

辅助活动也称为支持活动，是指用以支持主要活动而且内部之间又相互支持的活动，包括企业投入的采购、技术开发、人力资源管理和企业的基础（一般管理）。图 3-1 上的虚线表明采购、技术开发、人力资源管理三种活动既支持整个价值链的活动，又分为与每项具体的主要活动有着密切的联系。企业的基础管理活动支持整个价值链的运行，而不分别与每项基本活动发生直接的关系。

应该说明的是，在大多数行业，很少有哪一个企业能单独完成从产品设计到分销的全部价值活动，总要进行一定程度的专业化分工。换句话说，任何一个企业都是创造产品和服务的价值系统的一部分，随着世界经济全球化、一体化过程的加快，这一特点将更为突出。因此，在了解价值是这样产生时，不仅要考察组织的每一项内部活动及它们之间的联系，还要对包括采购和销售链在内部的整个价值过程进行深入分析和了解。

价值链分析法为企业对现实的及潜在的优势和劣势进行内部分析提供了有效的指导方法，在把企业所有活动进行系统分割，区分出几项价值活动后，就可以从中找出关键的要素，并将它们作为企业竞争优势的来源而作进一步分析。

二、构造价值链

企业为了诊断自己的竞争实力，需要根据价值链的一般模型构造具有企业自己特色的价值链，如图 3-2。

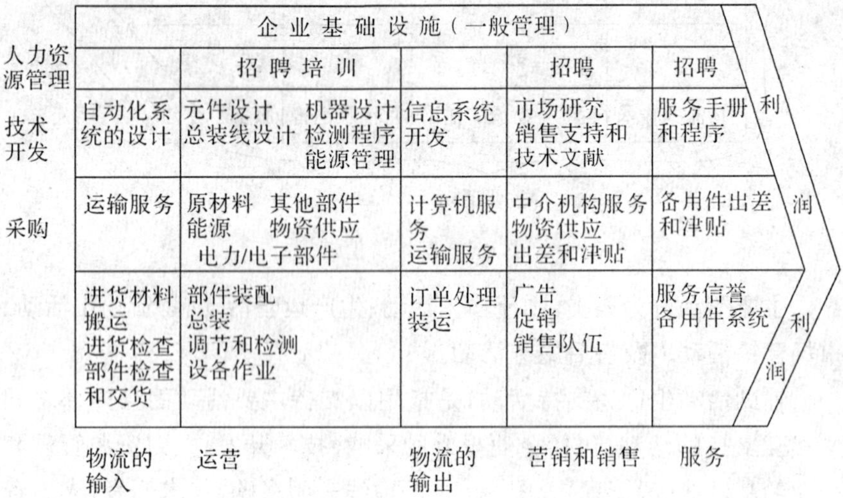

图 3-2　家电生产企业的价值链

企业在构造价值链时，需要根据利用价值链分析的目的，以及自己生产经营活动的经济性，将每项活动进一步分解。分解后的每项子活动要有自己的经济内容，即或者具有高度差别化的潜力，或者在成本中有重要的百分比。企业应将可以充分说明企业竞争优势或劣势的子活动单独列出来，以供分析使用。那些不重要的子活动可以归纳在一起分析。活动的顺序应该按照工艺流程进行，但也可以根据需要进行安排。无论怎样的顺序，企业的管理人员都应服从价值链的分类中得到的直观判断。

三、价值链的内在联系

价值链不是一些独立活动的集合，而是相互依存的活动构成的一个系统。在这个系统中，各项活动之间存在着一定的联系。这些联系体现在某一价值活动进行的方式与成本之间的关系，或者与另一活动之间的关系。例如，加工企业购买高质量已剪切好的钢板，可以简化生产流程并减少废料。由此可以看出，企业的竞争优势可以来自单独活动本身，也常来自各活动的联系。

1．形成价值活动间联系的基本原因

价值活动间的联系很多，最常见的是价值链中主体活动与支持活动之间的各种联系。例如，产品的设计会影响其生产成本。在各项主体活动之间，这种联系的作用更为突出。例如，企业加强对投入部件的检查会降低生产工艺流程中的质量保证成本。形成这些联系的基本原因有：

（1）同一功能可以用不同的方式实现。例如，为了保证产品合格，企业可以采购高质量的原材料或零部件，或者明确规定生产工艺流程中的最小公差，或者对产品进行全面的检验。

（2）通过间接活动保证直接活动的成本或效益。例如，通过优化时间安排（间接活动），企业可以减少销售人员的出差时间，或交货检查，部分或全部替代成品检查。

（3）以不同的方式实现质量保证功能。例如，企业可以通过进货检查，部分或全部成品检查。

当然，形成价值活动间联系的原因很多，还需要更进一步的认识。

2．内在联系形成竞争优势的方式

企业价值活动间的内在联系所形成的竞争优势有两种形式：最优化与协调。

企业为了实现其总体目标，往往在各项价值活动间的联系上进行最优化的抉择，以增加竞争优势。例如，企业在考虑产品设计与服务成本时，为了获得差别化优势，可能会选择成本高昂的产品设计、严格的材料规格或严密的工艺检查，以减少服务成本。

在协调方面，企业通过协调各活动间的联系来增加产品的差异化或降低成本。例如，企业要按时发货，则需要协调企业内部的生产加工、成品储运和售后服务等活动之间的联系。

在最优化与协调的过程中，企业需要大量的信息去认识形式多样的联系。因而，企业有必要利用信息技术，建立自己的信息系统，创造与发展新的联系，增强原有的联系。

四、价值链间的联系

价值活动的联系不仅存在企业价值链内部，而且存在企业与企业的价值链之间。其中，最典型的是纵向联系，即企业价值链与供应商和销售渠道价值链之间的联系。后者往往对企业活动的成本和效益产生影响；反之亦然。例如，企业的采购和原料供应活动如果与供应商的定单处理系统相互作用，同时，供应商的应用工程技术人员与企业的技术开发和生产人员也系统工作的话，供应商的产品特点以及其他方面就会明显地影响企业的成本和差异化。

企业价值链与供应商价值链之间的各种联系为企业增强竞争优势提供了机会。通过影响供应商价值链的结构，或者通过改善企业与供应商价值链之间的关系，企业与供应商常常会双方受益。在企业和其供应商之间分配由于协调和优化各种联系所带来的收益，取决于供应商的讨价还价能力，并反映为供应商的利润。

销售渠道的各种联系与供应商的联系类似。销售渠道具有企业产品流通的价值链。销售渠道对企业价格的抬价经常在最终销售价格中占很大比重。此外，销售渠道进行的各种促销活动可以替代或补充企业的活动，从而降低企业的成本或提高企业的差异化。销售渠道也存在与企业分配由于协调和优化各种联系所带来的收益问题。

第四节　企业业务外包分析

一、业务外包的概念

业务外包就是以外加工方式从外部提供者处购买一种创造价值的服务行为，是利用公司外部最优秀的专业资源从而降低成本、提高效率、增强竞争力。外包是近 10 年国外兴起的企业管理新理论。目前全世界企业“外包”规模每年至少达到 2 500 亿美元，“外包”企业比非“外包”企业减少 2/3 的财务麻烦，使欧美企业“外包”规模年增长率达到 35%。高技术企业，特别是信息技术企业的“外包”比例是最大的，几乎占总“外包”的 30%，属于制造业务的“外包”占 25%，人们预测几年以后高科技企业的外包将会达到外包总量的 50%。

业务外包是分工整合模式下的一种有效的组织方式。外包结束了企业多向指挥、自给自足的组织模式，把非核心技术工艺的大部分分包给别人，而在核心技术上区别于竞争对手，这已成为全球成功企业的共同做法。

业务外包也符合经济学中的“木桶理论”，该理论认为，木桶的最大盛水量不是由组成木桶最长的一块木板决定的，而是由最短的一块板决定的。要使木桶盛水量最大，必须将每块木板都加长到与最长的板一样长。企业的竞争力是由产、供、销等多个环节中最薄弱的一环决定的，企业要将每个薄弱环节都做到和最好的一样好，不太可能。但可以通过业务外包，把木桶的“短块”抽出，到外面寻找一个相应的“长块”，然后再将自己的、外面提供的所有长木块捆绑在一起，这样，企业的竞争力就和最长的木块决定的容量一样了。

二、业务外包的作用与意义

业务外包所产生的作用主要有以下几点：

(1) 小公司的人力等资源为我所用，使自己省去巨额投资，降低成本。同时，带动一群小企业的发展，形成以自己为中心的企业群体。

(2) 在分工的架构下，企业风险因素因分摊而大幅降低。

(3) 在各有所长的分工之下，每个成员都在自己专精的领域不断有效地突破，经济效益也因此而提高。

发展外包业务对提高我国企业竞争力有着更为重要的意义。首先，它是解决我国企业由于长期低水平、低效益重复建设导致的大而全、小而全生产格局的一种有效方式。它能使企业精干主体，培育自己的核心技术优势，使企业由规模至上转变到效益至上来，提高企业对市场反应的敏捷度，提高我国企业群体的竞争力。其次，它有利于我国资源的合理利用，缩小地区差距。如大中城市和沿海企业可将加工、生产等环节“外包”给内地企业，这样既能降低成本，又有助于带动内地经济的发展。第三，它在提高我国大企业核心竞争力的同时，有利于中小企业，特别是乡镇企业、县级工业企业的发展，中小企业由于实力较弱，缺乏整体创新、持续创新和上规模的能力，产品难以跟上市场变化的步伐，若能成为大企业的“外包”企业，则会给他们带来发展的动力和机遇。

三、业务外包与专业化生产

“外包”与专业化是两个既有联系又有区别的概念，它们的比较如表 3-3 所示。

表 3-3

业务外包与专业化生产的比较

	项　目	外　包	专　业　化
区别	对象	一般是对某个项目、某个产品的某一流程、工艺环节或零组件而言	一般是对某个经营领域或产品而言
	承担的风险程度	风险在协作企业之间分担，因而能降低风险	承担了产品、项目整个流程的风险，风险较高
	成本、费用	管理成本低、交易成本高	管理成本高、交易成本低
	对市场反应速度	快	较慢
	使用的资源	充分利用外部资源	主要依靠自有资源
联系	发展“外包”会促使企业在专业化上下工夫，发展“外包”和专业化都需要实现专业化管理。“外包”和专业化都有助于企业“质”的改善。		

四、企业核心优势环节的确定

企业发展“外包”业务，很重要一点就是决定哪些业务“外包”，哪些业务自做。确定哪些业务自做的关键：一是产业的附加值曲线；二是企业自身的能力。企业应该将附加价值高、自己有能力从事的环节确定为自己的核心优势环节，使这一环节成为自己的专精领域，并以此领先于竞争对手。

每一个产业都有一条附加值曲线（如图 3-3 所示），因附加价值高低分布的不同，而产生不同的形状。附加值曲线的基本构成，从横轴来看，从左向右分别是产业的上中下游，也就是零组件生产、产品组装与营销；纵轴则代表附加价值的高低。从市场竞争形态来说，曲线左侧是全球性竞争，成败关键决定于技术、制造与规模；右侧是地区性竞争，成败关键则是品牌、营销渠道与筹运能力。以 PC 产业为例，它的附加值较高的环节是零件的制造和产品的营销。因此，商家可以选择在某些零部件上突破或建立自己的品牌和营销渠道价值。选定核心优势环节还要依据企业自身的能力和拥有的资源而定。如果企业缺乏相应的人力、财力及相关的外部支持，只看见某个环节的附加值高就确定其为主攻方向，这样企业面临的风险就太大了，是很危险的。企业应该量力而行，先努力赚自己有能力赚的钱，即使这样所选的主攻环节附加值不是最高，但只要能拥有自己的核心技术优势，形成规模优势，也能成为该领域的领导厂商，所得的总附加值也会很高。

台湾宏碁集团是全球第七大个人电脑厂商，但公司并未选择微处理器、动态记忆体等附加值更高的环节作为自己的核心优势环节，而是选择了附加值相对较低、自己较擅长的主机板、监视器、计算机“外包装”作为自己的核心环节，并在这些环节上建立了自己的核心优势，以此去整合其他计算计配件厂商，创立了 Acer、Aspire 等知名品牌，树立了行业领导厂商的地位。

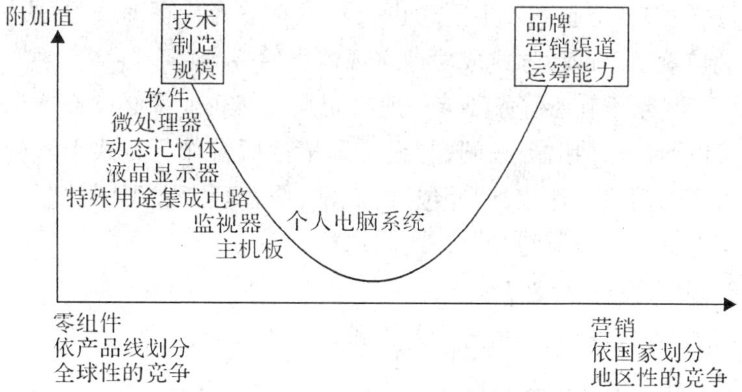

图 3-3 个人电脑产业附加值曲线

五、企业实现“外包”的形式和条件

1. 企业实现“外包”的形式

业务“外包”可以在企业经营的产、供、销各个环节以不同的形式实施。

(1) 研发环节。即使实现“外包”的企业，也应该设有自己的研发部门和保持相当强的研发力量，这是因为主包企业要保持核心技术优势，必须具备持续创新的能力。

但并非研发环节就不存在“外包”业务。企业可以根据需要，有选择地与相关的科研院所、大专院校建立合作关系，将重大技术项目“外包”给他们攻关。企业可以到科研机构购买先进的、但尚未产业化的技术。

(2) 生产环节。企业要选择好上游零配件产品的供应商，并和他们建立长期的伙伴关系。

主包企业可以利用自己的核心优势网罗一批中小企业为自己服务。主包企业要树立给“外包”企业创造利益，就是为自己创造利益的理念，与“外包”企业形成利益共同体，创造条件为“外包”企业改进生产技术，提高部件质量。“耐克”公司就是以自己的品牌为核心优势，而将生产环节外包给其他企业，自己则只专心于营销。

(3) 销售环节。这个环节主要是选择合适的代理商，代理自己的产品，国外知名企业进入中国时也大都是从选择代理商开始的。联想电脑最初就是以这种方式成功地实现销售的。

(4) 财务环节。财务环节一般来说是任何企业都必须有的。财务部门可以通过聘请财务顾问、与会计师事务所合作等方式引进外部资源。财务部门应经常核算“外包”的成本，使管理者在不同的“外包”企业之间选择或在自营与“外包”之间选择。

2. 企业实现“外包”的条件

实现“外包”的条件可分为外部条件和内部条件。

(1) 外部条件主要有：

① 产业要有相当程度的标准化。只有在这种条件下，“外包”企业

提供的产品才能为我所用。

② 信息技术的广泛应用。只有信息技术的广泛应用，主包企业和“外包”企业之间才能做到信息的充分沟通、共享，才能节省交易费用，才能提高效率。

(2) 内部条件主要有：

① 企业要进行流程重组。传统企业的作业流程大都是在一贯作业的模式下制定的，已不能适应产品更新换代、市场瞬息万变的竞争环境。企业进行流程重组的目的是提高效率，适应外包的需要。

② 企业要进行组织结构的重建。“外包”要求充分发挥各个业务单位的积极性和能动性，使每个业务单位在自己的专精领域不断突破。这就要求建立一种相对分散的、充分授权的组织架构。同时，加大核心环节在整个组织中的地位，强化组织适应外部和与外部进行交易的能力。

③ 企业要更新经营理念。企业的经营理念必须与当今开放、民主、协同发展的潮流相适应。这也要求主包企业的领导层要有战略眼光、追求变革的决心，以及收得起放得开并建立企业间相互信任的胸怀。

台湾宏碁集团就是为适应分工整合和业务“外包”的趋势进行企业再造的成功典范。为此，他们进行了业务流程、组织结构和经营哲学三方面的再造。

他们以“速食店”模式进行流程再造。将原来在台湾生产的系统，转变为台湾生产主机板、外包装和监视器等关键零组件，卖给海外事业部，其他部件包给市场当地厂商生产，然后在市场当地组装销售。提供给世界各地的消费者刚出炉的、最新鲜的电脑科技。这种模式推出后，库存时间从 100 天将降到 50 天，资金周转速度提高了一倍，新产品提前上市一个月，产品也更能迅速满足消费者的需求。

他们以“主从架构”模式打破了原先的阶层制组织结构。在这种模式下，各事业单位既是独立决策的“主”，又相互支撑、配合，作为其他单位的“从”。各事业单位的决策中心是股东大会，总部只能通过股东大会影响决策，是各事业单位的“从”。这种组织结构使各事业单位可以迅速自主决策。也便于事业单位间直接沟通、协调与合作，提高了工作效率，并增加了组织迅速应对外界变化的能力。

宏碁再造后的经营哲学和核心内容是“全球品牌，结合地缘”。它的主要内容是当地股权过半，目的是实现当地化，包括品牌、形象及管理的当地化，充分利用当地资源，以此获得当地政府和消费者的认同、接纳，提高了当地人才的归宿感，大量节约了靠总部外派人员进行管理的费用，使宏碁在海外市场竞争中立于不败之地。

思考题

1. 运用价值链的基本模型，如何构造企业自身的价值链？
2. 业务外包对企业发展有何意义？
3. 业务外包与专业化生产有什么区别？
4. 企业实现外包应该具有什么条件？
5. 有形资源、无形资源包括哪些内容？
6. 企业核心能力有什么特点？如何培养？

本章案例

夏普公司的资源共享

夏普公司是一个资产达140亿美元的电子类消费品业的巨人，它坚持不懈地致力于技术创新，最终使自己处在了行业的前列。

夏普公司最有价值的资源就是高度专门化的可视电子产品技术，这对公司保持核心业务的竞争优势具有至关重要的作用。它最为成功的技术就是液晶显示屏，这几乎是所有夏普产品最为重要的卖点。以资源竞争优势在夏普公司录像机产品中充分地展示了出来，它的突破性产品——取景镜头，首次使用了一个液晶显示的取景器。这一创新使得夏普公司在该产品推出的6个月后占领了日本录像市场20%的市场份额。

夏普公司的一位高级经理何志浅田这样描述夏普公司的技术战略:"我们投资于那些在将来可能会成为公司的核心的技术。作为核心,这种技术应该具有可用于许多产品的开发性能力。"遵循这一战略,夏普公司成功地将业务扩展到许多新的领域,只要这些业务的竞争优势取决于它的某种核心技术。比如,作为其显示屏技术的扩展,夏普公司以其名为"奇才"(Wizard)的产品作为一种个人电子产品的开路先锋。

夏普的业务类型受到严格的限制,主要是电视与可视系统、通讯与广播系统、家用电器、信息系统以及电子零件。与其竞争同行索尼公司和松下公司不同,夏普公司从未考虑过要进入影视业,因为它知道自己的技术基础并不具有竞争优势。

夏普公司的技术投资具有以下几个特点:它们的费用总是比较高;它们有极多的领先次数;它们产品有时会因为模仿或是产品生命周期的缩短而较快消失。为了在这样的环境中取得成功,夏普公司必须作出正确的投资选择。并且,为了补偿其投资,它必须在全公司范围内迅速而广泛地传播新技术。

夏普公司有一个超过1 500人的总部——还不包括研究与开发部门。从现在流行的较小规模的公司机构来看,这一数目简直是个天文数字。夏普的战略必须依靠广泛的、难以驾驭的共享技术行为之间的协作,这就是其总部人员众多的原因。

对共享行为的需要决定了夏普公司的基本结构。公司按职能划分部门,而不是按生产划分部门。因此,对关键组成部件如液晶显示屏的研究与生产是在某一个专门化的单位中完成的,能够获得规模效益。与之形成对比的是,一家典型的由生产分支机构组成的美国公司——霍尼尔公司,曾经同时在7个分支机构中进行液晶显示屏的研究。

为了防止职能集团成为不利于产品开发的障碍,夏普公司任用了产品经理。他有责任——但没有自主权——协调整个价值链中的行为;公司还组成了大量的跨部门团队以及工委委员会,以确保共享行为——包括公司的研究开发单位与销售力量——的规划及其在各个不同的生产线之间的分配是最优化的。夏普公司投资于这种时间密集型的协作，以尽量减少各个单位在分享重要资源时无法避免的冲突。

每年，夏普公司大约有1/3的研究开发经费被用于10～15个“金牌项目”之中。这些项目在公司的技术战略会议上被挑选出来，因为它们通常都涉及贯穿各个生产集团的基础技术。所有的项目人员都被赋予公司经理的权利，并且戴着金色的徽章，这样他们就能调动夏普公司的任何一个员工来协助他们的研究。

由于公司特有的以职能为基础的制度使得财务统计变得不甚清楚，夏普公司的控制系统更多地关注员工的行为，而不是他们在短期内的财务业绩。因而升职——而不是每年加薪——是最有效的激励因素，员工会因为一贯表现出的资深持重以及办事老练（如团队协作精神与善于交流沟通）而获得提升。在一家具有职能组织结构、以技术力量为基础的公司中，这种控制系统是少有的几种避免了不适当地以短期的自身利益为导向的系统之一。

正如许多日本公司一样，夏普公司的企业文化强调：公司就是一个大家庭或者一个共同体，它的成员应该相互合作以获得更大的收益。与终身雇佣政策相一致的是人事变动很少，这也鼓励每个员工使各自的利益相互协调，而且追求整个公司利益的最大化。这一共同的目标也减少了在共享重要资源——如研究与开发以及零部件制造相互间不可避免的冲突。

（资料来源：[美]唐纳德·索尔等著，包钢升编译：《如何提升公司核心竞争力》，企业管理出版社2000年版。本文略作删节。）

第四章　企业战略目标的确定

学习目标

- 理解企业使命的定义
- 掌握企业宗旨、企业形象的含义
- 分析企业制定战略目标的原则
- 了解战略目标的内容
- 学习战略目标的制定技术

第一节　企业使命

无论是对于一个刚刚创立的企业，还是对一个已经确立起来的历史悠久的、有多种业务的企业来说，在制定企业战略之前首先应弄清企业应承担什么样的社会责任，是一个什么性质的企业，它应从事什么业务，总之要弄清什么是企业的使命。企业使命是企业战略目标的始点。

一、企业使命的定义

企业使命，就是企业在社会进步和社会、经济发展中所应担当的角色和责任。绝大多数的企业使命是高度抽象的。企业使命不是企业经营活动具体结果的表述，而是为企业提供了一种原则、方向和哲学。过于明确的企业使命会限制企业功能和战略目标制定过程中的创造性。宽泛的企业使命会给企业管理者留有细节填补及战略调整的余地，从而使企业在适应内外环境变化中有更大的弹性。

企业使命有狭义和广义之分。狭义的企业使命是产品导向的，例如，一家准备进入高新技术产业领域的公司可以将其使命定义为生产计算机。这一表述清楚地确定了企业的基本领域;同时也显然限制了企业的活动范围,甚至可能剥夺了企业的发展机会。因为任何产品和技术都存在一定的市场生命周期,都会随着时间的推移而进入衰退阶段,而市场需求却是持久的。因此,广义的企业使命是从本企业的实际条件出发,以市场为导向来定义的,着眼于满足市场的某种需要,前面提到的这家公司,如果将其企业使命定义为“向顾客提供最先进的办公设备,满足顾客提高办公效率的需要”,这一表述相对比较模糊,但为企业经营活动指明了方向,就不会在未来计算机惨遭淘汰之时失去方向,失去经营领域的连续性,企业的市场定义比企业的产品定义更为重要。企业经营必须被看成是一个顾客满足过程,而不是一个产品生产过程,产品是短暂的,而基本需要和顾客群则是永恒的。马车公司在汽车问世后不久就会被淘汰,但是同样一个公司,如果它明确规定公司的使命是提供交通工具,它就会从马车生产转入汽车生产。

二、企业使命的内容

一般来说,企业的使命包括两方面的内容,即企业哲学和企业宗旨。

1. 企业哲学

企业哲学是指一个企业为其经营活动方式所确定的价值观、态度、信念和行为的准则,是企业在社会活动及经营过程中起何种作用或如何起这种作用的一个抽象反映。企业哲学一旦形成,就会对企业活动发挥指导作用。企业哲学的主要内容通常由处理企业经营过程中的各种关系的指导思想、基本观点和行为准则构成,如关于企业与所在国关系的观点,关于企业与社会和国家关系的观点,关于企业与外部关系(顾客、竞争对供应商、销售商等)的观点,关于企业与雇员关系的观点,以及关于企业内部工作关系的观点等。现以两个例子来阐述。

松下电器公司经营哲学:

(1) 纲领:作为工业组织的一个成员,努力改善和提高人们的社会生活水平，要使家用电器像“自来水”那样廉价和充足。

(2) 基本准则：

① 通过公司和顾客之间的互利来增长。

② 获利是对社会做贡献的结果。

③ 在市场上公平竞争。

④ 公司和供应商、经销商、股东之间互利。

⑤ 全体雇员参与经营。

(3) 内部行为精神：

① 松下为整个产业服务。

② 公平和忠诚。

③ 和谐和协作。

④ 为改善而奋斗。

⑤ 礼貌和谦让。

⑥ 适应和吸收。

⑦ 谢意。

莲花超级购物中心(Lotus Supercenter)的经营哲学：

(1) 吸收、培训和发展各个层次的高素质人才。

(2) 与供应商建立良好关系。

(3) 坚持公司内每个员工高度民主的正直和诚实。

(4) 不断提高、好上加好、永不自满。

(5) 勇敢创新，领导市场。

(6) 互相公开、友善地进行指正，没有保护性和本位性。

(7) 技术领导者，成为低成本的经营者。

(8) 愿意作出改变，改变我们大的态度是“可以做到”，我们的字典里没有“做不到”这个词。

(9) 建立一支强有力的队伍，互相支持、互相帮助。

(10) 愿意做苦难的决定。

(11) 在营运和商品采购的各个层次讲求纪律。

(12) 必须以生鲜食品出名。

(13) 做得开心！对我们所取得的成就感到骄傲，并从所取得的成果中得到满足。

2. 企业宗旨

企业宗旨是指企业现在和将来应从事什么样的业务活动，以及应成为什么性质的企业或组织类型。例如。美国艾维斯汽车租赁公司将其宗旨表述为：我们希望成为汽车租赁业中发展最快、利润最多的公司。这一宗旨规定着艾维斯公司的经营业务，它排除了该公司开设租赁旅馆、航空线路和旅行业务的考虑。

在确定企业宗旨时，企业高层管理人员要避免两种倾向：一种倾向是宗旨确定得过于狭隘；另一种倾向是过于空泛。狭隘的企业宗旨束缚管理人员的经营思路，可能丧失许多可以发展的机会。例如一个生产洗衣机的企业，如果将自己的宗旨只定义在清洗衣物上，则不可能开发其他相关联的家电产品，这未免太过于狭窄了。相反，如果一个香港的出版商将自己的宗旨确定为亚洲语言交流公司的话，则显得对企业方向的决策没有什么实际意义，因为这样的宗旨远远超出了企业的实际业务范围和能力。表 4-1 列出了几例过于狭窄的企业宗旨和比较宽广的但较为合适的宗旨定义。

表 4-1

狭窄的和合适的企业宗旨定义的比较

公　司	狭隘的宗旨	合适的宗旨
化妆品公司	我们生产化妆品	我们出售希望和美丽
复印机公司	我们生产复印机	我们帮助改进办公效率
化肥厂	我们出售化肥	我们帮助提高农业生产力
石油公司	我们出售石油	我们提供能源
电影厂	我们生产电影	我们经营娱乐
空调器厂	我们生产空调器	我们为家庭和工作地点提供舒适的气候

明确企业宗旨的作用就在于，如果没有具体的宗旨，就不可能制定

出清晰的战略目标和达成目标的战略。一个企业的宗旨不仅要在创业之初加以明确，而且在遇到困难或企业繁荣之时，也必须经常地予以确立。一般来说，一个企业的哲学应保持稳定，然而企业宗旨应定期进行分析，以决定它是否需要改变。因为竞争地位、高级管理员、新技术、资源的供给和消耗、市场人口统计特征、政府法规以及消费者需求方面的变化，都会导致企业宗旨的改变。

确定企业宗旨必须看企业与顾客的关系。在此方面，彼得·德鲁克(P. Drucker)在其《管理：任务、责任和实践》一书中认为，为了了解一个企业，必须首先知道它的宗旨，而宗旨是存在于企业自身之外的。因为企业是社会的一个细胞，其宗旨必定存在于社会之中。企业的宗旨只有一个定义，这就是创造顾客。因此，要确定一个企业的宗旨，就得首先要回答两个大问题：一是我们现在的企业是什么，即分析现在的顾客；二是我们的企业将来应该是什么，即要分析和确定潜在的顾客。

(1) 企业是什么的分析。分析的目的是明确现在所从事的活动，是什么性质的企业，以及在企业性质不变的情况下，企业的事业能有什么发展。要弄清上述事项，需要回答下列问题：

① 谁是顾客？顾客分布于何处？顾客为何购买？如何去接近顾客？

② 顾客购买什么？

③ 顾客的价值观是什么，即顾客购买商品时期望得到什么？

(2) 企业应该是什么的分析。分析的目的在于了解有些什么新机会，以及可以创造些什么机会，以便明确企业的事业将如何改变。它一般要对下列问题进行分析和回答：

① 市场发展趋势及市场潜力如何？

② 目前顾客的哪些需求还不能靠现有产品和服务得到充分满足？

③ 随着经济的发展、消费风尚的改变或竞争力量的推动，市场结构将会发生什么样的变化？

④ 何种革新将改变顾客的购买习惯？

⑤ 企业的经营业务是否适当？是否应根据外部环境的变化来改变其经营业务？

三、企业形象定位

企业形象是指社会公众和企业职工对企业整体的印象和评价。一家企业只有具有良好的企业形象，才能引起广大的企业公众的注意识别，才能进而使其产生认同感，才能激发其购买动机，促成实际的购买行为，企业的经营业绩才能提高。每一个企业在其特定的公众心目中，都有自己的形象，如顾客普遍认为 IBM 是电脑业的蓝色巨人，松下是生产高品质电子产品的企业，百事可乐则是年轻一代的选择。企业形象的定位通过理念识别、视觉识别、行为识别等三个部分来充分体现。

第二节　企业战略目标

企业在规定了使命，进行了外部环境分析和内部条件调研之后，下一步的工作就是确定企业的战略目标。所谓战略目标是企业在一定时期内，执行其使命时所预期达到的成果，战略目标是企业的长期目标。正确的战略目标对企业的行为具有重大指导作用，它是企业制定战略的基本依据和出发点，表明了企业的行动纲领，它是企业战略控制的评价标准，战略目标必须是具体的和可衡量的，以便对目标是否最终实现进行比较客观的评价考核。

一、制定企业战略目标的原则

企业在制定战略目标的过程中，应遵循下列基本原则：

1. 关键性原则

这一原则要求企业确定的战略目标必须突出有关企业经营成败的重要问题，有关企业全局的问题，切不可把次要的战术目标作为企业的战略目标，以免滥用企业资源而因小失大。

2. 可行性原则

这一原则要求确定的战略目标必须保证能够如期实现。因此，在制定战略目标时,必须全面分析企业各种资源条件和主观努力所能达到的程度。既不要脱离实际凭主观愿望把目标定得过高,也不该不求进取把战略目标定得过低。

3. 定量化原则

要使企业的战略目标明确清晰,就必须使目标定量化,具有可衡量性,以便检查和评价其实现的程度。因此,战略目标必须用数量指标或质量指标来表示,而且最好具有可比性。

4. 一致性原则

这一原则要求:第一,战略目标组合中的各个分目标之间应相互协调,相互支持,在横向上形成一个系统;第二,总公司的长期战略目标和短期战术目标要与战略经营单位和职能部门的短期战术目标协调一致,形成系统,而不能互相矛盾,互相脱节。

5. 激励性原则

这一原则要求制定企业的战略目标既要具有可行性,又要考虑到它的先进性。所谓先进性,就是要求制定的目标要经过努力才能实现。只有那些可行而先进的战略目标才具有激励和挑战作用,才能挖掘出人的巨大潜能。

6. 稳定性原则

这一原则要求企业的战略目标一经制定和落实,就必须保持相对稳定,不可朝令夕改而引起企业战略的变更。当然,如果经营环境发生了变化,战略目标调整后,所有的经营单位及职能部门的短期战术目标也要作出相应的调整。

二、企业战略目标的内容

企业战略目标从不同侧面反映了企业的自我定位和发展方向,采用不同战略的企业其战略目标也不一样,因此企业战略目标是多元化的,既包括经济性目标,也包括非经济性目标;既包括定量目标,也包括定性目标。尽管如此,彼得·德鲁克认为各个企业需要制定目标的领域却都是一样的,所有企业的生存都取决于同样的一些因素。

彼得·德鲁克在《管理实践》一书中提出八个关键领域的目标：

（1）市场方面的目标：应表明本公司希望达到的市场占有率或竞争中占据的地位；

（2）技术改进和发展方面的目标：对改进和发展新产品，提供新型服务内容的认知及其措施；

（3）提高生产力方面的目标：有效地衡量原材料的利用率，最大限度地提高产品的数量和质量；

（4）物质和金融资源方面的目标：获得物质和金融资源的渠道及其有效的利用；

（5）利润方面的目标：用一个或几个经济指标表明希望达到的利润率；

（6）人力资源方面的目标：人力资源的获得、培训和发展，管理人员的培养及其个人才能的发挥；

（7）职工积极性发挥方面的目标：对职工激励、报酬等措施；

（8）社会责任方面的目标：注意企业对社会产生的影响。

B·M·格罗斯在其所著的《组织及其管理》一书中归纳出组织目标的七项内容：

（1）利益的满足：组织的存在以满足相关的人和组织的利益、需要、愿望和要求；

（2）劳务或商品的产生：组织产出的产品包括劳务（有形的或无形的）或商品，其质量和数量都可以用货币或物质单位表示出来；

（3）效率或获得的可能性：即投入——产出目标，包括效率、生产率等；

（4）组织、生存能力的投资：生存能力包括存在和发展能力，有赖于投入数量和投资转换过程；

（5）资源的调动：从环境中获得稀有资源；

（6）对法规的遵守；

（7）合理性：即令人满意的行为方式，包括技术合理性和管理合理性。

企业的战略目标一般包括以下内容：

1. 盈利能力

用利润、投资收益率、每股平均收益、销售利润率等来表示。例如：5年内税后投资收益率增加到15%。

2. 市场

用市场占有率、销售额或销售量来表示。例如：4年内微波炉的销售量增加到100万台/年。

3. 生产率

用投入产出比率或单位产品成本来表示。例如：4年内每个工人的日产量提高10%。

4. 产品

用产品线或产品的销售额和盈利能力、开发新产品的完成期表示。例如：5年后淘汰利润率最低的产品。

5. 资金

用资本构成、新增普通股、现金流量、流动资本、回收期等来表示。例如：5年内流动资金增加到100万元。

6. 生产

用工作面积、固定费用或生产量来表示。例如：5年内企业的生产能力提高20%。

7. 研究与开发

用花费的货币量或完成的项目来表示。例如：8年中陆续投资1亿元开发一种新型的汽车。

8. 组织

用将实行的变革或将承担的项目来表示。例如：4年内建立一种分权制的组织机构。

9. 人力资源

用缺勤率、迟到率、人员流动率、培训人数或将实施的培训计划数来表示。例如：5年内以每人不超过8 000元的费用对200个员工实行40小时的培训计划。

10. 社会责任

用活动的类型、服务天数或财政资助来表示。例如:5 年内对希望工程的捐助增加 200 万元。5 年内资助贫困大学生 20 名,每人每年3 000元。

当然,并不是所有的企业都具有这些目标领域,非营利性企业显然需要另一套不同于营利性企业组织的目标体系。一般来说,在那些活动绩效和结果直接影响企业的生存与繁荣的领域,都需要制定出相应的战略目标。

战略目标必须有助于企业任务的实现,而不是与它相冲突。它们必须清晰无误、简明扼要;如有必要,则必须定量化,而且应当足够详尽,以便企业的每一个成员都能清楚地理解企业的意图。它们应该覆盖企业活动的所有重要领域,而不是仅仅专注于某一项活动。企业的不同领域的目标可以相互制约,但它们彼此之间必须保持内在的一致性。最后,目标应当是动态的,若环境条件发生变化,它们也须被重新评价。

第三节 制定企业战略目标的方法

一、盈亏平衡分析法

这是企业制定战略目标常用的一种有效方法,是根据产品的销售量、成本和利润三者之间的关系,分析各种方案对企业盈亏的影响,从中选择出最佳的战略目标。这种方法又称本量利分析法。

盈亏分析法的基本原理如下:将总成本划分为固定成本和变动成本。固定成本是指不随产量变化而变化的成本,如固定资产折旧费、管理人员的工资等。变动成本是随着产量的变化而变化的成本。企业产品销售收入与产品销售量成本成比例关系。当取得的销售收入与产生的总成本相等时,即实现了盈亏平衡。盈亏平衡时,利润为零。将销售收入、总成本、固定成本、变动成本的关系用图表示出来,可以绘制成盈亏平衡图,如图 4-1 所示。

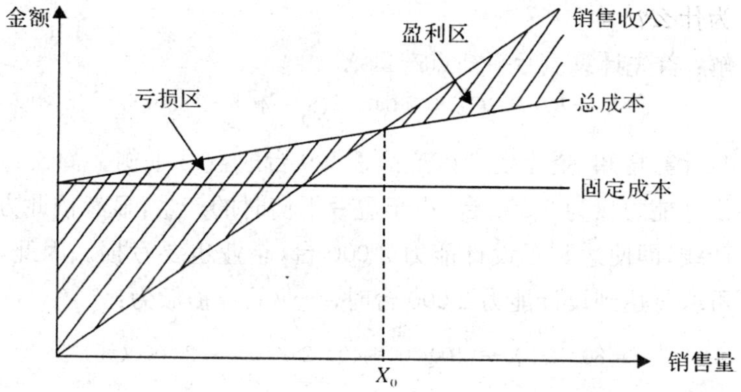

图 4-1　盈亏平衡图

设固定成本为 F，变动成本为 V，总成本为 TC，单位产品变动成本为 C_V，销售量为 X，销售收入为 R，单位产品价格为 P，利润为 E，则：

$$R=P\cdot X \qquad TC=F+V=F+C_V\cdot X$$

$$E=R-TC=P\cdot X-(F+C_V\cdot X)$$

当利润为零时，即 $E=0$ 时，$P\cdot X-(F+C_V\cdot X)=0$

$$X=F/(P-C_V)$$

设此时 X 为 X_0，即盈亏平衡时的销售量。

所以

$$X_0=F/(P-C_V)$$

当企业的销售量大于 X_0 时，企业盈利；当企业的销售量小于 X_0 时，企业亏损。公式中 $(P-C_V)$ 表示单位产品得到的销售收入在扣除变动成本后的剩余，叫做边际贡献。如果边际贡献大于零，则表示企业生产这种产品除可收回变动费用外，还有一部分收入可用以补偿已经支付的固定费用。因此，即使产品单价低于成本，但只要大于变动成本，企业生产该产品还是有意义的。

运用盈亏平衡分析法可以帮助企业进行决策。

【例 4-1】　某企业想建一条生产线生产一种新产品，年需固定成本 10 万元，单位产品变动成本 40 元，产品单价估计 80 元。该产品市场需求量很大，如果该生产线设计成年产 2 000 台，问该方案是否可行？为什么？

解：首先计算盈亏平衡点产量 X_0

$$X_0=F/(P-C_V)=100\,000/(80-40)=2\,500(台)$$

从计算得知，企业生产该产品 2 500 台时盈亏平衡。而设计的生产线设计能力仅为 2 000 台，小于盈亏平衡时的产量，显然按此方案设计生产线，即使达到了设计能力 2 000 台，企业也要亏损。因此，此方案不可取。达到设计能力 2 000 台时，企业的亏损额为：

$$E=80\times2\,000-(100\,000+40\times2\,000)=-20\,000(元)$$

【例 4-2】 某企业生产某产品，年固定费用为 20 万元，单位产品变动费用为 30 元，单位产品价格为 50 元，企业欲实现年利润 5 万元，试决策企业生产该产品的产量。

解：$X=(E+F)/(P-C_V)=(50\,000+200\,000)/(50-30)=12\,500(件)$

通过计算，可以得知企业要实现年利润 5 万元，必须年生产该产品 12 500 件。

二、时间序列分析法

企业中某一变量或指标的数值或统计观测值，按时间顺序排列成一个数值序列 $X_1, X_2, \cdots, X_n$，就称为时间序列。例如企业中的销售量、产量、成本等都可以看作时间序列。时间序列是动态分析的基础，主要目的在于了解过去的活动过程，评价当前的经营状况，从而制定战略目标。企业各种不同的变量由于受到不同因素的影响，在不同时间区段内，其时间序列也会体现不同的统计特征。时间序列的影响因素的作用特征可以概括为四种变动方式，即趋势变动、季节变动、循环变动和不规则变动。任何一个时间序列，可能同时具有以上几个特征，也可能是其中某几个的组合。在企业预测中，我们一般把不规则变动视为干扰，必需设法将其过滤掉，而将趋势变动反映出来，以预测时间序列的长期变化趋势，必要时还应将季节性或周期性特征反映出来。由于时间序列可能具有不同特征，我们在进行预测时要采用不同方法，常见的时间序列预测方法有移动平均法、指数平滑法、趋势外推预测法、

Box-Jenkins 模型等。下面以某企业一个产品过去销售的时间序列为例来阐述这一方法。假设，2000 年销量为 1 500 万台冰箱。

（1）销量的趋势变动是人口、资本构成和技术状况基本发展的结果。通过对销量的分析可以发现它是一条直线，假设每年增长 5%的销量；这样预计第五年的目标是 $1\,500\times(1+0.05)^5$。

（2）销量的循环波动是指经济活动波动的影响，这一波动带有某种周期的特征，即估计第五年营业活动会繁荣，并且能够获得长期预测销量的 120%；因此第五年的销量可能是 $150\times(1+0.05)^5\times120\%$。

（3）销量的季节变动，是指一年中销售活动的固定形态，这一形态可能与天气因素、假期等有关。如果各月的销量相等，则每月销售数为 $1\,500\times(1+0.05)^5\times120\%/12$，但是 12 月的季节指数为 0.90，因此第五年 12 月份的销量可能为 $1\,500\times(1+0.05)^5\times120\%/(12\times0.9)$。

（4）不规则变动，包括罢工、风暴、火灾、战乱等突发性事件对销售造成的干扰，这些偶发成分是无法预言的。为了有利于观察较正常的销售行为，应该把它从过去的数据中分离出去。假定本例中没有偶发事件，则第五年 12 月份最理想的战略目标——销售的估计数是 $1\,500\times(1+0.05)^5\times120\%/(12\times0.9)$。

三、回归分析法

回归分析预测，是对具有相关关系的变量，在固定一个变量的基础上，通过建立相当于函数关系式的回归方程，来估计相关关系变量的数值。在战略管理中，用回归分析法来预测战略目标，有一定的科学性和现实意义。回归分析法有一元线性回归、二元线性回归、多元线性回归和非线性回归。

四、博弈论法

博弈论也称对策论，是运筹学的一个分支，最初用在军事上，用来研究如何战胜对手的最佳策略；后来被企业单位广泛采用，通过用数学方法来研究有利害冲突的双方，在竞争性的环境中如何找出并制定战胜自己对手的最优策略等问题。例如，美国的可口可乐饮料公司想通过改变原来的饮料包装来提高饮料的销售价格，它就必须了解其他竞争对手是否也会采取相应的竞争战略。

五、模拟模型法

所谓模拟模型法,就是模仿某一客观现象建立一个抽象的模型,并对模型进行分析试验,以观察并掌握客观现象运动和变化的规律,从而找出错综复杂问题的解决方案。通过给各种模型输入不同的数据,再观察这些模拟的运转和可能产生的结果,从而制定合适的战略目标。模拟模型试验,特别是复杂的建模,往往需要专家顾问的帮助,也要有计算机的帮助。用计算机来进行模拟的基本步骤是:一是建立模型。这种模型往往不是简单的数学公式,而是用来描绘事件运行的逻辑步骤;二是把这些逻辑模型输入计算机,编成计算机模拟程序,这样既便于操作,又能大大提高效率;三是进行设计和实验。在模拟客观现实问题的各方案中选出较优的战略方案和目标。一个战略模拟可能包括所有相关的环境因素以及内部成本结构、资源分配等因素对企业经营业绩的影响。

思考题

1. 比较企业使命的产品导向和市场导向,请谈谈你的看法?
2. 如何确定企业目标?
3. 试结合某一企业,制定一个战略目标体系。

本章案例

一个比较典型的企业战略目标体系

- 市场:4年内微波炉的销售量增加到100万台/年。
- 产品:5年内淘汰利润率最低的产品。
- 生产:5年内企业生产能力提高20%。
- 生产率:4年内每个工人的日产量提高10%。
- 资金:5年内流动资金增加到100万元。
- 研发:5年内陆续投资50万元开发一种新型产品。

● 盈利能力:5 年内税后投资利润率增加到 15%。

● 组织:4 年内建立一种分权制的组织机构。

● 人力资源:5 年内以每人不超过 8 000 元的水平对所有员工实行不少于 3 个月的培训。

● 社会责任:5 年内向"希望工程"捐助增加到 200 万元。

(资料来源:蔡树堂编著:《企业战略管理》,石油工业出版社 2001 年版。)

第五章　企业竞争战略

学习目标

- ◆ 明确成本领先战略、差异化战略和集中化战略的概念
- ◆ 掌握三种竞争战略的优缺点
- ◆ 了解企业如何实施这三种竞争战略
- ◆ 识别这三种竞争战略之间的区别
- ◆ 了解不同行业竞争战略的选择

第一节　成本领先战略

一、成本领先战略的概念

成本领先战略亦称低成本战略，其核心就是在追求规模经济效益的基础上，通过在内部加强成本控制，在研究开发、生产、销售、服务和广告等领域内把成本降低到最低限度，成为行业中的成本领先者，并获得高于行业平均水平的利润的一种战略。企业凭借其成本优势，可以在激烈的市场竞争中获得有利的竞争优势。

1. 成本领先战略的理论基础

(1) 规模经济效应，指即单位产品成本随生产规模增大而下降；

(2) 学习曲线效应，指单位产品成本随累积产量增加而下降。这主要是因为随着产品积累数量的增加，职工生产经验越丰富，生产技术更加熟练，使劳动生产率提高，因而使单位产品成本下降。同时，随着产量的增加，职工被更加有效地组织起来，因而提高了劳动生产率，使

单位产品成本下降。

2. 实施成本领先战略的注意事项

成本领先战略的目的是通过不断强化业务经营运作方式的成本有效性，获得相对于竞争对手的持久的成本优势，从而塑造本企业及其产品的市场竞争力。实施此项战略需要注意的是：

(1) 成本领先战略的战略目标是获得比竞争对手相对低的成本，而不是获取绝对低的成本，即只要得到相对于竞争对手较低的成本，就认为达到了目标，也就构筑了成本优势的基础。

(2) 在努力获得低成本领导地位时，企业的管理者必须注意保持那些被购买者认为是至关重要的或基本的产品特色和服务，不可为了降低成本而不加区别地降低产品的功能、特色或过度降低其服务标准、减少服务项目。因为，一种产品及其服务如果过于简略，没有任何附加价值，将会削弱而不是加强其竞争力。

(3) 必须重视企业获取成本优势的方式是否可能被竞争对手轻易地模仿，如果对于竞争对手来讲，复制模仿这种获取低成本的方法并不困难或不需要付出太大的代价的话，则低成本领导者的这种以低成本为基础的竞争优势就难以维持很长时间，就不会形成有价值的优势。

二、采用成本领先战略的优势和劣势

1. 采用成本领先战略的优势

低成本企业在行业中具有明显的优势：可以低价位与竞争对手展开竞争，扩大销售，提高市场占有率，获得高于同行业平均水平的收益；可以在与客户的谈判中争取到更大的生存空间；有较强的原材料上涨的价格承受能力；可以依托低成本所形成的竞争优势，形成进入障碍，限制新的加入者；可以削弱弱势产品的竞争力量。具体而言，企业采用成本领先战略的主要益处有：

(1) 形成进入障碍。企业的生产经营成本低，可以对那些欲进入本行业的潜在进入者设置较高的进入障碍，使那些生产技术尚不成熟，经营上缺乏规模经济的企业都很难进入此行业。低成本的领导者也处于一个比较好的位置，当它感受到威胁时，可以采用降价的策略，一个新的竞争对手很难赢得顾客，低成本生产商的削价能力是新进入者的一个障碍。因为那些潜在的进入者如果真的进入这个市场的话，不可避免地要面对这些问题：生产技术尚不成熟；品牌缺乏知名度，市场占有率低；生产经营上缺乏规模经济导致总成本极高。面对来自成本领先者的降价压力，新的进入者往往无力回击，所以企业要进入此行业困难重重。

（2）增强企业的讨价还价的能力。企业的成本低，可以使自己与供应者的讨价还价能力增长，降低投入因素变化所产生的影响。同时，企业成本低，可以提高自己对购买者的讨价还价能力，对抗强有力的购买者。低成本能够为公司提供部分的利润保护，因为再强大的客户也很难通过谈判将价格降到成本效率仅次于卖方公司的存活价格水平。企业的成本低，如果同样的产品在市场上以与竞争对手相同的价格出售，则意味着成本领先者可以给予销售商、代理商更多的利益，使得销售商、代理商更乐意与之合作。

（3）降低替代品的威胁。企业的成本低，在与竞争者竞争时，仍然可以凭借其低成本的产品和服务吸引大量的顾客，降低或缓解替代品的威胁，使自己处于有利的竞争地位。

（4）保持价格领先的竞争地位。在迎接竞争对手挑战方面，低成本公司在下列各方面处于有利地位：以价格为基础的竞争，利用低价格的吸引力可以从竞争对手那里挤占销售份额和市场份额；可以在竞争对手毫无利润的水平上保持盈利，在残酷的价格战中存活下来并获得高于行业平均水平的利润（其基础是利润较高或者是总的销售量较大）；而高于同业的获利水平，使得成本领先者可以在营销、研发上投入更多的资金，进一步打击对手，保持绝对竞争优势的地位。

可见，如果市场上的很多购买者对价格都很敏感，而且价格竞争很激烈，那么，低成本就是一种强大的防御力量。

2. 采用成本领先战略的劣势

（1）如果竞争对手的竞争能力过于强大，拥有开发更低成本的生产方法。例如，竞争对手利用新的技术，或更低的人工成本，形成新的低成本优势，使得企业原有的优势成为劣势。

（2）竞争对手易于采用模仿的办法。当企业的产品或服务具有竞争优势时，竞争对手往往会采取模仿的办法，形成与企业相似的产品和成本，给企业造成经营困境。

（3）顾客需求的改变。如果企业过分地追求低成本，降低了产品和服务质量，会影响顾客的需求，结果会适得其反，企业非但没有获得竞争优势，反而会处于劣势。

企业在采用成本领先战略时，应及早注意这些问题，采取防范措施。

三、开发成本优势的途径

成本领先要求坚决地建立起高效规模的生产设施，在经验的基础上全力以赴降低成本，抓紧成本与管理费用的控制，以及最大限度地减小研究开发、服务、推销、广告等方面的成本费用。为了达到这些目标，就要在管理方面对成本给予高度的重视。尽管质量、服务以及其他方面也不容忽视，但贯穿于整个战略之中的是使成本低于竞争对手。要获得成本优势，企业价值链上的累积成本必须低于竞争对手累积成本，达到这个目的有两个途径：

1. 控制成本驱动因素

这是指比竞争对手更有效地开展内部价值链活动，更好地管理推动价值链活动成本的各个因素，其主要途径有：

（1）规模经济或不经济。价值链上某项具体活动常常会受到规模经济或规模不经济的约束。如果某项活动的开展，规模大比规模小成本更显得低，以及如果公司能够将某些成本，如研究与开发费用，分配到更大的销售量之上，那么，就可以获得规模经济。对那些容易受到规模经济或规模不经济制约的活动进行敏锐的管理是节约成本的一个主要方法。

（2）学习及经验曲线效应。开展某项活动的成本可能因为经验和学习的经济性而随时间下降。

(3) 关键资源的投入成本。开展价值链活动的成本部分取决于企业购买关键的资源投入所支付的成本。对于从供应商那里购买的投入或价值链活动中所消耗的资源,各个竞争厂商所承担的成本并不完全相同,一家企业对外购投入成本的管理通常是一个很重要的成本驱动因素。

(4) 与企业中或行业价值链中其他活动的联系。如果一项活动的成本受到另一项活动的影响,那么,在确保相关的活动以一种协调合作的方式开展的情况下,就可以降低成本。例如,当一个企业的质量控制成本或材料库存成本同供应商的活动相关的时候,就可以通过以下一些方面同关键的供应商合作来降低成本:零配件的设计、质量保证程序、及时送货,以及一体化材料供应。

(5) 在企业内部同其他组织单元或业务单元进行成本分享。一个企业内部的不同产品线或不同业务单元通常共同使用一个订单处理和客户账单处理系统,通常使用相同的销售力量,共同使用相同的仓储和分销设施,通常依靠相同的客户服务和技术支持队伍。这种类似活动的合并和兄弟单位之间的跨部门的资源分享可以带来重要的成本节约。成本共享有助于获得规模经济,有助于缩短掌握一项技术的学习曲线,有助于促进生产能力更充分的利用。

(6) 垂直一体化对外部寻源所具有的利益。部分或全部一体化进入供应商或前向渠道联盟可以使一个企业绕开有谈判权利的供应商或购买者。如果合并或协调价值链中紧密相关的活动能够带来重大的成本节约的话,那么前向或后向一体化就有很大的潜力。相反,有时对某些职能活动进行外部寻源或业务外包,让外部的专业厂商来做或许更便宜,因为他们利用了现有技术和规模,开展这些活动的成本会更便宜。

(7) 生产能力利用率。生产能力利用率是价值链的一个很大的成本驱动因素,因为它本身附带了巨大的固定成本。生产能力的利用率的提高可以使得承担折旧和其他固定费用的生产量扩大,从而降低单位固定成本。业务的资本密集度越高或固定成本占总成本的比重越高，这个成本驱动因素的重要性就越明显，因为生产能力利用不足就会使单位成本遭受很大的损失。在这种情况下，寻找生产运作在接近年度满负荷运转的途径是获取成本优势的又一个源泉。

(8) 战略选择和经营运作决策。企业内部的各种管理决策可以使得公司的成本降低或者上升。

2. 改造企业的价值链

改造企业的价值链，省略或跨越一些高成本的价值链活动。其主要途径有：

(1) 简化产品设计，利用计算机辅助设计技术、减少零部件，将各种模型和款式的零配件标准化，转向“易于制造”的设计方式。

(2) 削减产品或服务的附加，只提供基本无附加的产品或服务，从而削减多用途的特色和选择。

(3) 转向更简单的，资本密集度更低的、或者更简便、更灵活的技术过程(计算机辅助设计和制造，既能够包容低成本效率，又能够包容产品定制性的柔性制造系统)。

(4) 寻找各种途径来避免使用高成本的原材料和零部件。

(5) 使用“直接到达最终用户”的营销和销售策略，从而削减批发商和零售商那里通常很高的成本费用和利润。

(6) 将各种设施重新布置在更靠近供应商和消费者的地方，以减少入厂和出厂成本。

(7) 抛弃那种“针对每一个人”的经营方式，将核心集中在有限的产品或服务之上，以满足目标购买者特殊的，但是却很重要的需求，以消除产品或服务中的各种变形所带来的活动和成本。

(8) 再造业务流程，去掉附加价值很低的活动。

(9) 利用电子通信技术，减少打印和复印成本，通过电子邮件加快通信，通过使用电视会议减少差旅成本，通过企业的内部网络来传播信息。

(10) 加强客户关系管理(CRM)，通过网址和网页同顾客建立联系。

第二节 差异化战略

一、差异化战略的概念

差异化战略亦称特色经营战略，是指企业向市场提供与众不同的产品和服务，树立起一些全行业范围中具有独特性的东西，用以满足顾客特殊的需求，从而形成竞争优势的一种战略。企业形成这种战略主要是依靠产品和服务的特色，使客户建立起品牌偏好与忠诚，而不是产品和服务的成本。但是应该注意，差异化战略不是讲企业可以忽略成本，只是强调这时的战略目标不是成本问题。

产品或服务的特色可以表现在产品设计、生产技术、产品性能、服务、网络、商标形象等方面。当企业进行价格竞争，但不能达到扩大销售的目的时，实行差异化就可以培养顾客的品牌忠诚性，降低对价格的敏感性。差异化战略是企业获得高于同行业平均水平利润的一种有效的战略。

二、企业采用差异化战略的优势和劣势

1. 采用差异化战略的优势

(1) 形成进入障碍。由于产品的特色，顾客对产品或服务具有很高的忠实程度，从而该产品和服务具有强有力的进入障碍。潜在的进入者要与该企业竞争，则需要克服这种产品的独特性。

(2) 降低顾客敏感程度。由于差别化，顾客对该产品或服务具有某种程度的忠实性，当这种产品的价格发生变化时，顾客对价格的敏感程度不高。生产该产品的企业便可以运用产品差别化的战略，在行业的竞争中形成一个隔离带，避免竞争者的伤害。

(3) 增强讨价还价的能力。产品差别化战略可以为企业带来较高的边际收益，降低企业的总成本，增强企业对供应者的讨价还价能力。同时，由于购买者别无其他选择，对价格的敏感程度又降低，企业可以运用这一战略削弱购买者的讨价还价能力。

(4) 防止替代品的威胁。企业的产品或服务具有特色，能够赢得

顾客的信任，便可以在与替代品的较量中比同类企业处于更有利的地位。

2. 采用差异化战略的劣势

（1）企业形成产品差异化的成本过高，大多数购买者难以承受产品的价格，企业也就难以盈利。竞争对手的产品价格降得很低时，企业即使控制其成本水平，购买者也会不再愿意为具有差别化的产品支付较高的价格。

（2）竞争对手推出相似的产品，降低产品差异化的特色。

（3）竞争对手推出更有差异化的产品，使得企业的原有购买者转向了竞争对手的市场。

（4）购买者不再需要本企业赖以生存的那些产品差异化的因素。例如，经过一段时间的销售，产品质量不断的提高，顾客对电视机、录像机等家用电器的价格越来越敏感，这些产品差异化的重要性就降低了。

三、实行差异化战略的途径

实行差异化战略可以从以下几个方面考虑：

（1）质量差异化。

（2）可靠性差异化。

（3）销售差异化。

（4）创新差异化。

（5）品牌差异化。

四、实行差异化战略的可能性

差异化并不是营销和广告部门策划出来的，也不仅仅限于将质量和服务“眉毛胡子一把抓”，差异化最重要的是要理解购买者看重什么，在价值链的什么地方创造差异化的属性，创造差异化需要哪些资源和能力。实际上在行业价值链中的每一项活动之中都存在创造差异化的可能性，其中最常见的有：

（1）那些最终会影响公司终端产品的质量或者性能的采购活动。

（2）以如下各项内容为目标的产品研究与开发活动：改善产品设计和性能特色，扩大产品的最终用途和应用范围，缩短新产品开发的周期，增加产品种类，增加用户安全设施，提高回收能力，加强环境保护。

(3) 能够达到下列目的的生产研究开发和技术相关的活动：使公司能够以有效的成本进行用户订单式制造，使生产方式在环境方面更有安全性，能够提高产品质量、可靠性和外观。

(4) 能够达到下列目的的生产制造活动：降低产品缺陷，防止成熟前产品失败，延长产品的寿命，能够改善产品的保险总额，改善使用的经济性，增加最终用户的方便，改善产品的外观。

(5) 能够达到下列目的的出厂后勤和分销活动：加快交货，提高订单完成的准确性，减少在仓库中和货架上的产品脱销现象。

(6) 能够达到下列目的的市场营销、销售和顾客服务活动：为顾客提供卓越的技术支持，加快维护及修理服务，增加和改善产品的信息，增加和改善为终端用户所提供的培训材料。改善信用条件，加快订单处理过程，增加频繁的销售访问次数，提高顾客的方便程度。

公司的管理者必须能够充分地理解创造价值的各种差异化途径以及能够推动独特性的各项管理活动，从而制定优秀的差异化战略和评价各种不同的差别化方式。

第三节　集中化战略

一、集中化战略的概念

集中化战略亦称专门化战略，是指把经营战略的重点放在一个特定的目标市场上，为特定的地区或特定的购买者集团提供特殊的产品或服务。集中化战略与其他两个基本的竞争战略不同。成本领先战略与差别化战略面向全行业，在整个行业的范围内进行活动。而集中化战略则是围绕一个特定的目标进行密集型的生产经营活动，要求能够比竞争对手提供更为有效的服务。企业一旦选择了目标市场，便可以通过产品差别化或成本领先的方法，形成集中化战略。就是说，采用集中化战略的企业，基本上就是特殊的差别化或特殊的成本领先企业。由于这类企业的规模较小，采用集中化战略的企业往往不能同时进行差别化和成本领先的方法。与差别化战略不同的是，采用集中化战略的企业是在特定的目标市场中与实行差别化战略的企业进行竞争，而不在其他细分市场上与其竞争对手竞争。由于其市场面狭小，可以更好地了解市场和顾客，提供更好的产品与服务。

二、集中化战略的优势和劣势

1. 采用集中化战略的优势

采用集中化战略可以防御行业中的各种竞争力量，使企业在本行业中获得高于一般水平的收益。这种战略可以用来防御替代品的威胁，也可以针对竞争对手最薄弱的环节采取行动。需要形成产品的差异化；或者在为该目标市场的专门服务中降低成本，形成低成本优势；或者兼有产品差异化和低成本的优势。在这种情况下，其竞争对手很难在目标市场上与之抗衡。这样，企业在竞争战略中成功的运用重点战略，就可以获得超过行业平均水平的收益。

2. 采用集中化战略的劣势

(1) 当市场发生变化、技术创新或新的替代品出现时，该产品需求量下降，企业就要受到严重的冲击。

(2) 这种企业对环境的适应能力差、经营风险大，应当看到市场上大多数产品或迟或早终究要退出市场的。因此，采用此战略应当有应变的准备，做好产品的更新改造工作。

3. 采用集中化战略的企业所面对的威胁

企业选用集中战略要注意防止来自三方面的威胁，并采取相应措施维护企业的竞争优势。

(1) 以广泛市场为目标的竞争对手，很可能将该目标细分市场纳入其竞争范围，甚至已经在该目标细分市场中竞争，它也可能成为该细分市场的潜在进入者，造成对企业的威胁。这时选用集中战略的企业要在产品及市场营销等各方面保持和加大其差异性，产品的差异性越大，集中战略的维持力越强。需求者差异性越大，集中战略的维持力也越强。应当指出，正由于集中战略的维持力是建立在差异性基础上的，因此，随着差异性的变化，选用集中战略的企业其目标细分市场也应该随之作出相应的调整。

(2) 该行业的其他企业也采用集中战略,或者以更小的细分市场为目标。造成了对企业的威胁。这时选用集中战略的企业要建立防止模仿的障碍,当然其障碍壁垒的高低取决于特定的市场细分结构。另外,目标细分市场的规模也会造成对集中战略的威胁,如果目标细分市场较小,竞争者可能不感兴趣;但如果是在一个新兴的、利润不断增长的、较大的目标细分市场上采用集中战略,就有可能被其他企业在更为狭窄的目标市场上也采用集中战略,开发出更为专业化的产品,从而剥夺了原选用集中战略的企业的竞争优势。

(3) 集中战略的细分市场中,由于有替代品出现会使消费者偏好发生变化,价值观念更新,社会政治、经济、法律、文化等环境的变化、技术的突破和创新等方面的原因引起目标细分市场的替代,导致市场结构性变化,此时集中战略的优势也将随之消失。

三、实施集中化战略的原则

企业实施集中化战略的关键是选好战略目标。一般的原则是,企业要尽可能地选择那些竞争对手最薄弱的目标和最容易受替代产品冲击的目标。在选择目标之前,企业必须确认:

(1) 购买群体在需求上存在的差异。

(2) 在企业的目标市场上,没有其他竞争对手试图采用集中战略。

(3) 企业的目标市场在市场容量、成长速度、获利能力、竞争强度方面具有相对的吸引力。

(4) 本企业资源实力有限,不能追求更大的目标市场。

四、集中化战略的形式与实施条件

1. 集中化战略的形式

集中化战略一般有两种形式,即成本集中和差异化集中。这两种形式的集中都是面向企业选定一个特定细分市场。具体的形式有:

(1) 产品线的集中战略。对于产品开发和工艺装备成本较高的行业,部分企业可以产品线的某一部分作为经营重点。例如,日本汽车厂商一直将经营重点放在节能的小汽车生产和销售上,而我国的民营企业万向集团则始终以生产汽车产品的零配件万向节为主。

(2) 用户集中化战略。即企业将经营重点放在特殊需求的顾客群上。例如,当美国耐克公司基本控制跑鞋市场时,阿迪达斯公司则集中力量开发符合 12～17 岁青少年需要的运动鞋,以同耐克竞争。

(3) 地区集中战略。即按照地区的消费习惯和特点来细分市场。企业则选择部分地区进行有针对性的组织生产。例如,青岛海信公司针对农村市场电压不稳而生产的宽电压电视机,提高了企业的农村市场占有率;海尔公司则根据西南地区农民用洗衣机洗地瓜的特点,开发出既可洗衣服又可洗地瓜的洗衣机,都是地区集中战略。

2. 集中化战略的实施条件

满足下列条件时,不管是以低成本为基础的集中化战略还是以差异化为基础的集中化战略都会变得有吸引力:

(1) 目标市场足够大,可以盈利,或者小市场具有很好的成长潜力。

(2) 企业的资源和能力有限,不允许选定多个细分市场作为其目标市场,整个行业中有很多的小市场和细分市场,从而一个集中型的厂商能够选择与自己的强势和能力相符的有吸引力的目标小市场。

(3) 在同一目标市场细分市场中没有其他的竞争者采用这一战略;其他竞争厂商很难满足目标小市场上进行专业化经营;定位于多个细分市场的竞争厂商很难满足目标小市场的专业或特殊需求,或者如果满足这个市场的专业户需求的话代价往往极其昂贵。

(4) 采用集中战略的公司拥有足够的资源,能在目标市场上站稳脚跟。

(5) 采用集中战略的公司凭借其建立起来的顾客商誉和公司服务,来防御行业中的竞争者。

第四节　不同行业的企业竞争战略选择

一、分散性行业形成的原因

分散性行业是指在一个行业中任何一个企业都不具有市场占有率

上的决定性优势，该行业是由许多中小企业所组成，其基本特点是行业中缺少有影响力的行业领袖企业。造成分散行业的原因很多，主要有：

(1) 行业进入壁垒较低，使许多小公司也能非常容易地进入。

(2) 规模经济效应较小，如缝纫业、饲料工业、木料加工及竹、藤、棕、草制品业、文教体育用品制造业、工艺美术品制造业等。在许多国家，这些行业也大都是企业规模较小、企业数目较多的竞争结构。

(3) 市场需求的多样化及分散化，在某些行业中顾客的需求是分散的，顾客不愿意接受标准产品，而希望产品有不同的式样，也能够为这种需求付出代价，例如服装业，某一种特殊服装式样的需求量很小。不足以形成大批量生产，而恰恰是服装式样在竞争中起着重要的作用。

(4) 当服务已成为经营关键时，小企业就会变得更有效。人员的服务质量和顾客的感觉因人而异，一般来讲，当企业规模达到某一界限时，提供服务的水平就要下降，这一因素在某些行业显得特别突出(美容、理发、浴池、餐饮等行业中)，造成企业的分散。

二、分散性行业的企业竞争战略

处于分散行业中的企业，面对众多的竞争对手，首先要在成本领先、差异化经营和集中经营这三种基本竞争战略中选定适合企业具体情况的战略，除此之外，还有以下几种战略方案可供选择：

(1) 建立有集中控制的分权体制战略。处于分散行业中的公司，应使公司下属的每个企业规模较小而又有经营自主权。例如在食品零售业中，公司可以在不同地区建立许多特许经营连锁店，给予较大的经营自主权，同时通过报酬制度和利润分配制度保持集中的控制，并由公司加强相互间的协调，这是一个在分散行业中开展有效竞争的重要战略。

(2) 分散布点，即在每一个分公司点上配置高效率、低成本的设备。将高效率或低成本的设备分布于各分公司，这样可以减少投资，降低成本，并能就近供应用户，由此可以取得一定的竞争优势，如在办公大楼、教学楼内设置自动售货饮料机等。

(3) 增加产品或服务的附加价值。某些分散行业提供的往往是一般性的、没有特色的商品或服务，如金属零件或电气零件的批发工作就是如此。这时可以采用增加附加价值的办法，如在产品卖给顾客前针对顾客的需要对零部件进行分装或装配，以此增加产品的针对性及实用性。

(4) 产品专业化。如果行业的分散是由于特色品种多造成的，则集中力量专门生产其中少数有特色的产品，是一种可取而比较有效的竞争战略。如果用户极为分散，也可采用某特定用户层面，或为某特定地区用户服务的专业化策略，例如面向一些需用量小而价格上不敏感的用户，或专做别人不愿接受的小批量订单等，如老年服装、特体服装等。

(5) 简朴实惠。在行业分散、竞争激烈、利润率不高的条件下，一个简单而有效的战略是提供廉价的实用商品、无牌号商品及开包散装商品等，以此尽量降低成本；雇佣低技术熟练的雇员，尽量降低管理费用；严格控制开支，努力使企业在价格竞争中处于有利的地位，并能得到高于平均水平的利润，如仓储式商店、大排档等。

三、分散型行业的企业在战略选择中应注意的问题

处于分散行业中的企业在采用某些战略时，由于没有注意到分散行业特有的性质，有可能导致经营上的失败，因此，这种企业在进行战略选择时应当注意以下几个问题：

(1) 不要一味追求市场占有率的领先地位。一般来讲，在分散行业中追求市场占有率的领先地位几乎注定要遭到失败，因为当企业迅速扩大其市场占有率时，由于难于克服形成行业的固有矛盾，它会面临诸如丧失特色、效率下降、费用上升及遭受供应商及用户更大的压力等问题，从而使企业竞争力大大下降，使企业在各方面都陷入被动局面。

(2) 在经营领域决策上切忌优柔寡断。分散行业的特点要求企业必须集中力量于某些产品或服务的专业化，搞出经营特色来，实施这种战略往往要求企业经营者有勇气和坚强的意志，果断地放弃某些经营领域，或对某些经营领域进行重大的调整。假若对某些经营领域舍不得放弃，而是采用一些折中的、在短时期内临时应付的、机会主义的战略，也许可能一时奏效，但最终将使企业在激烈竞争中受挫。

(3) 不要追求过分集权。分散行业的基本特点就是特别强调人员的服务质量、与地方和社区的紧密联系、营业的近距离服务及控制、对顾客需求变化及时反应能力等。而集权式组织结构反应迟钝、效率降低,这样做的结果不是增强而是削弱了企业,对分散行业中的企业来说,集中控制是必要的,但集权的组织结构是不适当的。

(4) 对于竞争对手的经营目标及经营费用要有清醒的估计。分散行业中有很多小型企业,在有些分散行业中存在大量的私营企业及个人经营者,它们的经营目标及管理费用结构与一般正规企业有很大的不同,经营者经常是在家里工作,使用家庭劳动力,这些小企业看起来效率很低,但成本却不一定高,因而每年也可取得一定的利润,有的小企业更注重于每年保持一定的生产量和对雇员提供了就业机会,他们对市场变化作出的反应可能与具有一定规模的企业极不相同,对这些竞争对手估计不足,易使企业犯战略性的错误。

(5) 对于新产品的出现应有恰当的反应。在分散行业中出现的新产品,由于一开始需求增长迅速,盈利率较高,而进入壁垒又不高,许多企业总是认为购买者具有巨大的需求量,于是投入大量资金,这种过分的反应使行业内竞争激烈,众多的竞争者又使用户总是有机会利用行业内的竞争而加强其讨价还价的力量,到这种新产品出现进入成熟期的迹象时,其需求降低,利润下降,企业投资所期望得到的收益就要落空。因此,如果对分散行业内新产品的出现反应过分热情,可能导致企业虽然花了相当的代价,却在竞争中仍处于十分不利的地位,承担相当大的风险。恰当地对新产品作出反应,对任何行业都是一个风险型决策问题,而对分散行业而言,这种决策显得特别困难。

四、规模经济型行业的企业竞争战略

在规模经济显著的行业中,一般会形成企业规模很大、企业数目较少的寡头型企业规模结构,因为在一定的市场容量下,规模经济越显著,所能容纳的企业数就越少,如市场容量为 1 000 万单位的行业规模,若企业最佳规模为 200 万单位,则最理想的企业数是 5 家,若该行业有 25 家规模相同的企业构成,则每家企业就都只能在最佳规模下,

在高成本的规模上组织生产。

在规模经济型的行业中，企业有必要明确本企业在行业中的地位，根据本企业在行业中的不同位次，确立相应的竞争战略。如果在实际竞争中忽视了自己在行业中的地位，采取了与自己的位次不相称的对策，这不仅给行业造成混乱，而且最后也达不到经营战略目标。企业竞争地位可以根据市场占有率划分为领导型企业、优胜企业、次优胜企业及平庸企业四类。

大多数规模型行业都有一个或少数几个企业处于市场领导地位，它们的产品在市场上有最大的市场占有率，而且常在价格变化、新产品的市场投放、销售区域、促销强度等方面在该行业中起着领导作用；处于优胜者地位的企业在市场中处于第二位，它们的市场占有率比领导型企业小，在市场中的地位低于领导型企业；而次优胜企业在市场中处于第三位；平庸企业则处于市场的第四位，它们的市场占有率更低。

1. 领导型企业的竞争战略

处于领导地位的企业要想保持其现有行业第一的地位，要在三个方面进行努力：

（1）要寻求扩大行业总需求量的途径。因为一般来讲，在扩大总需求量中，领导型企业总是占有多数份额，为了使需求扩大，领导型企业要寻求其产品的新用户、新用途和更多的使用量。

（2）企业应当采用各种措施来保护现有的市场领域不受竞争对手的侵犯，因此要破除陈规，不断创新，在新产品开发、顾客服务、提高销售效率、降低成本等方面保持其领先地位。

（3）在可能的情况下，企业应努力提高市场占有率。

处于领导地位的企业只有采用以上三种办法才有可能保持其行业第一的地位，因此，处于行业第一位的企业其基本战略是要稳定行业市场格局，使整个行业在价格、市场占有率、技术、销售等方面不发生激烈竞争，要以自己为中心稳定行业市场。

处于领导地位的企业对付第二位企业的策略是要保持整个行业市场的稳定和扩大，要注意与第二位的企业在市场份额上保持距离；对第三位企业的态度是要在产品开发上采取容忍的态度，使第三位企业得以适度发展，以此来牵制第二位企业；对第四位企业则应采取产品差别化、市场差别化、突出产品特色的战略，同时还应注意监视市场和第四位企业的动向，要防止第四位企业和第二位企业结成同盟来向第一位企业进攻。

2. 优胜企业的竞争战略

（1）采用休战战略。在行业中处于第二位次的公司可称为优胜企业，其采取的基本战略是：平时要保持与第一位企业休战状态，但要比第一位企业更能注意加强产品开发及技术开发力量，更早地预先掌握环境及市场的变化，抢在第一位企业之前适应技术及环境的变化，以便在新形成的市场中争取第一名，然后再慢慢的向第一位企业所占有的领地渗透、竞争；对第三位的企业主要对策是一方面要注意扩大与第三位企业在市场占有率的差距，另一方面要防止第三位企业与第一位企业结成同盟，如果发现有此倾向，应当想办法，不能使其成功，否则会造成对第二位企业的极大威胁；与此同时，要和第四位企业结成联盟，因为处于第四位企业对新的市场和技术变化特别敏感，如果第四位企业有新的成功的技术变革，就应立即采纳；对第五位企业要采取观望态度。

（2）采用跟随战略。优胜企业满足于现有的市场占有率和市场地位，满足于现有的利润水平，它只要紧紧跟随领导型企业的战略变化及时调整本企业的战略，就可以保持自身的战略地位。因此，优胜企业应避免采用新的竞争行为去刺激第一位企业，也不必采用进攻型策略使顾客脱离领导型企业。跟随战略往往采用不致引起领导型企业报复的集中化和差异化策略，即将企业注意力集中于领导型企业所忽视的顾客和产品，也就是将目标集中于竞争对手力量薄弱或者没有注意到的几个细分市场，可能是有特定需求的几个消费群体，也可能是某产品系列的一部分，从而形成企业独特的竞争优势。

3. 次优胜企业的竞争战略

处于行业中第三位企业的基本战略适合与第一位企业结成同盟，向第二位企业发起进攻，要把整个行业市场搞成不稳定的竞争市场，努力寻找机会想办法超过第二位企业。例如：日本汽车行业中三菱与东洋基本上是处于排名第三位的状态，它们当时都集中力量把大众车市场当作目标，细致地抓住顾客的需求，及时地更新产品。努力超过第二位企业，对第四位及第五位企业要保持市场占有率的差距，不过分刺激第四位及第五位企业。

4. 平庸企业的竞争战略

对处于行业第四位的平庸企业来讲，其基本战略是联合第五位以下的所有企业，努力成为第五位企业以下的联合体的领导者，通过扩大联合来牵制高位次的企业，因此，第四位企业要创造行业弱者企业集结的条件，以弱者间的联合来形成能和高位次企业对峙的力量，与此同时第四位企业要和第二位企业结成同盟，但要努力稳定整个行业市场，该联盟不要随便向第一位企业发起进攻，平时要与第一位企业保持休战状态。

对于处于行业第五位的企业来讲，其基本战略是不和高位次企业开展竞争，而是和第一位企业共同生存，努力稳定整个行业市场，放弃在这个行业成为首位企业的打算，把一部分资源投到别的领域中，开展多角化经营。

思考题

1. 什么是成本领先战略？如何实施成本领先战略？
2. 什么是产品差异化战略，企业如何实行产品差异化？
3. 集中化战略的形式和实施条件是什么？
4. 分散性行业该选择什么样的企业竞争战略？

本章案例

格兰仕，总成本领先战略的成功典范

2001年4月，格兰仕微波炉价格又狂降40%，其中国市场的主要对手LG有些顶不住了，于是在许多媒介发布广告暗示“价格降得这么

低，质量难以保证”。格兰仕的刚性价格战略又成了财经类媒介关注的热点。格兰仕微波炉的质量究竟有没有保证？它发动价格战的是非、好坏如何？要作出正确评价，必须全面科学地了解格兰仕选择的是何种营销战略与选择这一战略的背景。

不言而喻，格兰仕选择的是总成本领先战略，价格战只不过是表现形式。格兰仕自进入微波炉行业以来，咬定青山不放松，从未游离于这一战略。为了使总成本绝对领先于竞争者，格兰仕壮士断腕，先后卖掉年盈利上千万元的金牛型产业——羽绒厂、毛纺厂，把资金全部集中到微波炉上。此招反映了格兰仕决策者的高瞻远瞩，因为中国的微波炉业起步于20世纪90年代初，在格兰仕进入微波炉领域的1993年，整个中国的市场容量仅为20多万台，此时的龙头老大蚬华内销规模为12万台，且大半市场集中在上海，连许多城市的居民都不知微波炉为何物，更不习惯于用微波炉来烹饪。即此时行业未充分发育，主要对手也很弱，只要倾全力投入，就很容易在规模上把对手远远甩在后面，单机成本亦会随之远低于竞争品牌。这导致了格兰仕的迅速崛起，1993年年销量为1万台，1994年年销售量为10万台；1995年年销售量达25万台，市场占有率为25.1%超过蚬华，成为全国第一（蚬华为24.8%）；1996年年销售量为60万台，市场占有率达34.7%；1997年年销售量为125万台，市场占有率达49.6%；1998年年总产量为315万台，内销213万台，市场占有率为61.43%，而原来的老大——蚬华，此时的年内销规模已不到15万台。

格兰仕的价格战也打得比一般企业出色，规模每上一个台阶，就大幅下调价格。格兰仕降价的特点之一是消灭游兵散勇的目标十分明确。当自己的规模达到125万台时，就把出厂价定在规模为80万台的企业的成本价以下。此时，格兰仕还有利润，而规模低于80万台的企业，多生产一台就多亏一台。除非对手能形成显著的品质技术差异，在某一较细小的利基市场获得微薄盈利，但同样的技术来源又连年亏损的对手又怎么搞得出差异来。当规模达到300万台时，格兰仕又把出厂价调到规模为200万台的企业的成本线以下，结果规模低于200万台的且技术无明显差异的企业陷入亏本的泥淖，使对手缺乏追赶上其规模的机会，在家电业创造了市场占有率达到61.43%的创举。堪称是把微观经济学、管理会计中的本量利分析与营销学科学相结合的典范，难怪连海尔的张瑞敏都直呼"预想不到"。

格兰仕降价的特点之二是狠，价格不低则已，要低就要比别人低30%以上。格兰仕的绝对低价不仅令消费者趋之若鹜，同时又对竞争对手有足够的威慑力。竞争对手如果敢降，他会比你降得更狠。基辛格有句名言"看似真的假威慑比看似假的真威慑更有效"，更何况格兰仕是"看似真的真威慑"。

格兰仕发动的价格战于国于民都十分有利。于国，格兰仕把微波炉行业的利润率降到很低点，提高了行业进入的门槛，使许多想进入微波炉行业的资本失去兴趣，不战而屈人之兵，避免了重复建设和大量社会资源的浪费。至少微波炉业未出现过彩电、冰箱那样的巨额重复投资；于民，格兰仕使微波炉平均零售价近3 000元降到600多元，最便宜的仅为380多元，连一个刚工作的年轻人都能轻松买一台微波炉来享受享受。国内市场容量从1993年的20多万台上升到1998年的350多万台，微波炉以几何级递增速度进入千家万户，让中国的老百姓提早享受这一现代文明成果，大大降低了烹饪的繁琐程度，提高了生活质量。难怪格兰仕的营销副总俞尧昌自豪地说："如果中国的各行各业都有格兰仕这样的企业，中国就会很富裕。"

很多人担忧格兰仕的积累得不到保证会使技术投入偏少，企业缺乏发展后劲。价格降得这么低，尽管别的企业很难盈利，但规模绝对领先的格兰仕1997、1998年的销售利润率分别为11%、9%，在微利时代这一利润率算不低了。1999年，格兰仕准备主动把利润率调低到6%，一方面让利于消费者，另一方面再次提高行业壁垒。1999年，格兰仕有1.5亿多元的技术净投入，大大超过一般企业，因为大部分竞争对手的销售额还不到1亿元。由于规模特大，分摊到每台微波炉上的R&D成本仅为25元。国内第二位的品牌销量还不到50万台，如果这1亿多元分摊到这个企业，每台就会高达200元，这从一个侧面反映了格兰仕价格低而品质技术仍然优秀的奥秘和合理性。格兰仕的技术是领先的，专有与专利技术有23项，有全国惟一的微波炉技术开发中心，在美国有研究中心。

也有人怕格兰仕的质量得不到保证。这种担忧大可不必，经国家权威质量监督部门多次抽检，格兰仕次次合格，反倒是攻击它的对手，在近期的检测中，经过复检才合格。从格兰仕的机制和发展目标看，格兰仕也不会做出杀鸡取卵之举。通过降低质量来降低价格能图一时之利，但终究有一天是会翻船的，格兰仕是民营企业，到那时老板梁庆德就只好跳楼。梁氏既然能把盈利上千万的羽绒厂、毛纺织厂都卖掉来投资微波炉，是想做长线投资和树百年金字招牌，而不是为自己设置跳楼的陷阱。可见，由于技术品质卓越，从长远的角度看，格兰仕的竞争优势是有保障的。

希望格兰仕走差异化战略的人士不少，给人感觉好像差异化战略是高层次的，价格战与总成本领先战略是低层次。其实差异化与总成本领先战略本身是无所谓优劣的，关键要看企业适合走哪种战略路线和对这一战略能否持之以恒地坚持。如果格兰仕一开始就走差异化路线，也许能在一亩三分地里折腾，但可能就失去成为行业巨人的机会。格兰仕不仅选对了战略，可贵的是始终未曾偏离这一战略，多年来几乎不做电视广告以确保总成本领先并让利于消费者，终于获得消费者的至诚回报。格兰仕2001年的产销计划是500万台，2002年二期工程完工后将达到1 200万台，居全球第一，其地位又岂是国内年产才50万的二号选手所能撼动。这充分印证了竞争战略大师迈克尔·波特的观点“只有在较长的时间内坚持一种战略而不轻易发生游离的企业，才能赢得最终的胜利”！

（资料来源：翁向东:《中国营销传播网》，2001年5月17日。）

第六章　企业多元化战略

学习目标

- 了解企业多元化发展战略的历程
- 掌握企业多元化战略的含义和分类
- 认识企业实施多元化战略的原因
- 理解相关多元化战略和不相关多元化战略
- 搞清多元化战略的风险

第一节　企业多元化战略概述

一、企业多元化战略发展过程

著名企业战略管理家安索夫于 1957 年在《哈佛商业评论》上发表了论文《多元化战略》,标志着多元化战略研究的开始。在这篇论文中,安索夫根据美国 1909～1948 年间最大的 100 家企业的发展和变化,总结出它们成长的四种基本方向：a. 在现有市场内增长；b. 开发新市场；c. 开发新产品；d. 多元化。并把它概括为一张图表,即日后闻名于世的“产品—市场矩阵图”的雏形。

1962 年,美国著名经济史学家钱德勒发表专著《战略与结构——工业企业发展的历史阶段》,在学术界及工业界引起极大的反响。他认为美国企业的成长一般都经历了四个阶段,与每阶段的公司战略相适应则产生了不同形式的组织结构。四个阶段的公司战略可简述为：a. 数量扩大战略；b. 地区扩展战略；c. 垂直一体化战略；d. 多元化经营战略。在第四个阶段，与多元化战略相适应，产生了总公司本部和事业部——简称“事业部制”的分权管理结构，即现代大型工商企业最合理的基本组织结构形式。

关于多元化发展的原因，安索夫归纳为四类：a. 企业凭借其扩张战略无法达成预定目标；b. 目标能达成前提下，如果公司盈余太多，远超过扩张需要时，可能尝试多元化；c. 公司遇到比扩张战略有更大获利性的新市场机会，也可能采取多元化；d. 特定情况下，扩张与多元化前景都不明朗时，也可能多元化。安索夫在书中还提出“协同性”(synergy)的概念，指两事物若有机结合则可超过简单相加的力量，即“2＋2＝5”的效果。他认为企业多元化发展时，要最大限度地利用协同性。

1970年，赖利(L. Wrigley)在哈佛商学院完成了他的博士论文《事业部制与多元化》，在企业多元化研究中迈出了重要一步，提出了多元化程度的测量方法及类型划分。赖利提出，以一个企业的某一产品占销售的比重大小，即专业化率(specialization ratio)来测量该企业的多元化程度：a. 当某一类产品所占比重大于或等于95%时，该企业为单一产品型；b. 当某一类产品所占比重在95%与70%之间时，该企业为主导产品型；c. 当任何一类产品所占比重都小于70%，但产品相关时，该企业为相关产品型；d. 条件同c但产品无关时，该企业为无关产品型。显然，后三种为多元化类型。

从企业实践来看：1950年，在《财富》杂志选出的美国国内500强企业中，只有38.1%的企业其收入超过25%来自多元化业务。到1974年，有多元化业务公司的比例上升到63%。相对而言，单一业务型或主导业务型公司的比重从1950年的超过60%下降到1974年的37%。从20世纪70年代末开始，特别是经过80年代中期的发展，企业又开始剥离与核心业务不相关的业务单位，重新回归到主业上来。从1981年到1987年，大约50%的《财富》500强企业又返回到主营业务上。到1988年，《财富》500强企业中单一业务型或主导业务型企业的比重上升到53%。在中国，企业产品多元化是从20世纪90年代中期开始，以海尔集团等行业领先企业为代表，开始实施多元化战略，取得了较大的成功。

二、企业多元化战略的含义和分类

企业多元化战略是指企业在原主导业务范围以外的领域从事生产经营活动。它是与专业化经营战略相对的一种企业发展战略。企业多元化经营意味着企业将组织新的发展方向，即企业将从现有的产品和市场中分出资源和精力，投入到企业不太熟悉或毫不熟悉的产品和市场上，因此，企业多元化经营不可避免地会带来风险。

多元化是与专业化相对应的一个概念，从经营状况来看，两者区分的标准是“某类产品销售额占企业销售总额的比例”，当上述比例为95%～100%时，我们称其为专业化战略，当比例小于95%时，则称为多元化。

对多元化企业，西方学者有进一步的分类，其中尤为著名的是美国学者赖利—鲁迈特的分类。它们的分类是基于两个指标：专业化率(SR)和相关率(RR)。专业化率是指企业最大经营项目的销售额占企业销售总额的比例。相关率是指企业最大一组以某种方式相关联的经营项目的销售额占企业销售总额的比例。具体的分类见表6-1。

表6-1

鲁迈特的多元化战略分类

类型		特征
专业化 SR≥95%		
主导型 70%≤SR≤95%	主导集约型	除具有主导型的一般特征外，各个项目均相关联，联系呈网状
	主导扩散型	除具有主导型的一般特征外，各项目只与组内某个或某几个项目相关联，联系呈线状
	垂直统一型	垂直统一率 VR(Vertical Ratio)>70%
相关型 SR<70% RR≥70%	关联集约型	除具有关联型的一般特征外，各外项目均相关联，联系呈网状
	关联扩散型	除具有关联型的一般特征外，各个项目只与组内某个或某几个项目相关联，联系呈线状
无关型 SR<70%　RR<70%		各个项目没有联系

安索夫提出的多元化类型是：

(1) 水平多元化，这是指针对与老顾客同类的顾客开发出新产品。

(2) 垂直一体化，这是指价值链上游或下游的延伸。

(3) 同心(concentric)多元化，这是指以企业原有能力为基础的多元化，又可细分为三类：销售技术相关型、销售相关型、技术相关型。

(4) 混合型(conglomerate)多元化，这是指向不相关的多种行业发展。

安索夫认为，同心型比混合型多元化能有较大的获利性和较低的风险性。

第二节　企业采用多元化战略的原因

企业由于经营环境、拥有的资源、自身能力以及所处的发展阶段的不同，因而其多元化的动机就不同。企业采用多元化战略的原因如下：

1. 战略性行业转移

当企业从事的现有行业处在衰退期阶段，企业为了避免"死亡"，就必须进行多元化经营。这种情况下的战略目标是实现战略性行业转移，即通过进入新的行业，企业逐步从现有行业中撤出，并将"生命线"建立在新行业领域中。这类行业主要有采掘企业、烟草、白酒、纺织及钢铁企业。

实现战略性行业转移的多元化经营以现有行业衰退为充分条件，其结果有两种：一是进入新行业后，企业同时在原行业和新行业领域经营，但原行业比重逐渐下降，而新行业比重逐步上升；二是进入新行业后不久，企业彻底放弃原行业经营，集中资源来经营新行业。

2. 范围经济

范围经济是指企业同时经营多个行业时，会产生比单一行业经营更多、更大的经济效益，即通常所说的"2＋2＞4"的效果。这类经济效益产生的原因在于诸行业间资源的依存性所决定的"相乘"(或称为"协同")效应以及企业内部具有未利用资源的客观性。其主要特点：一是充分发挥现有的资源潜力，如设备、产品、技术、工艺、品牌、销售网络及采购；二是用较少的资源投入就可以进入新行业；三是新行业与现有行业之间存在较大的相关性。

范围经济作为多元化经营的战略目标，往往是由许多子目标所组成的，如充分发挥企业技术装备能力；充分利用原材料和副产品；共享技术，以节约研究与开发费用；利用企业已建立的品牌形象和销售网络，降低新产品进入市场的费用。

这类多元化经营活动的典型行业是石油化工、普通化工、冶金工业等。这些行业的企业一体化程度较高，垂直链较为完整，由此决定这类行业的企业较为容易通过多元化经营来实现范围经济的战略目标。

3. 提高或获取核心能力

以提高核心能力为目标的多元化经营通常有两种形式：一是通过现有核心能力在新行业领域的运用来提高核心能力水平；二是从新的行业领域获取新的核心能力，再将现有的和新的融合为一个整体来提高核心能力。

日本佳能公司于1960年进入电子计算器行业，虽未取得成功，但佳能公司由此获得了微电子技术方面的能力。这种能力与佳能公司原拥有的精密机械技术和光学技术方面的核心能力相互结合，不仅提高了佳能核心能力的水平，而且在后来企业成长中，佳能利用上述核心能力成功地进入到复印机等办公设备行业，使这些能力得以充分利用并提高。

当企业尚未拥有核心能力，但明确自己的核心能力范围时，企业也可将获取核心能力作为多元化经营的目标。这个目标的设定及经营活动的展开应该考虑到企业现在经营行业与新行业的关联程度。一般而言，关联程度越高，其获取核心能力的目标实现的成功率就越大。同时，新行业的选择不应超出设定的核心能力存在的行业领域，否则，获取核心能力的目标将难以实现。

4. 分散风险

当企业经营的行业由于市场、技术等变化导致经营风险加大时，企业通常采取多元化经营来实现分散风险的目标。如何通过多元化经营来分散风险呢？其中一个至关重要的问题是新行业的选择。但是我们要注意行业间的关联性。

很多研究证明，多元化经营与风险的降低没有直接关系。把鸡蛋放在多个篮子里造成的安全感往往会引起心理疏忽，同样会使鸡蛋全部被打破，有时还不如全部放在一只篮子里再全力以赴地看住篮子的效果好。认为“多元化经营一定可以分散风险”是不正确的，问题的关键在于：如何从事和从事什么样的多元化经营？

5. 追求成长

当企业现有市场容量达到饱和或产品竞争力不强时，企业只有通过多元化经营方可实现其成长的目标。而在其他条件下，实现企业成长目标的方式是多种多样的，例如国际化、专业化、垂直一体化、多元化等。

四川长虹集团为实现“进入世界500强”的成长目标，于1997年开始进行多元化经营，进入VCD、空调及电脑行业。长虹的彩电产品自1995年以来一直居中国市场占有率首位，全国彩电市场容量虽没有达到饱和状态，但长虹仅依靠彩电产品是不可能实现其成长目标的。虽然可以搞国际化战略，但由于长虹集团在这方面缺乏经验和基础，其国际化战略成效尚有待于进一步观察。

第三节　相关多元化战略与不相关多元化战略

一、相关多元化战略

相关多元化战略是企业为了追求战略竞争优势，增强或扩展已有的资源、能力及核心竞争力而有意识采用的一种战略。相关多元化战略的优点是利用了不同业务之间的范围经济，对于在多个行业或产品市场上经营的公司来说，范围经济能节约成本，它通过将能力和竞争力从一项业务传递到另一项业务来实现。

1. 相关多元化的方式

相关多元化最通常的一些方式是：

(1) 进入能够共享销售队伍、广告、品牌和销售机构的经营领域(如，小甜饼和饼干的生产者进入咸味快餐食品业)。

(2) 探求密切相关的技术和专有技能(如为无外设计算机生产软件的公司可以多元化进入为个人计算机网络、公司内部网和单独的个人计算机提供软件)。

(3) 将技术秘密和专有技能，从一种经营转移到另一种(如一家成功经营的意大利餐馆购并经营墨西哥食品的连锁店)。

(4) 将组织的品牌名称和在顾客中建立起的信誉转移到一种新的产品和服务上来(如一家轮胎生产商购并以制动器修理、替换消声器和减震器为擅长业务的汽车维护连锁中心)。

(5) 购并非常有助于公司在目前经营地位的新业务(如有线电视广播公司购买一家运动队或电影制作公司以提供节目的原始资料)。

相关多元化的例子很多。索尼公司，作为一家领先的消费电器公司，采用了技术相关、营销相关的多元化战略进入了电子游戏机行业，并将其在电子技术、营销技巧方面的能力和生产能力以及其品牌的信誉转到了游戏机的生产、销售和电子游戏的营销方面。宝洁公司的系列产品包括吉夫花生酱、弗格咖啡、汰渍洗衣粉、佳洁士牙膏、象牙香皂、海飞丝香波。虽然这些产品有不同的竞争对手和不同的生产要求，但宝洁的产品仍然是相关多元化的，因为这些经营都是通过同样的批发销售渠道，在同样的零售点销售，卖给同样的顾客，并且采用同样的广告和促销方式，使用相同的营销和买卖技巧。

2. 相关多元化中的共享

相关多元化战略中的共享活动是很常见的，通过共享可以降低成本，创造竞争优势。一般而言，主要价值链业务如内部物流、生产管理、外部物流有许多的共享活动。在内部物流上，各事业部可以共享同一个储运系统、仓库设施及其他质保措施；在生产管理上，各事业部可以共享组装设备、质量控制体系及维护保养体系；在外部物流上，两个事业部可以共享销售人员及销售服务平台。在辅助性业务上,各事业部可以共享采购、科研等。尽管从理论上说整个价值链都可以发生共享,事实上共享活动多数发生于以下情况:

(1) 技术共享。当存在可分享的共有技术、与某种特殊技术相关的最大经营机会或者可以将技术秘诀从一种业务转移到另一种业务的潜力时,在不同的业务经营间存在技术匹配。有着技术共享利益的业务在一起运作比分开运作结果更好,因为这时在技术开发和新产品的 R&D 方面存在潜在的成本节约,并且新产品进入市场的时间更短,可以使两种业务的销售都得到增长,产品间重要的互补或内在相关以及业务间技术转移的潜力可以使技术相关活动取得更加高效的业绩。

(2) 生产运作共享。当不同的业务间有机会在获得原材料、R&D 活动、改善生产过程、元件的生产、成品装配或实施行政支持功能方面有合并活动或转移技术和生产能力的机会时,就存在运作匹配关系。与共享相关的运作匹配关系通常代表了节约成本的机会:有些来自于将活动合并成大规模的运营(规模的经济性);有些来自将各种经营合在一起而带来的节约成本的能力(范围的经济性)。被共享活动的成本所占比例越大,共享的成本节约越有意义,而由此导致的成本优势也越大。由于运作匹配关系的存在,最重要的技术转移机会通常可能存在于某种业务的供应链管理或专门的生产技能中。

(3) 与销售和顾客相关的共享。当不同业务经营的价值链活动高度交迭,以至它们的产品有着相同的顾客,通过共同的中间商和零售商销售,或者以相似的方式进行营销和促销时,这些业务间就存在与市场相关的匹配。多种节约成本的机会(或范围的经济性)来自于与市场相关的战略匹配:对所有相关产品使用相同的销售队伍,而不是为每项业务组建独自的销售力量;用同样的广告和宣传材料为相关的产品做广告;使用共同的品牌名称、协调交货和运输方式;合并售后服务和维修组织;协调定货程序和记账;使用共同的促销性手段;合并特约经销商网络。这样的价值链的调配通常会使一个公司的营销、销售和分销成本更具经济性。

除了范围的经济性，市场相关战略匹配会带来将销售技巧、促销技巧、广告技巧或产品差异化技巧从一种业务转移到另外一种业务的机会。而且，一个公司的品牌名称和信誉也可以由一种产品转移到其他产品。“本田”在摩托车和汽车业中的美名使它在进入割草机经营领域时，不用支付大笔广告费就立刻获得了承认和信任；佳能在照相设备领域中的信誉是一项帮助进入复印设备领域的竞争性资产；松下将其名字转移到微波炉领域，这使松下可以更轻松、花费更少的方式进入微波炉市场。

（4）管理共享。当不同业务单位在公司管理或运作方面具有可比性，就可以将一种业务经营管理方法转移到另一种业务经营中去。管理技能的转移可以发生在价值链的任何地方。在 1989 年危机潜伏的存贷行业出现大幅度萎缩时，福特公司购并了一些失败的存贷机构，并将其在汽车业中的财务和信贷管理方法转移到存贷行业。凯玛特公司将其在廉价经销方面的管理技巧转移到新建的萨姆批发俱乐部的经营中，成功地进入了廉价批发领域。

二、不相关多元化战略

在现实世界中，许多公司选择不相关多元化战略，进入有着丰厚利润机会的任何行业。不相关多元化战略是通过财务经济创造价值的，财务经济是指借助于公司内部或外部的投资，通过财务资源的优化配置实现的成本节约。财务经济的第一种类型就是有效的内部资本配置，这样可以尽量降低事业部的风险（通过多项风险各异的业务组合来降低整个公司的风险）。第二种类型就是收购其他公司并重组，通过在外部买进或卖出一些事业部来实现公司整体价值的提高。

寻求不相关多元化的公司几乎总是通过购并一家已建立的公司来进入不相关的新领域，而很少以在自己的公司结构内组建新的子公司形式出现。他们的前提是通过购并实现增长，并转化成股东价值的增加。

不相关多元化的作用可以分为以下几个方面：

（1）公司经营风险在一系列不同的行业得到分散，这是更好的分散财务风险的方法，因为公司的投资可以分开在有着完全不同的技术、竞争力量、市场特征和顾客群的业务之中。

（2）通过对有着最佳利润前景的行业投资，可以使公司的财力资源发挥最大的作用。尤其是来自低增长和低利润前景业务的现金流量，可以通过购并或扩大具有高增长和高利润潜力的业务得到充分利用。

（3）公司的获利能力可以更加稳定，因为一个行业的经营困难阶段可以被其他行业的昌盛阶段部分抵消，公司某些业务的周期性下降可以与多元化进入的其他业务的周期性上浮得到平衡。

（4）当公司的经理们能非常聪明地发现具有利润上升潜力的廉价公司时，股东财富就能增加。

不相关多元化的两个最大缺点是难以很好地管理多种不同业务和无法获得战略匹配带来的竞争优势潜力。一个公司涉及的经营项目越多，多元化程度越高，公司总经理们越是难以对每个子公司进行监察和尽早发现问题，也越难以形成评价每个经营行业吸引力和竞争环境的真正技能，而判断由各业务层次的经理们提出的计划和战略行动的质量也更加困难。另外不相关多元化的业务组合的业绩并不比各业务独立经营所获业绩的总和多。除了母公司提供财力支持之外，不相关多元化战略对于单个业务单元的竞争力量没有什么帮助。每项业务都是在靠自己努力建立某种竞争优势，由于其他业务的不相关性使得成本削减、技术转移或技术分享方面不存在相通性。在一家高度多元化的公司中，公司经理们所增加的价值主要取决于他们在决定增加何种新业务，提高哪种业务方面的水平，将可利用的财力资源调度到营建高效运作的业务组合时的能力，以及他们给予业务子公司经理们的指导质量。

尽管不相关多元化战略存在上述缺点，但当下列情况出现时仍应考虑该战略：当一个公司需要多元化以远离一种没有吸引力的行业，并且没有可以转移到相关行业的明显能力时，这一战略当然值得考虑。

另外如果公司的所有者对于投资几项不相关业务比投资于几项相关业务有着更强的偏好，也可以使用该战略。

第四节　多元化战略的实施

一、实施多元化战略的途径

企业在发展的过程中，一般有三个途径实现其成长的目标：一是内部开发；二是合并和收购；三是建立战略联盟，即联合开发。这三种途径各有多种具体的形式，其适应条件各不相同，优势和不足也存在差异，因此效果也不同。

1. 内部开发

这是指主要依靠企业所拥有的资源和能力进入新的行业领域来开展多元化经营。其具体形式主要有：

(1) 垂直链裂变。垂直一体化企业将其价值链环节中的某些环节面向市场，为市场提供不同于最终产品的诸多种产品。

(2) 独资新建企业和工厂。利用企业拥有的资源和能力新建企业和工厂，进入到新的行业领域经营。

(3) 技术"副产品"的充分利用。研究与开发有时会产生技术"副产品"，它不属于企业拥有的生产技术体系，可独立出来生产不同于企业现有产品的产品。

(4) 充分利用人才。企业有时拥有与其现有经营领域不同的人才，以这类人才为核心，组织资源和能力从事新行业的开拓。

内部开发要求企业拥有较强的资源和能力，即技术资源和能力。由于内部开发主要依靠本企业力量，导致从提出新的观点到形成产品并推向市场，是一个漫长的过程。因此，选择内部开发后，其产品推向市场的时间并不特别重要。

内部开发具有的优点在于宜于控制和比较。但是，这类途径也有其局限性，它妨碍企业获得外部资源和能力，妨碍新观念的产生。因此，内部开发较适合规模大、技术领先的企业。

2. 合并和收购

合并有两种形式:一是吸收合并,指参与合并的两个企业中取消一个法人地位,另一个则存续下来;二是新设合并,指参与合并的两个企业都取消,而产生一个新的企业。

收购也有两种形式:一是资产收购,指买方从卖方企业购入部分资产或营业权;二是股份收购,指买方直接或间接收购卖方部分或全部的股票之后,目标公司变成为买方的一部分或全部投资的一个经营单位。

采取合并和收购途径进行多元化经营的企业可获得的主要优势:一是能够快速地进入新的行业市场;二是如果双方企业的经营领域存在相关且互补的结构时,合并和收购将导致"相乘"效果发挥,极大地促进企业成长;三是可以获得外部资源和能力。但是,采取合并和收购的途径也有不少困难,其中主要是双方文化之间的冲突、管理人员的职位安排及奖励制度等,从而对管理能力提出了较高的要求。

1997 年,我国在组建大型企业集团的过程中,采用合并与收购发展多元化经营的比较多。如 1997 年 11 月,由金陵石化、仪征化纤、南化集团和江苏石油公司合并组建为中国东联石化集团。但不到半年时间,东联集团又被合并到中国石化集团。

3. 战略联盟

这是指两个企业为了实现特定的战略目标而采取的任何股权或非股权形式的共担风险、共享利益的联合行动。这是 20 世纪 80 年代以来大量出现的一种企业发展途径。

战略联盟的具体形式有三类:一是松散关系,包括网络组织、机会性联盟等;二是契约关系,包括分包经营、许可证经营和特许经营等;三是正式的所有关系,包括联营、合资、合作企业等。

在战略联盟中,以合资、合作方式进入新行业,实现多元化经营是发展中国家企业采用较多的一种途径,尤其是对中国转型时期的国有企业更是如此。其主要原因在于:一是发展中国家企业大多数是后发展型的,其进入的新行业仅是相对自身而言,这些新行业在发达国家基本上是成熟行业,企业采取合资、合作方式可以充分地利用外部资源，缩小企业能力差距；二是中国的资本市场正在形成过程中，西方国家意义下的并购目前还难以成为中国企业多元化经营的主要途径。

采取战略联盟途径来进行多元化经营的优势主要表现在：通过合作，弥补自身在进入新行业时的资源和能力不足；通过合作可获得“相乘”效果和可持续性竞争优势。但是战略联盟也存在不少问题，主要是联盟各方的动机并不相同，追求利益不尽一致，更重要的是有时缺乏信任。此外，联盟有可能培育出比自己更强大的竞争对手。

上述三种途径本身并无优劣之分，问题的关键在于企业如何根据实际情况来选择一个自己较为合适的途径。为此，企业要考虑两类因素：一是企业采取某种途径应具备的条件，即技术、市场、资金、管理四个方面；二是企业采取某种途径可产生的优势或劣势，主要是进入市场的速度、竞争对手的对抗程度、文化冲突程度和利用外部资源的能力四个方面。

二、选择多元化经营应考虑的因素

当企业拟定采取多元化战略作为企业成长的主要方式时，面临的核心问题是：如何在企业未涉足的众多新行业中，寻找、选择、确定企业多元化经营的目标行业，即目标行业选择。企业选择多元化经营主要考虑的因素有：

1. 企业经营资源剩余

这是指企业的经营资源目前除满足从事生产经营活动所需的外，还有一定的剩余，并且这些剩余的经营资源可用于企业开拓新的经营领域。企业经营资源剩余是多元化经营的前提，但仅此对多元化经营战略选择并无多大帮助，这里更为重要的问题是，企业拥有什么样的、多大量的经营资源剩余才能开展多元化经营。

2. 所在国市场经济发达程度

企业开始多元化经营的规模起点，其与所在国市场经济发达程度基本上正相关，即随着市场经济发达程度的提高，企业多元化经营的规模起点也在不断地提高。

3. 行业技术特性

一般而言，如果某行业的技术结构呈收敛型，即产品是由众多的不同种类的技术组合而成，该行业的企业就不太适合扩大多元化而较适合从事专业化，如汽车、飞机和电子计算机等行业；如果某行业的技术结构呈发散型，即产品技术可用于较多的产品中，该行业的企业就适合多元化经营，如电器和化工行业等。

4. 行业生命周期

从企业经营战略角度看，行业生命周期分为新兴、成熟和衰退。一般而言，处在行业生命前期的企业应采取专业化战略，处在中期的企业应根据具体情况来选择专业化或多元化，处在后期的企业应积极发展多元化经营。

5. 防范风险

人们通常认为多元化经营可以分散风险，实际上问题并没有这么简单。就目标行业选择来说，由于专业化经营主要集中在某个行业从事生产经营活动，其风险程度仅取决于单一的来源，而多元化经营企业在多个行业中从事生产经营活动，其风险程度取决于多个来源。因此，多元化经营的风险程度一般来说高于专业化经营企业。另外，专业化经营企业的风险结构是单一的，一旦风险产生，企业只能全部承受而无他法；而多元化经营企业的风险结构是复合的，在风险结构为叠加的情况下，风险会相应增大，在风险互补情况下，风险则会相应降低。

多元化经营选择行业主要有三种思路：一是外部思路，从行业吸引力分析出发，根据行业相关性来选择目标行业；二是内部思路，从企业资源和能力分析出发，通过技术、市场情况选择目标行业；三是核心能力思路，从企业核心能力出发，通过核心能力与经营领域相互关系来选择目标行业。

多元化经营战略的实施包括两个内容：一是进入目标行业的策略，主要研究多元化进入目标行业的障碍和条件，进入的目标、主体、方式，进入的成功要素；二是进入以后的经营策略，主要研究进入后产品结构组合、经营资源分配、组织结构变革、核心能力部署等。

三、选择多元化战略的条件

对于不同的多元化经营类型来说，企业要考虑的条件和因素以及进行的抉择是不同的。

1. 选择相关多元化战略的条件

相关多元化战略是企业在现有的技术、市场与管理经验基础上发展新的业务，它能使企业将其竞争优势运用于多个相关的业务，获取范围经济利益。因此，当新发展的业务与现有业务的结合能增强企业的优势或机遇，并降低企业的劣势与威胁时，企业就会选择相关多元化战略。

(1) 选择同心多元化战略的条件：

① 企业参与竞争的行业属于零增长或慢增长的行业；

② 增加新的但却相关的产品将会显著地促进现有产品的销售；

③ 企业能够以有高度竞争力的价格提供新的相关产品；

④ 新的相关产品所具有的季节性销售波动正好可以弥补企业现有生产周期的波动；

⑤ 企业现有产品正处于产品生命周期中的衰退阶段；

⑥ 企业拥有强有力的管理队伍。

(2) 选择水平多元化战略的条件：

① 通过增加新的不相关产品，可使企业从现有产品和服务中得到盈利显著增加；

② 企业参与竞争的行业属于高度竞争或停止增长的行业，其标志是低行业盈利和低投资回报；

③ 企业可利用现有销售渠道向现有用户营销新产品；

④ 新产品的销售波动周期与企业现有产品的波动周期可以互补。

2. 选择不相关多元化战略的条件

不相关多元化战略所发展的业务与原有业务之间没有技术、市场的关联，企业采用这一战略的立足点是要发挥自己的资金优势和财务协同效应，或对现有的资源配置状况加以改善，获取今后长远发展的动力。选择不相关多元化经营战略的条件主要有：

(1) 企业的主营业务正经历着年销售额和盈利的下降;

(2) 企业拥有在新行业成功竞争所需要的资金与管理人才;

(3) 企业有机会收购一个不相关的但却有良好投资机会的企业;

(4) 购并企业与目标企业之间目前已存在资金上的融合;

(5) 企业现有产品的市场已经趋于饱和;

(6) 集中经营某个行业的企业有可能受到垄断指控。

第五节 企业多元化战略的风险

虽然多元化战略具有种种好处,但它也可能给企业带来一些风险。多元化经营主要面临五个方面的风险:

1. 削弱原有产业

企业资源总是有限的,多元化经营的投入往往意味着原有产业要受到削弱。这种削弱不仅是资金方面的,管理层注意力的分散也是一个方面,它所带来的后果往往是严重的。然而,原有产业却是多元化经营的基础,新产业在初期需要原产业的支持,若原产业受到迅速的削弱,公司的多元化经营就会面临危机。

2. 市场整体风险

支持多元化经营的一个流行的说法是,多元化经营通过"把鸡蛋放在不同的篮子里"去化解经营风险,正所谓"东方不亮西方亮"。然而,市场经济中的广泛关联性决定了多元化经营的各产业仍面临共同的风险。也就是说,"鸡蛋"仍放在一个篮子里,只不过是篮子稍微大了一些罢了。宏观力量的冲击之下,企业多元化经营的资源分散反而加大了风险。

3. 行业进入风险

行业进入不是一个简单的"买入"过程。企业在进入新产业之后还必须不断地注入后续资源,去学习这个行业并培养自己的员工队伍,塑造企业品牌。另外,行业的竞争态势是不断变化的,竞争者的策略也是一个未知数,企业必须相应地不断调整自己经营策略。所以,进入某一行业是一个长期、动态的过程，很难用通常的投资额等静态指标来衡量行业的进入风险。

4. 行业退出风险

企业在多元化投资前往往很少考虑到退出的问题。然而，如果企业深陷一个错误的投资项目却无法做到全身而退，那么很可能导致企业全军覆没。一个设计良好的经营退出渠道能有效地降低多元化经营风险。

摩托罗拉当初看好卫星通信业务而发起了“铱星”计划，当最后“铱星”负债数10亿而陨落时，摩托罗拉却因一开始就将“铱星”项目注册为独立的实体而只承受了有限的责任和损失。

5. 内部经营管理整合风险。

新投资的产业会通过财务流、物流、决策流、人事流给企业以及企业的既有产业经营带来全面的影响。不同的行业有不同的业务流程和不同的市场模式，因而对企业的管理机制有不同的要求。企业作为一个整体，必须把不同行业对其管理机制的要求以某种形式融合在一起。

多元化经营多重目标和企业有限资源之间的冲突，使这种管理机制上的融合更为困难，使企业多元化经营的战略目标最终趋于内部冲突而妥协。百事可乐的“快餐＋可乐”多元化经营就面临着两个产业在资金、人力资源等方面的冲突，最终只好成立两个公司独立经营。

6. 企业文化冲突

当企业通过兼并他人进行多元化经营的时候还会面临一种风险，那就是不同企业文化是否能够成功融合的风险。企业文化的冲突对企业经营往往是致命的。

思考题

1. 企业从主导业务型转为更进一步的多元化企业的原因是什么？

2. 企业实施相关多元化战略是如何运用共享活动和核心竞争力的传递来实现范围经济的？

3. 实施多元化战略的条件是什么？多元化战略具有什么风险？

本章案例

一个战略，两种结果：北大方正集团与巨人集团

方正和巨人创业伊始是十分相似的，同样并非十分激烈的竞争环境，依靠高科技产品的高附加值，迅速进行资本积累，扩大企业规模。创业之初都曾很辉煌，但随着企业发展，方正日益壮大，一跃成为高科技跨国公司，其主导产品——激光照排系统目前占世界中文市场80%以上。而巨人自1996年开始衰落。

方正——

20世纪70年代中期，学数学出身的王选，在计算机领域运用数学方法首创汉字化存储和高倍率信息压缩新技术，获得专利。这一专利引起中文出版印刷业一场深刻的技术革命。

1985年，张玉峰、楼滨龙等5人各凑3 000元创办了北大科技开发部，旨在把科技成果转化为商品。1986年张玉峰等人创办的北大科技开发部变成北大理科技术公司。1988年5月，北大理科技术公司更名为北大新技术公司。在此之前，王选教授发明的激光照排技术，由北京大学和山东潍坊计算机公司等单位共同开发研制，已发展为4型机，但制造质量不过关，废品率高，王选教授正从多方面积极努力，改变这一现状。在这种情况下，北京大学决定把开发任务交该新技术公司。这是王选和张玉峰都盼望已久的事，他们俩人心中早有了合作愿望。这样，一家以“方正”命名的高科技产业就应运而生。

在方正创业初期，曾提出：5年站住脚，跻身中关村前3名；5年大发展，力争1997年成为世界跨国公司。前5年的目标已实现，后5年的目标也已基本实现。从1993～1997年，方正实现了集团化、多元化、国际化。为此，企业进行了多元化和产业结构的调整。形成以北大技术带动发展的方正化工、稀土应用等不同产业的多头发展，同时利用北大多学科基础研究的成果，向生物工程、精细化工、原材料工业领域扩张的结构调整，这意味着方正集团以电子信息产业和工业制造为龙头

的产业发展战略正在开展和实施。

方正产品的相关性很强，人力、技术设备的共用性和通用性高，并以北大基础研究和开发研究为基础，作为电子信息产业的高科技企业集团，它开辟的是一条知识经济的道路。它多元化思路始终有一条脉络分明的主线——汉字激光照排系统和微型计算机，方正化工、稀土应用作为补充产品，并向生物工程、精细化工、原材料工业发展。正如王选院士说："从收音机到电视机、从计算机到信息网络、从模拟到数字等变化说明，现代科学技术的每一次进步、文化知识的每一次积累，都推动着人类车轮的前进。对此，我们一定要有现代战略眼光和前瞻意识，紧紧跟上人类文明的迅猛发展。"

巨人——

1989年8月，史玉柱用全部的4 000元钱为自己研制的产品M6401桌面排版印刷系统在《计算机世界》报刊登了一个广告，这个广告为他带来了10万元的回报。史玉柱将这笔钱，又全部投入广告，4个月后，M6401为他带来100万元收益。一年之后史玉柱又拿出了新产品M6402文字处理软件系列产品。有了新技术和资金，史玉柱决心创办一个属于自己的公司。1991年春，珠海巨人新技术公司成立。

巨人集团创业初期也选择了软件产业，文字处理软件是巨人发展的最初产品，依靠开发电脑软件，巨人曾经创造出了3年发展速度500%的奇迹，然而在主产业尚未成长起来并没站稳的时候，就遇到1993年中国电脑业的灾难年。随着西方16国组成的巴黎统筹委员会的解散，西方国家向中国出口计算机禁令的失效，"康柏"、"惠普"、AST、IBM等国际著名电脑公司，开始向中国电子信息产业大举进军，市场竞争更加激烈、甚至残酷，给国内企业带来巨大压力。电脑业步入低谷，巨人赖以生存和发展的主导产业受到重创。为了摆脱原有单一电脑产业带来的压力和风险，1994年8月，巨人提出了二次创业的构想，其总体目标是脱出电脑产业，走多元化之路。为此，巨人集团投资12亿元兴建巨人大厦，同时投资保健品行业，开展生物工程项目。这一多元化战略的选择是后来巨人集团走向衰落的转折点。巨人大厦的楼花在初期卖得火热，从香港融资 8 000 万港币，从内地融资 4 000 万元人民币，短短数月便获得现款 1.2 亿元。巨人大厦的兴建是巨人危机的直接导火索。按合同，巨人大厦 1996 年底应交付使用，否则要给买楼花者退款并赔偿。但巨人大厦未能如期完工，债主因此登门讨债。由于资金供应断线，集团财务周转不灵，巨人已无钱可还，危机终于爆发。

第七章 企业战略联盟

学习目标

- 学习企业战略联盟的基本概念
- 掌握战略联盟的基本特征
- 了解战略联盟的动因
- 分析企业战略联盟的竞争与合作关系
- 思考并分析战略联盟中应该注意的问题

第一节 战略联盟概述

一、战略联盟的概念

随着经济全球化和科学技术的迅猛发展，越来越多的企业开始认识到，单凭企业自身的力量很难在这激烈竞争的市场环境中求得生存和发展。20 世纪 80 年代以来，西方企业尤其是跨国公司迫于强大的竞争压力，开始对企业竞争关系进行战略性的调整，纷纷从对立竞争走向大规模的合作竞争；其中合作竞争最主要的形式之一就是建立企业战略联盟。战略联盟作为企业组织关系中的制度创新，已成为现代企业强化其竞争优势的重要手段，被誉为“20 世纪 20 年代以来最重要的组织创新。”

自从美国 DEC 公司总裁简·霍普兰德(J. Hepland)和管理学家罗杰·奈杰尔(R. Nigel)提出战略联盟的概念以来，战略联盟就成了管理学界和企业界关注的焦点。所谓战略联盟(strategic alliance)，是指两个或两个以上的企业为了实现各自的某种战略目的，通过公司协议或联合组织等方式而结成的一种网络式的联合体。如美国的 IBM、摩托罗拉及苹果公司之间的联盟，目的就是通过减少竞争和需求的不确定性来开发和普及 Power PC 芯片。日本的索尼、松下、东芝等电器公司通过各种产品不同定位的协议与合作，各自占领了一定的市场份额。在我国，1998 年 8 月，新科、上广电、熊猫、广东万燕 4 家在上海宣布成立 DVD 联合体。2000 年 5 月，中国最大的洗衣机生产企业小天鹅集团和中国最大的冰箱生产企业科龙集团宣布结盟。在过去的十几年中，战略联盟的数量激增，战略联盟已成为最广泛使用的战略之一，它可以使来自不同国家的企业共同分担风险、共享资源、获取知识、进入新市场。战略联盟不仅包括股权合资企业，还包括生产、营销、分销、R&D 的非股权协议。战略联盟与合并或兼并是有区别的。美国战略管理学家迈克尔·波特说：战略联盟是“企业之间达成的既超出正常交易，可是又达不到合并程度的长期协议。”并购意味着投入大量资金，全盘接受对方企业的全部各类资产，操作复杂、风险很大；而战略联盟却强调伙伴之间的全面相容性，它所重视的是相互之间某些经营资源的共同运用，对相容的要求是部分的、有选择的。它可以根据不同的选择，组建不同类型的战略联盟，具有快速、灵活、经济等优势，因而受到很多企业的青睐。

二、战略联盟的特征

企业间战略联盟有六大特征，这六大特征是：

1. 组织的松散性

战略联盟以共同拥有市场、合作开发技术等为基本目标，若机会来临，联盟中的成员便聚兵会战。一旦机会丧失，各成员又各奔前程。因此，战略联盟本身是个动态的、开放的体系，是一种松散的企业间组织形式。联盟内成员之间也可能存在彼此的竞争关系。

2. 合作与竞争共存

传统的企业竞争是以竞争对手消失为目标的对抗性竞争，战略联盟的出现改变了这种竞争方式，认为企业间除了对抗性竞争，还必须从防御的角度出发同其他企业合作、结盟。为竞争而合作，靠合作来竞争。战略联盟中竞争与合作并存的方式有三种：一是先合作后竞争。合作各方在一定领域中合作，再在其他领域中竞争。典型的如索尼、松下和日立三家公司，就曾首先共同制定统一的高清晰度电视机相兼容的盒式录像机制式标准，然后各方再在市场上展开竞争。二是竞争与合作同时进行。如美国通用汽车公司与瑞典沃尔沃公司在美国建立合作生产重型卡车项目的同时，在其他产品和市场上彼此仍然展开竞争。三是合作各方与他方竞争。最典型的例子是霍尼韦尔集团、布尔公司与日本电气公司（NEC）通过建立长期的互补关系，NEC为霍尼韦尔与布尔的大型计算机生产中央处理器、为霍尼韦尔生产个人电脑，布尔则在美国本土以外生产霍尼韦尔设计的中型计算机并销售其部分产品，霍尼韦尔则在美国市场推销NEC的超级计算机生产线与布尔的网络技术。霍尼韦尔认为这种联合能减少竞争对手，维持现有的市场地位，并使业务集中。联盟的另两方则认为此举能降低进入美国市场的成本，因而皆大欢喜。

3. 行为的战略性

战略联盟的方式与结果，不是对瞬间变化所作出的应急反应，而是为了优化企业竞争环境的一种长远谋划。因此，联合行为注重从战略的高度改善联合体共有的经营环境和经营条件。

4. 地位的平等性

战略联盟各方是在资源共享、优势相长、相互信任、相互独立的基础上通过事先达成的条款或协议而结成的平等关系。联盟各成员共享经营资源，并在持续的联合过程中，共创联盟的整体经营资源。这就从根本上改变了合资、合作企业之间依赖股权多少或其他控制能力的强弱来决定母公司与子公司、高级与初级的不平等关系，有利于建立平等合作的经济秩序。

5. 优势的互补性

在竞争激烈的高科技行业中，没有哪个企业的技术能在所有方面都居世界领先水平。战略联盟可把各个企业独有的优势结合起来，建立一个“全优”的机构。其中每项工作、每个环节都可能是世界一流的，是任何单个企业所望尘莫及的。因此，通过联盟，企业可以实现技术上的优势相长，并可加快创新速度，降低风险。在这些行业里，战略联盟取代局部竞争，已成为一种趋势。

6. 范围的广泛性

战略联盟可以产生于企业价值链的各个环节（从研究开发到售后服务），涉及众多行业。在产生方式上，战略联盟可以通过技术转移、相互特许、中间产品联营、合作生产、管理协议或市场协议等各种方式形成，因而范围相当广泛。

三、战略联盟的发展趋势

对多数全球性企业来讲，完全损人利己的竞争时代已经结束，驱动企业在各个业务领域进行激烈竞争的传统模式已经过时，参加全球竞争的跨国企业已经觉悟到长期势均力敌的竞争结果，只能使各方都归于失败，财力、智力枯竭，难于应付下一轮的竞争和创新。特别是在科技飞速发展的全球化竞争中，任何单个企业的力量都是有限的，即使是实力雄厚的跨国企业也面临着巨大的竞争压力。为了实现跨国公司的战略目标，跨国公司必须与其他企业，甚至是竞争对手合作，以增强各自企业的竞争优势，共同分担进入新技术领域的风险，因此大型跨国公司纷纷建立广泛的战略联盟。

在行业方面，战略联盟主要集中于投资规模大、进入壁垒高、技术变化速度快等资金密集型行业，赫格尔和莫里斯在对 893 个合作联盟研究中发现，大多数战略联盟协议都集中在高技术产业：汽车业占 23.7%，电气行业占 13%，航空航天行业占 19%，通信行业占 17.2%，计算机行业占 14%，其他行业占 13.1%。

在行业发展的不同阶段上，其战略联盟的倾向是：联合产品开发占 37.7%，联合生产占 23.3%，联合营销占 7.9%，联合开发和生产占 16.8%，联合开发和营销占 2.9%，联合生产和营销占 5%，联合开发、生产和营销占 6.4%。同时，他们发现竞争对手之间建立战略联盟占 71.3%。

在地区方面，建立战略联盟最多的国家和地区是美国、欧洲和日本，其中美国企业与欧共体企业联盟占25.8%，美国与日本企业联盟占8.4%，美国与世界其他地区企业联盟占4.2%，美国国内企业联盟占8.4%，欧共体各国企业之间联盟占30.8%，欧共体与日本企业联盟占10.1%，欧共体与其他地区企业联盟占7.0%，其他国家之间企业联盟占5.4%。

在结合方式上，战略联盟中以股权方式占主导地位，有69%的战略联盟采用合资企业方式。

当今世界上许多著名的跨国公司都采用战略联盟作为新时代的主要合作竞争手段，美国IBM公司在世界范围内的战略伙伴有2万个以上。据统计，20世纪90年代初全球实行全球跨国战略联盟的企业已比80年代中期增长了6倍。在世界150多家大型跨国公司中，以不同形式结成战略联盟的已达90%，仅1994～1995年，全球企业共达成25 000起战略联盟。

第二节　战略联盟的动因及形式

一、战略联盟产生的背景

企业战略作为一种新的合作竞争模式，它的出现并不是偶然的，而是有着深刻的政治、经济背景，它是社会经济发展的产物，世界经济一体化、区域经济集团化、国际分工的深化和科学技术的迅猛发展，构成了企业战略联盟的宏观背景。

1. 世界经济一体化

世界经济一体化的发展，使得纯粹意义上的国内市场已不复存在，各国经济实际上都已不同程度地融入国际大市场，企业的国内竞争也正成为全球竞争的一部分。面临市场全球化竞争的强大压力，企业单靠自身力量单打独斗显得势单力薄，因而被迫把目光转向企业外部，试图通过联盟的方式，借助联盟伙伴的力量增强自身的竞争实力。对于新竞争者，也面临着在全球化市场上与其他老竞争对手重新划分市场的问题，往往也需要借助外部力量，以求在竞争中保全自己的势力范围。许多跨国公司为了保存自己的实力，也要采取联盟的方式进一步扩大经济规模，大力开发高新技术产品，努力增强自己的实力。

例如：美国 IBM 公司和苹果计算机公司过去一直是竞争对手，近年来结成战略联盟，共同出资 10 亿美元研制生产新一代电脑的硬件、软件和网络，以对付日本、欧洲的同行业公司的挑战。又如：法、德、英、西班牙四国航空公司组成空中客车集团，研究开发新型客机以对付波音客机的挑战。

2. 区域经济集团化

20 世纪 80 年代中期以来，区域经济集团化趋势十分明显，例如：欧共体于 1993 年 1 月 1 日开始运行，美国、加拿大、墨西哥三国组成北美自由贸易区于 1994 年 1 月 1 日成立；同时，拉美国家纷纷建立经济联盟；亚太地区在 1989 年成立亚太地区经济合作部长级会议，中国在 1991 年以主权国家身份加入，目前成员国已有 15 个，计划到 2020 年以前成立世界上最开放的自由贸易区。除了上述三大板块以外，西亚穆斯林国家、南亚和非洲国家也都出现了地区经济合作的动向。由于区域经济一体化促成了区域集团化的发展，据世界贸易组织秘书处统计，目前全世界已有 77 个区域集团，由此也促成了企业战略联盟案例急剧上升。

由于区域经济集团化，使区域内各国取消了或减少了关税和非关税壁垒，加剧了各成员国企业之间的竞争，企业在市场扩大和激烈竞争的推动下，力求扩大生产规模，增强企业实力，因而趋向于建立和发展战略联盟组织。同时为避免企业之间无谓的相互残杀，成员国政府也在资本供应、税收政策等方面提供优惠，促进企业之间的联盟合作。另外，区域经济一体化以后，不仅使区域内部企业之间竞争加剧，还使区域与区域之间企业竞争加剧，往往对区域以外的企业实行统一的关税和非关税壁垒，采用统一的贸易保护主义的政策，使得区域以外的企业很难以传统的方式进入区域内市场，例如：欧共体建立以后，美、日企业很难进入欧盟国家的市场，为此，美国企业纷纷与西欧同行业企业结成战略联盟，绕过欧盟的种种贸易保护主义障碍，并以欧共体成员国身份，在税率最低的欧共体国家从事生产、销售等经营活动。欧共体的企业之所以愿意与美国或日本企业结成联盟，主要是因为西欧跨国公司与美、日跨国公司在技术上仍有一定差距，例如：日本三菱集团和德国奔驰公司在若干领域结成战略联盟；在电子领域，三菱集团和奔驰公司联盟合作生产商用汽车集成电路；在航空领域，它们将合作研究和开发大型民用喷气机，其目的就是为了开发电子技术、新材料、通信和信息产业等领域的新业务，奔驰公司帮助三菱公司进入欧洲市场，三菱集团帮助奔驰公司在日本建立汽车的销售网络。

3. 国际分工的深化

世界经济一体化是国际分工日趋深入，从产品专业化到零部件专业化，再到工艺流程专业化，分工范围更加广泛，各生产工序已延伸到几个、十几个国家。国际分工越发展，各国企业之间相互合作的关系就越密切，因而促进企业战略联盟的形成和发展。国际战略联盟除了具备协调一切的网络功能外，联盟内成员进入、退出壁垒小，保持了较高的灵活性。

4. 科学技术迅猛发展

科学技术飞速发展的结果，使产品和技术生命周期大大缩短，而产品及技术越来越复杂，一项复杂的高科技产品从策划、设计、研制到有关设备选型、研制、试制、安装、批量生产，直到市场营销是一个庞大的系统工程，对单个企业来讲往往难以胜任，因此急需建立战略联盟，加快新产品的研发、生产、销售，以适应科技飞速发展的需要。例如：日本电气、富士通、日立等公司与美国 IBM、美国电话电报公司以及德国西门子公司等结成战略联盟共同开发第六代计算机，这种高技术的复杂研制任务是单个跨国公司难以胜任的。过去开发一种新型汽车要 5～6 年时间才能完成，现在人们普遍认为市场发展的要求是 3 年，然而目前各企业都已把开发周期定在 24 个月，这样只有通过建立战略联盟才能满足发展速度的要求。也只有通过建立战略联盟，企业才能在迅速多变的市场环境中求得生存和发展。

二、战略联盟的动因

泰吉(T. T. Tyejee)和奥兰德(G. E. Osland)等人提出了"战略缺口"假设,以解释企业进行战略联盟的动机。他们认为,企业在分析竞争环境和评估自身的竞争力及资源时,往往会发现,在竞争环境中它们所取得的战略绩效与它们依靠自有资源和能力所能达到的目标之间存在着一个战略缺口,战略缺口的存在在一定程度上限制了企业走依靠自有资源能力自我发展的道路,这就在客观上要求企业走战略联盟的道路。企业的缺口越大,参加战略联盟的动力就越大。而且,企业只要投入相对较少的资金,就能够在技术研究开发、技能、产品、市场占有、生产能力等方面实现优势互补,增强合作双方的竞争力。特别是随着科学技术的高速发展和全球经济的一体化,商品、服务、技术和资本能跨越国界的流量越来越多,使世界各国之间生产技术经济的相互依存度越来越高,这就形成了国际战略联盟的外部条件。就企业自身的内在需要来说,企业实行战略联盟主要有以下几个方面的动因:

1. 开拓市场

20 世纪 90 年代以来,围绕全球市场,企业间的竞争日益激烈,尤其是世界经济区域集团化以及新贸易保护主义的盛行,更使企业在开拓新市场,巩固旧市场方面困难重重。一个企业要想在国际市场中占有一席之地,仅仅依靠自身的力量已远远不够,即使著名的单个跨国公司在现今世界经济区域化、一体化和全球化发展的格局下,也难以完全左右和垄断全球市场,只有利用他人销售网络的优势,才能不断开发新的市场。例如美国在线公司(AOL)和日本最大的移动电信厂商 NTT DoCoMo 公司在 2000 年 9 月底结成战略联盟,联合开发日本无线网络通讯服务市场。对于美国在线来说,与 DoCoMo 公司的联盟将有助于扩大它在日本市场上的影响。而对于 DoCoMo 公司来说,联盟将使其在美国市场上站稳脚跟,并扩大它在欧洲市场上的影响。

2. 获取技术

随着技术创新及其推广速度的加快，企业在充分利用和改进原核心优势产品的同时，还必须拓展新的技术领域，而先进的技术是企业在国际竞争中的关键。在当今科学技术迅猛发展的情况下，没有哪个企业能长期垄断一切技术。并且，技术开发本身带有很大的风险性。企业通过战略联盟，不仅可以避免风险，减少不必要的重复投资，而且还可以相互交流信息，相互传递技术，加快研究与开发的速度。蓝色巨人IBM公司是世界上最大的计算机生产厂商，但它却不能单独研制所有的电脑技术，它还必须与微软、英特尔等其他公司合作。微软公司为其提供WINDOWS窗口操作系统，英特尔公司为其提供计算机集成芯片。

3. 减少风险

企业之间实现战略联盟可以通过下列方法减少一方或双方的经营风险：同合作伙伴共同分担风险、产品组合多元化、更快进入市场和获取收益、减少投资成本等。另外，如果企业进行跨国联盟，还可以减少政治风险。当地公司可能有足够的影响力使合资企业免受当地政府的干预，或者合资企业本身就是政府产业政策的结果。在后一种情况下，由于政府认为合资企业有助于当地经济的发展而支持它，从而使政治风险进一步降低。政府喜欢合资企业，不喜欢独资企业的情况不仅发展中国家存在，像日本这种发达国家也存在。

4. 实现规模经济

企业实现战略联盟可以很好地将同类产品的生产经营企业结合成为一个整体，加深分工，强化技术进步，使不同企业之间的资本、技术、人力、信息资源得以有效、灵活组合，最大限度地降低产品成本，提高规模经济效益。2000年3月，意大利菲亚特集团与美国通用汽车公司在意大利都灵宣布，两家公司将通过置换股权的方式组建战略联盟。有关人士认为，这一联盟将成为世界上最大的汽车生产联合体。菲亚特集团董事长保罗·弗雷斯科表示，组建联盟的目的是使两家公司形成优势互补，通过共同开发科技和原材料的合理分配达到降低生产成本，实现规模经济，更大限度地占领世界汽车市场的目的。

5. 实行人才交流

通用汽车公司与日本铃木汽车公司目前共同宣布，将加强双方的战略联盟关系。两公司同时达成协议，将从2001年9月起生产双方联合研制的雪佛兰YGM-1概念车。双方还将在产品规划、设计、工程、研发、采购等关键部门实行人员互换。同时，通用汽车公司董事长史密斯将在2001年6月铃木汽车公司举行股东大会时加入铃木的董事会。

三、战略联盟的形式

战略联盟的组织形式有很多，企业可以根据其不同目的，从各种不同的战略联盟形式中作出选择。

现在比较流行的联盟形式包括联盟合资、股权投资和职能型联盟。而职能型联盟是当前企业运用较多、作用比较显著、应充分引起我国企业注意的一种战略联盟形式。

1. 研究开发战略联盟

这是世界各国企业为了研究开发新技术、新产品、新材料、新能源而采取的一种联盟形式。目前，三星电子公司与世界著名网站Yahoo!公司宣布结成战略联盟，并就双方共同拓展针对消费者的、与互联网相关的全球业务达成一项广泛的电子商务协议。根据协议，双方将整合三星在硬件技术与Yahoo! 在软件技术方面的优势，共同制定有关Internet解决方案产品的全球开发及市场计划。三星电子计划与Yahoo!共同开发可直接进入Yahoo! 站点的“Internet解决方案产品”，这些产品包括三星已有的网络电话和Internet移动电话。在此合作中，三星负责所需硬件的开发，Yahoo! 则提供相应的互联网解决方案。

2. 制造生产战略联盟

企业实行制造生产战略联盟，可以实现规模经济和在市场不景气时减少生产能力。这种类型的战略联盟在汽车或重型设备工业是很普遍的，因为它可以给这些企业带来规模经济和降低成本的机会。例如，欧洲空中客车公司生产的 A300 和 A310 宽体客机，由德国负责生产机身，英国负责生产机翼，西班牙负责生产尾翼，而在法国总装。这种把欧洲各国飞机制造的优势结合在一起的联盟，取得了成功。

3. 联合销售战略联盟

这是一个传统的战略联盟。借助这一形式，一个企业可以通过在自己现有区域或一个具体区域销售另一个公司的产品来增加其销售的品种。《中国经济时报》2000 年 9 月 28 日讯：国际领先的商业管理应用软件供应商思佳公司宣布与联想神州数码有限公司共结友好联盟，携手共创中国 ERP 市场，双方就建立战略联盟签订了合作协议。协议规定：联想神州数码科技发展公司系统集成部将正式代理、销售思佳全系列产品，并将逐步安装实施系统。

4. 合资企业战略联盟

这种形式多发生在发达国家与发展中国家的企业之间。发达国家投资者的目的大多数是为了取得进入发展中国家的市场，而发展中国家的企业多是为了利用发达国家企业的技术、品牌、管理等资源优势，以提高自身的市场竞争力。自 2000 年 3 月世界第一大汽车公司通用汽车公司与意大利汽车业巨头菲亚特宣布结盟后，双方又于 8 月初宣布，两家公司已完成股票互购，并签署了建立两家合资企业的协议。根据协议，通用汽车公司完成了对菲亚特集团麾下的菲亚特汽车公司的资本投入，得到该公司 20％的股票；而菲亚特也从通用公司获得了约 3 200万股的普通股股票，占通用汽车当前普通股的 5.6％。同时，两家公司还签署了成立两家双方持股各 50％的合资企业协议，合资企业将分别从事动力总成制造和采购业务，协议的签署为通用汽车和菲亚特各自管辖的动力总成和采购业务在欧洲和拉美市场的交叉合作奠定了基础。

表 7-1 给出的是现实中的几组企业群，通过这些企业群我们可以了解到企业联盟形式的多样化。

表 7-1

几组企业群的联盟与竞争背景

企业群	联盟与竞争的背景
施乐—富士施乐	联盟时间长,以所有权和协议安排为基础,富士胶片公司及兰克公司对其关系产生影响;竞争对手为佳能、柯达等跨国公司,竞争领域为复印机及打印机。
霍尼韦尔—山竹霍尼韦尔	长期的所有权关系加上范围广泛的协议安排为联盟基础,竞争对手为约翰森控制公司和奥姆伦,竞争领域为电子控制。
富士通—安达尔	长期的所有权关系,协议安排;竞争对手为 IBM 和日立,竞争领域为兼容机。
Mips 集团	通过所有权关系和协议安排联盟,与 Mips 联盟的企业约 20 多个,成员几乎来自计算机产业的所有领域;竞争对手为惠普、Sun 等其他大厂商,竞争领域为 RISC 领域。
ACE 集团	是一个松散的集团,起源于 Mips 联盟的核心,其后加盟的厂商数量超过 20 个。共同使用 RISC 技术标准;竞争对手是 Intel 及其联盟。
IBM—摩托罗拉—苹果	通过所有权关系和协议安排联盟,是与 Mips 联盟和 Intel 竞争的核心联盟,竞争领域是 PC 机微处理器的技术标准。
苹果—牛顿集团	是开发、生产和销售“牛顿”品牌产品的苹果公司及其联盟的统称,竞争对手是销售其他个人数字通信器材的任何厂商。

第三节　战略联盟中的竞争与合作

企业战略联盟中的竞争与合作是相互交织融合在一起的,它不同于通常意义下的竞争与合作行为。

一、竞争是合作中的竞争

传统的企业竞争方式通常是充满血腥味的,要么让竞争对手失败,要么让竞争对手消失,双方形成“你死我活”的对立竞争关系,而实际上企业之间的竞争是相互作用的。企业在相互竞争的同时,也就产生了一定的依赖关系。企业之间虽然也存在分歧和对立，但也同时存在着共同利益，竞争企业在某一方面的利益和目标达成一致时，就拥有进行局部合作的基础，进而企业竞争关系从完全对立走向相互合作，也即从对立竞争转型为合作竞争。市场竞争如同“分馅饼”的竞争，将存在着此长彼消的关系；如通过进行合作创造更大的“馅饼”，这将促使企业从“势不两立”的圈子中跳离出来，实现从“零和博弈”到“正合博弈”（双赢）的飞跃，从而成为企业组建战略联盟的共同理念。

战略联盟有利于形成新的竞争原则。竞争与合作是一种新的辩证关系，竞争并不排斥合作，从某种程度上讲，合作有利于充分提高竞争效率，战略联盟并不是否认竞争存在，而使竞争以新的形式在新的层次上出现，即从原有的价格竞争向非价格竞争转变，从恶性竞争向塑造比较优势竞争转变。

二、合作是竞争中的合作

合作和竞争是兼容的，合作仍是竞争中的合作，并不排斥竞争。双方合作的目的是为了增强各自的竞争优势、从而进行更大范围、更高层次的竞争。如日本的索尼公司、松下公司、日立公司，首先通过组建战略联盟共同合作，为 VCR 确立一种能与高清晰度电视兼容的标准，随后又继续进行它们的市场份额大战了；美国科宁公司和西门子公司为了开发新一代先进产品而携手合作，一旦新产品开发出来以后，又重新展开激烈的竞争。因为联盟成员之间仍然保持着各自的独立性，甚至在协定之外继续相互竞争。如威斯丁豪斯电器公司和三菱重工曾宣布了一系列的核电站方面的合作和投资项目，签署了为印度尼西亚建造核电站的文件以及为中国建造核电站的文件。但是，这两家公司在日本市场则公开进行着针锋相对的竞争。

而企业战略联盟与合作的发展使国际间竞争版图上的企业界限日益模糊，代之的是无数个相互重叠、交叉的企业战略合作圈。由此国际竞争中形成了三个重要的竞争形态，即合作圈与圈外企业及其他合作圈之间的竞争、圈内企业在合作领域之外相竞争、圈内企业先合作后竞争。

1. 合作圈与圈外企业及其他合作圈相竞争

如前所述，欧洲信息业跨国企业与日本企业结成战略联盟的主要目的在于与美国国际商用机器企业在欧洲市场上竞争。而在计算机软件行业，文精企业与莲花企业的战略联盟则是为了抗衡国际商用机器企业与微软企业的战略联盟。目前，在汽车、信息、半导体、电讯及生物技术等一些技术竞争激烈且市场集中的行业，都存在主要企业之间形形色色的战略合作圈，圈内企业联合起来与圈外企业及其他合作圈相竞争。

2. 合作圈内企业在合作领域之外相竞争

如美国通用汽车企业与瑞典沃尔沃汽车企业共同组建了一家合资企业，结合各自的优势制造重型卡车，与世界上其他汽车企业相竞争，但在其他产品线，这两家企业之间的竞争依然存在。

3. 合作圈内企业先合作后竞争

许多跨国企业间的战略合作是基于短期战略目标，一旦目标实现，合作就会解体。跨国企业之间的战略联盟不是静止的、一成不变的，而是流动的、不断的调整和重新组合的。因而，跨国企业之间的合作竞争关系也是不断变化的。

企业之间就是在建立战略联盟的过程中，合作与竞争仍然在同时进行，形成"左手挥拳，右手握手"的格局，如通用与丰田、福特与马自达、克莱斯勒与三菱公司之间建立的战略联盟其实都保持着既合作又竞争的关系，这种联盟大大地促进了全球汽车行业制造技术的提高和生产销售成本的下降。计算机行业内的联盟也是如此，如 IBM 与苹果公司曾达成协议，在个人电脑技术领域进行广泛的合作，共享各自拥有的资源和技术成果，即便如此，这两个电脑巨头在其他领域里的竞争依然难解难分，战略联盟只不过是为其进行激烈竞争而实行的一种竞争策略。

越来越多的企业开始和昔日的对手结盟，企业之间于是出现了既合作又竞争，日益纷繁复杂的网络关系。这些联盟网络中常常包括平时的死对头，这意味着有越来越多的企业寻求同彼此利益可能冲突的企业联盟。例如，三菱和克莱斯勒，由于克莱斯勒过去拥有该日本公司股权，且两公司在众多的产品和零部件项目上有长期合作关系，但过去几年里，三菱也雄心勃勃的与其他伙伴进行合作，如奔驰、富豪、现代等。同样，同马自达有密切关系的福特企业也同大众和日产等企业有联系。反过来，这些汽车厂商也有自己长长的联盟清单，所有联盟伙伴又都在全球汽车市场相互竞争。

三、联盟合作与垄断“串谋”

对于风靡全球的战略联盟，理论界和产业界几乎都是一片溢美之词，认为全球企业战略联盟在很大程度上改变了世界经济竞争格局，极大地提高了产业的国际分工水平和制造业的生产效率。但战略联盟的风起云涌之势，却引起了反托拉斯当局的不安和担忧。德国反托拉斯委员会主席曾警告说，在最新流行的战略联盟背后，我们难道发现不了早已熟悉的世界工业卡特尔的恶毒用心吗？所谓联盟伙伴的利益合作与协调难道不就是在拙劣伪装掩饰下所进行的串谋和勾结吗？显然，这种担忧和警惕并非是“空穴来风”，因为战略联盟可以并且已经被滥用。有许多企业也确实是以战略联盟为幌子，却暗中“串谋”，企图垄断市场。战略联盟会不会演变成垄断组织，难免不使人产生种种猜疑。从表面上看，这两者确实难以区分，都是只为了实现共同的利益而采取协调一致的行动。然而实践中，它们之间存在着本质的区别：首先，战略联盟中的合作并不排斥公开的竞争，它和竞争是兼容的。在某些领域合作的同时也无法遏制其他领域里进行的激烈竞争。而垄断组织的串谋则是限制彼此竞争行为的，至少是禁止市场中的公开竞争行为。也就是说，串谋和竞争是不相容的。组织成员间及时采取所谓的竞争行为也往往就是“背叛”，由“明争”转向“暗斗”。其次，战略联盟中的合作通常是为了开拓新的市场空间，竞争更大的市场。如联盟中的R&D合作是为了共同开发小型的产品以竞争未来的市场；跨国公司间的营销联盟，也主要是为了进入对方国家的新市场。而垄断组织中的串谋则主要是针对既定市场范围进行的；通过分割现有的市场，限定各自产量并操纵价格，从而获取高额利润。再次，联盟合作和垄断串谋最终的市场绩效也决然不同。联盟企业之间通过合作 R&D、合作生产、合作营销，从而有助于提高其制造技术水平并促使生产销售成本的下降，全球汽车制造行业的战略联盟使汽车工业生产效率大幅度提高就是有力的例证。同时联盟内部和外部仍然存在的激烈竞争又使其无法实行垄断价格，成本的下降和市场竞争的压力将导致社会产品价格的下降，企业将通过扩大产销量以增加其合理利润，使得供给曲线右移，最终导致社会福利的增加。

第四节　组建战略联盟应注意的问题

战略联盟是一种新的组织模式，与购并相比具有反应迅速、机动灵活的优点，但也正是由于这些特点产生了许多不足，在具体操作中，应注意以下问题。

一、企业战略联盟环境分析

实施企业联盟战略是企业采用外部扩展方法，实现企业快速成长最为有效的途径。企业战略联盟的成功实施首先取决于我们是否客观地评价缔结联盟战略的必要性和合理性，是否系统地分析企业内外部战略环境。知己知彼，方能百战不殆。企业首先需要"照照镜子"，客观地剖析自我，了解自身的优缺点。其次，企业需要进行外部环境分析，进一步了解市场对企业的拉动作用；技术对企业的推动作用；竞争对手的冲击作用，以及政府对企业的约束作用等，从而把握市场发展趋势，抓住企业发展机遇。内外部环境分析必将唤起企业对其战略、结构、过程以及人员等重新进行思考以便更快地采用新技术、新手段，更好地适应客户不断变化着的需求。

二、企业战略联盟合作伙伴选择的 3C 原则

一个公司一旦决定要组建一个战略联盟，那么它首先要做的事就是考虑选择合作伙伴的各种因素和标准，这些标准的核心可以归纳为 3C 原则，即兼容(compatibility)、能力(capability)、投入(commitment)。经过对战略联盟几十年的研究，3C 理论已日臻成熟，跨国公司组建战略联盟

的多年时间也说明,3C原则是公司寻找合作伙伴的关键条件。

1. 兼容性

兼容是一个成功的联盟所必须具备的最重要条件之一。两个公司进行合作,如果缺少兼容性,那么不管它们的业务关系在战略上多么重要,也不管它们彼此多么有能力,都将很难经受时间的考验,也很难应付变化的市场和环境,因为它们首先要做的事情是能够在一起工作。很多跨国公司在谈起联盟时,都用婚姻来形容它,这并不是说战略联盟是件浪漫的事,而恰恰相反,这正说明了兼容及解决分歧与矛盾的能力是保持联盟双方良好关系的基石。

如何寻找一个相容的合作伙伴呢?

(1) 从自己现有的合作伙伴中寻找。寻找一个兼容的合作伙伴,最好的办法就是在已经与自己存在业务联系的客户中选择。因为已经有了业务来往的经历为今后友好相处奠定了基础,两个公司人际关系已经建立,每个公司对对方都有了较深入的了解,合作双方对未来联盟业务也比较熟悉。

(2) 分散风险,不要把鸡蛋放在一个篮子里。虽然从现有的合作伙伴中挑选联盟伙伴有许多好处,但也不要对现有伙伴过分依赖。要注意不要把自己的视野限制在一个狭小的范围之内,从而丧失为特定业务找到最佳合作者的机会。

(3) 兼容测试。要对未来的合作伙伴的兼容性进行测试,要根据对方企业的硬件、软件因素及有形、无形特征来测试彼此兼容性。

对潜在伙伴兼容性硬件因素测试包括以下内容:

① 公司在规模和能力上的兼容性。公司应该寻找在规模和能力与自己相似的合作伙伴。

② 对现存的联盟网络的兼容性。公司在测试兼容性时要考虑以下问题:你的合作伙伴与你的强硬竞争对手有或可能有紧密的合作关系吗?如果有的话,那些合作的领域是否正是你容易受到伤害的领域?你能接受上述这种形势吗?公司是否有防止对手把双方共享的专有资源让你的其他竞争对手使用的手段?你的合作伙伴的其他联盟关系是

否会阻碍你进入你所期望的领域？你的合作伙伴是否会把商业秘密泄露给你的竞争对手？

③ 通过以往合作的记录测试兼容性。在考察以往的合作经历时，记住这句话很有意义：没消息可能是最好的消息。

④ 从公司战略上测试兼容性。如果联盟双方战略有矛盾，那么再理想的合作伙伴也不能与你愉快合作。这方面应当考察以下内容：你的潜在合作者与你合作的动机和目标是什么？合作者向联盟投入的关键资源是什么？合作者的优劣势是什么？

⑤ 从公司文化上测试。要了解潜在合作者的文化是什么？双方文化的分歧和这些分歧的可控性以及它们将会对联盟产生的冲击。

⑥ 从公司的组织管理和实践上测试兼容性。要仔细研究潜在的合作者与自己的公司在组织管理做法上是否存在兼容性。要仔细研究潜在合作者与自己的公司在组织管理做法上是否有足够的弹性，并愿意花足够的精力来解决潜在的冲突？双方在组织结构上是否有兼容性？双方的管理模式是否具有兼容性？

⑦ 从其他方面测试兼容性。如在生产管理、市场营销、财务管理、安全、健康、环境策略等方面都要测试兼容性。

与硬件因素相比，对潜在合作伙伴兼容性软件因素进行测试同等重要。公司文化是否融合，特别是双方高层管理人员和主管联盟企业的经理们是否能友好相处可以决定一个联盟的命运。事实上，是否和睦相处取决于各种因素。

在软件因素中最重要的当属相互之间的信任。在联盟中相互信任有巨大价值，只有高层领导人员相互信任才能使联盟度过一个又一个危机。现实中，联盟较低层次的管理者之间常有一些争执和不信任，有很多抱怨和问题来自嫉妒与误解，但如果双方高层管理者相互信任，相信对方的诚意和判断，他们就能超脱这些琐碎事并摆脱这些问题。

2. 能力

合作者必须有能力才能与你合作，合作才有价值。在评价合作对象的能力时，公司应当为每一个潜在的合作对象准备一份档案材料，以便更好地评价他们的优点与弱点。主要应评价以下几点：

(1) 在拟合作的领域，与你合作的伙伴中谁更活跃？

(2) 对方的市场实力如何？

(3) 对方的技术水平、生产能力、销售网络如何？

(4) 对方的核心竞争力在哪里？

(5) 对方管理者的素质与能力如何？

3. 投入

找一个与自己有相同投入意向的合作者是联盟成功的第三个条件。尽管合作者很有能力并且与自己很相容，但是，只要他不愿意向联盟投入时间、精力、资源，联盟就很难很好地运作，因此，必须对潜在合作者进行测试，以确定对方是否也与你一样有积极的投入意识。对投入意识的测试归纳为两点：

(1) 联盟的业务是否属于合作对方的核心产品范围或核心业务范围。如果拟设立联盟的业务范围对合作者的主要业务来讲是微不足道的，那么，合作者就很可能不想联盟投入必要的时间和资源，同时合作对象还很有可能退出联盟，而使你处于进退两难的境地。

(2) 确定合作伙伴退出联盟的难度。联盟面临的危险之一就是公司把合作已纳入其全球战略中，并且投入了大量的资源和精力，而其合作的另一方却突然要求退出联盟，从而使公司陷入进退维谷的境地，所以，公司最终决定建立联盟关系前，必须测试：对方退出联盟的可能性有多大？困难程度有多大？本公司失败的代价有多高？

三、企业战略联盟价值评估

企业实施战略联盟的主要目的是为了提高企业市场运作能力、组织能力、创新能力、竞争实力以及财务收益等。

(1) 对企业战略联盟价值的评估也应从这几方面入手。市场运作能力是企业发展的基础。战略联盟能否大幅度地提高企业的市场运作能力主要体现在以下几个方面：在多大程度上扩大市场份额、开辟新的市场？能否强化同各级销售商的关系，使他们更愿意销售我们的产品？能否促使企业更快地适应市场需求，更好地满足客户需求，提供更佳的产品或服务？等等。

（2）组织能力是确保企业市场运作能力的前提。组织能力的提高主要体现在战略联盟是否有助于企业改善获取新技术的能力，以及在多大程度上提高企业对现有资源（包括人力资源）的发掘与利用。战略联盟的实施必将会给企业员工带来大量的职业发展机会，给人们的职业发展创造一种积极的、向上的气氛。

（3）创新能力是企业在激烈的市场竞争中保持不败的法宝。战略联盟在何种程度上有助于企业提高创新能力？它是否会给企业带来最新的技术和知识？例如，它是否会带来新的财务管理手段？是否会带来不断改进企业经营绩效的新思维、新方法？等等。

（4）竞争实力是实施战略联盟的实质。战略联盟是否会使本企业成为行业中最好的企业？战略联盟能在多大程度上改善企业竞争优势和地位？战略联盟是否会更有利于企业同新的竞争对手进行竞争，甚至更为理想的是阻止新的竞争对手进入市场？战略联盟是否有助于企业提高产品质量、降低生产成本？

（5）财务收益是企业追求的最终目标，它通常是人们优先考虑的要素。财务收益需要在几个不同的层次上进行评价。例如，企业现金流增快多少？日常开支降低多少？市场营销成本降低多少？回报率增加多少？盈利能力增加多少？等等。

四、企业战略联盟风险防范

在企业战略联盟实施过程中肯定会有许多问题出现，企业必须对可能出现的问题及其承受能力进行预测并加以防范。防范战略联盟风险主要从以下三个方面来考虑：

（1）风险发生的概率有多大？

（2）如果风险发生了，对企业造成的冲击又会怎么样？

（3）谁来管理风险？谁拥有管理风险的知识和经验？

风险管理需要有一个预警体系以帮助企业确定什么时候对风险作出反应。企业需要设置自己的“交通指示灯”体系。当警告信号黄灯出现时，应立刻采取措施。在缔结战略联盟之前，企业就必须准备好撤退战略。撤退战略必须明确地表明企业退出联盟时所付出的代价是什么。在实施战略联盟时，这话听起来很消极，但是很实际、很实用。

五、企业战略联盟失败的原因

企业战略联盟是一个十分复杂的组织，许多研究发现，要使战略联盟取得成功，需要有成功的组织和出色的管理，如果组织管理不当，就会招致失败。据统计，令人不满意的战略联盟占总战略联盟数量的40％～70％，这些研究的基本结论是：单独从事研究开发活动比同一个合作伙伴共同研究开发活动要容易得多；协调一个独立的供应商的交易关系比协调一组股权较差的复杂供应商或客户关系要容易得多；在自己的公司作决策比在合作伙伴中共同作决策要快得多；在一个企业内实施决议要比在战略联盟中实施决议要容易得多。因此，如何管理战略联盟是非常关键的，如何利用其优点、避免其弱点始终是一个值得研究的问题。

1. 联盟各方的利益结构不对称

当战略联盟双方（或多方）利益结构有一部分是共享的，其他部分不能共享；共享部分可能实现联合收益的最优化，其他部分则不能时，一方企业或双方企业便有牺牲共同利益而让其他部分利润最大化的动机，从而造成双方关系紧张。例如：广州汽车集团和法国标致公司在广州办合资企业，法国标致公司在向合资企业提供零部件时，面临着两种选择：或是把转移价格定得很高，从而单独在法国获利；或把价格定得较低，同广州汽车集团在合资企业中共享利润，结果法国标致公司选择了前者，造成合作关系紧张，最终导致双方分手。

2. 联盟各方面临的竞争条件不同，导致各自优先考虑的问题不同

例如：欧洲空中客车的联盟中，合作各方在自己国内市场面临的竞争强度不一样，因此，对联盟发展方向存在意见分歧。

3. 联盟在各企业战略中所起的作用不同

由于联盟在各企业战略中所起的作用不同，因此联盟在各企业经营中就有不同的重要性，致使各方希望对合作企业形式的战略控制程度不一致，从而导致意见分歧。

4. 联盟各方对联盟资源的投入不平衡

在很多情况下，有资源的一方不太看重联盟。因此，在资源投入上不是很积极，而十分重视的一方则可能对对方资源形成依赖，因此造成联盟各方关系紧张。

5. 竞争地位的变化导致联盟的解体

企业竞争地位随着联盟双方技术、管理能力的交换而发生变化，如一方在联盟中技术及管理能力不断加强；另一方则相对削弱，联盟中竞争地位的平衡就逐渐丧失，联盟便面临分手的危险。

6. 联盟各方管理风格及企业文化的差异

因每个企业都有各自独特的历史、观点及价值观，有自己独特的文化，因此，在战略联盟中如何使不同的企业文化兼容是相当困难的，有时就是因为联盟各方认识不同而归于失败。

7. 情况发生变化，使联盟破裂

(1) 战略发生变化。这是问题出现的根本原因，联盟中一方的业务发生重大变化，现在的联盟对某些成员企业在经济上已没有意义，联盟便失去了存在的必要。

(2) 所有者或管理者发生变化。如果新老所有者或管理层的利益关系不一致，联盟运行的连续性就受到影响，甚至会使联盟破裂。

(3) 市场预期不能实现。在联盟之初，对市场发展有一个预测，但后来因为市场条件有了自己内部的投资而不顾联盟的资金需要，使联盟走向解体。

8. 对合作伙伴能力的期望不切实际

不管有意还是无意，当期望中的合作伙伴的实力不能带来预期的结果时，许多联盟便会解体。

9. 对技术发展趋势判断失误，而使联盟解体

10. 利用联盟退出某种行业

一些新跨国公司把联盟作为从一个行业或市场进行全面撤退的第一步，这时联盟的终结就是其直接的目的，当经济和社会因素使得一家企业难以剥离一种业务时，那么战略联盟就成了最佳的选择，该企业就

选择了一个合作伙伴建立战略联盟，联盟建立以后，经营状况不佳，该企业宣布从联盟中退出。这里要说明的是：当跨国公司利用联盟退出某类行业时，管理当局应当坦诚说明其真实意图，否则将对联盟造成极其严重的破坏性影响。

许多大公司的总经理对成功地实施战略联盟总结出的四条经验：兼容的战略与文化；各方大致相当的贡献；各方大致相当的实力；没有利益冲突。其中最重要的是各方企业的决心和努力，各方决心越大，越努力，战略联盟就越能取得成功。除了要有可行的战略理想、现实的总体战略之外，战略联盟还需要各方的相互信任和合作，这是组建战略联盟的必要条件。联盟各方需要创造出一种信任气氛，要求各方都了解为什么要参与战略联盟？应当组织怎样的战略联盟？联盟的活动如何同母公司的战略配合？联盟的协同效果是什么？联盟对每一个企业有什么好处？怎样处理合同中的敏感问题？对以上这些问题可能联盟各方都有不同的看法和不同的意见，但联盟各方需要从一开始就对上述问题有一个基本统一的认识，建立起一个基本信任的关系，并保持这种关系，才有可能把战略联盟搞好。

六、企业战略联盟取得成功的关键因素：信任

一个战略联盟的管理活力取决于合作伙伴如何看待对方，联盟伙伴的任何一方都有义务去建立一个基本的相互理解、相互尊重的关系，这种义务所发挥的作用是任何管理条文或管理技巧所无法取代的。根据一些高级经理人员的经验，若想建立牢固、坚实的合作基础，就必须重视三条简单而又重要的原则，即：第一，平等相待；第二，主管领导支持；第三，求同存异，避免对抗。

许多研究者都注意到，信任是合作成功和稳定发展的关键因素，大部分经理都认为，信任涉及可靠性，即事前相信合作伙伴是诚实的、可靠的，是会遵守诺言的。但光是诚实和可靠性并不一定产生信任，如一个常说要惩罚你，并说话算数的伙伴是诚实可靠的，但他不会成为你愿意信任的伙伴，信任关系与不信任关系之间的真正差别在于双方是否彼此相信对方关心自己的利益，不会在没有考虑对对方的影响之前采

取行动，因此信任除了对对方可靠性的预期之外，还应包括相互替对方着想的因素。换言之，信任是对对方不会以自私自利方式行动的可能性的理解，是对彼此会互助互利的相信。

创造信任的五大要素是：

(1) 交流。交流是培养信任的一个重要手段。

(2) 减少交往对象的数量。许多公司为成功地建立同合作伙伴的信任关系，往往首先从减少或限制伙伴关系的数量开始。

(3) 公平。在联盟运作过程中要注意分配公平，即合作结果是公平的；还要注意程序公平，即管理合作关系的程序是公平的。

(4) 保持长期关系。保持长期关系有助于信任的发展。

(5) 灵活性与非正式性。信任能使关系充满灵活性和非正式性，信任的基础可以使联盟只需要最低限度的合同，甚至完全没有合同。灵活性与非正式性在环境充满不确定性时具有特别重要的意义。在不确定性环境下，合同不可能订得很严密，合同执行中需要有一定的灵活性，这时的信任因素能使双方相信对方不会采取机会主义行为。在绩效难以度量的情况下，信任关系尤为重要，因为在相互信任、利益一致的情况下，可以不要求对绩效进行直接的测量。

思考题

1. 战略联盟有何特征？
2. 战略联盟的形式有哪些？
3. 战略联盟对企业发展有何意义？
4. 组建战略联盟应注意什么问题？

本章案例

英国罗弗汽车公司与日本本田汽车公司的战略联盟

罗弗公司最初是英国政府拥有的一家汽车厂，因多年亏损，英国政府不愿意再向其提供资助。此时世界汽车市场经过几年的增长之后达到稳定状态，如果要想增加市场份额，就要有能力生产新车型。罗弗公司曾寄望于Metro车型，但由于质量不稳定没有达到目标销售量。此后罗弗公司想在它的生产线中增加新品种以填补中低档细分市场中的空白，但由于缺少必要的资金和时间，也无法实施这一计划。世界汽车产业进入成熟期以后，被全球汽车生产巨头所控制。大规模生产的经济性、销售网的强大销售能力，再加上对新型车的准确判断，都成了通向成功之路的条件。但罗弗公司恰恰缺少这些成功的因素，被美国政府视为英国工业的一只“瘸腿鸭”。

本田是一家成功的企业，但在世界汽车产业中，它仍被视为摩托车制造商。尽管本田在20世纪80年代中期的营业额增长了2倍，但仍未成为汽车世界中的巨人，它在欧洲市场的销售额仅占市场的1.2%，罗弗公司为3.1%，而大众汽车占到了15%，欧洲福特占了14%。虽然本田已在美国站稳了脚跟，但在欧洲一直没有什么发展。它们知道欧洲人对汽车的兴趣和偏好与美国人不同，但是不知道自己对差别的判断是否正确，同时也没有足够的时间来开发自己的欧洲车型。正如本田的一位董事长所说，当时对欧洲的出口受到了限制，因此无法增加出口，因为欧洲的生产能力也严重过剩，无法在欧洲建厂。本田公司在产品设计上具有务实的态度，有足够的财力与罗弗公司合作。

罗弗公司认为未来的发展需要一个长期合作的伙伴。因为本田的规模与罗弗公司相当，罗弗的产品质量是最大的问题，而本田恰好在产品质量上具有很高的声誉，本田还以先进的管理而著称，这正是罗弗公司所缺少的。

本田公司与罗弗公司的第一个许可证交易已于1979年12月签署，本田公司允许罗弗公司在伯明翰的长桥工厂中生产它的KD系列中的Triumph Acclaim轿车，此车以本田的Accord车为基础，填补了罗弗产品系列中的空白。长桥工厂大约生产了13万辆Acclaim轿车，尽管该车是本田产品的翻版，但却成为英国十大畅销汽车之一。

罗弗公司的工厂中有大量的闲置生产能力，本田公司能出售多少，就能生产多少。罗弗公司非常了解欧洲人的口味，因此有利于控制新车型的开发成本，把这个重要因素控制在两个公司财力所允许的范围之内。罗弗—本田联盟就是从非常有限的许可证交易开始的，随着伙伴之间相互了解、相互信任的增进，联盟关系逐渐扩大到多方面的合作阶段，进而发展到双方相互交换20%的股权。这充分表明了双方伙伴关系将会长期存在。

本田—罗弗的合作产品——"传奇"牌轿车为本田公司进入欧洲开辟了道路。罗弗公司的汽车内部装置设计能力和对欧洲消费者口味的深入了解对这一产品的成功起到了很大的作用。与此同时，罗夫公司已经成为本田公司欧洲战略的一个有机的组成部分。这一点也许就是保证罗弗—本田联盟存在的主要条件。

针对联盟需要作出较大幅度调整适应的是罗弗一方，它们为此付出了很大的代价。它们花了很大努力才从日本人那里学到了管理大型企业的成功经验。在文化差异上，它们也付出了很大的努力和耐心来克服沟通的障碍，包括语言、文化、思考问题的方式和价值观念等。它们知道，只有克服了这些障碍，两家公司的员工才能形成相互的理解和信任，并最终建立起朋友关系。双方成立了联合设计小组共同开发设计新车型，双方的工厂都在为对方生产汽车，为了满足对方生产上的要求，也各自作出了必要的调整。但双方的目标仍是不相同的：罗弗主要想在欧洲市场上占据一定的份额，而本田的目标仍然是全球市场，好在这两个目标并不冲突。

1984年罗弗200型汽车的问世标志着双方伙伴关系的第二个阶段的开始。该车型总共生产了17.5万辆，是本田公司Ballade的姐妹车型。罗弗200型汽车以日本车为基础，安装了罗弗公司生产的挡泥板、车轮、保险杆及内部装置。罗弗200型汽车及Ballade都在长桥工厂生产，但装的是不同的牌子，此时的合作内容已经不仅仅是许可证交易了。

1985年，本田公司宣布将在斯维顿建立一家工厂。英国媒介担心罗弗—本田联盟会因此而衰落。事实证明并非如此，本田公司计划开始只生产发动机，随后生产罗弗车和本田车。

1986年，罗弗800车型和本田“传奇”问世，标志着双方的伙伴关系次又上了一个台阶。这是双方联合开发生产的第一个车型，双方在设计上的紧密合作极大地促进了两家公司之间的关系。当时罗弗公司与本田公司签署了一项理解备忘录来规范和扩展双方的关系，其内容包括了一些双方关系的准则。实际上，双方在共同工作中建立起来的相互信任远比任何法律文件更重要。

1989年，双方推出了罗弗200/400和它的姐妹车本田Concerto，使双方的关系又有了进一步的发展，因为这是双方共同开发、共同生产、共同享用零部件的产品。1990年，罗弗公司以日本人接受的质量标准为本田公司生产了4万辆Concerto。

虽然现在罗弗公司被宝马公司兼并，但罗弗公司与本田公司的合作仍在进行，这正说明了战略联盟的力量所在。

第八章 企业购并

学习目标

- 了解企业购并的类型、方式
- 分析企业购并的动机
- 掌握一般企业和上市公司的购并程序
- 学习企业购并所实施的策略
- 分析企业购并的风险控制
- 掌握企业购并后的一体化战略

第一节 企业购并概述

一、企业购并的含义

企业购并是指一个企业通过购买另一个企业全部或部分的资产或产权，从而控制、影响被购并的企业，以增强企业竞争优势，实现企业经营目标的行为。企业购并从19世纪末开始在西方迅速被企业界采用，其对西方大的跨国公司形成、经济的迅速发展起到了不可估量的推动作用。在我国，由于长期计划经济的影响，这种发展方式并没有被很好采用，近年来，随我国经济体制改革和现代企业制度的推行，这一方式越来越受到我国企业界的重视，通过企业购并必然会大大提高我国企业的竞争能力，促进企业的发展。

二、企业购并的类型

企业购并有许多具体形式，这些形式可以从不同的角度加以分类研究。

1. 按购并方与被购并方所处的行业不同分类，企业购并可以分为横向购并、纵向购并和混合购并三种

(1) 横向购并。横向购并是指购并方与被购并方处于同一行业。例如，美国波音公司与麦道公司合并；日本东京银行与三菱银行合并等均属此种类型。横向购并可以消除重复设施，提供系列产品或服务，实现优势互补，扩大市场份额。

(2) 纵向购并。纵向购并是指在经营对象上有密切联系、但处于不同产销阶段的企业之间的购并。按照产品实体流动的方向，纵向购并又可分为顺向购并与逆向购并。顺向购并是指沿着产品实体流动方向所发生的购并，如产品原料生产企业购并加工企业或销售商或最终客户，或加工企业购并销售企业等；逆向购并是指沿着产品实体流动的相反方向所发生的购并，如加工企业购并原料供应商，或销售企业购并原料供应企业或加工企业等。前者如一家汽车制造公司购并一家出租汽车公司；后者如一家轧钢企业兼并一家铁矿公司。纵向购并可以加强企业经营整体的计划性，协调供产销结构，增强企业竞争能力。

(3) 混合购并。混合购并是指不同行业、在经营上也无密切联系的企业之间的购并，例如一家生产家用电器的企业兼并一家旅行社。混合购并的目的在于实现投资多样化，减少行业不景气可能造成的经营风险，扩大企业经营规模。

2. 按被购并方对购并方所持态度不同分类，企业购并可分为友善购并和敌意购并

(1) 友善购并。友善购并通常是指购并方与被购并方通过友好协商确定购并条件，在双方意见基本一致的情况下实现产权转让的一类购并。此种购并一般先由购并方选择被购并方，并主动与对方的管理当局接洽，商讨购并事宜。经过双方充分磋商签订购并协议，履行必要的手续后完成购并。在特殊的情况下，也有被购并方主动请求购并方接管本企业的情形。

(2) 敌意购并。敌意购并通常是指当友好协商遭到拒绝后，购并

方不顾被购并方的意愿采取强制手段，强行收购对方企业的一类购并。敌意购并也可能采取不与被购并方进行任何接触，而在股票市场上收购被购并方股票，从而实现对被购并方控股或兼并的形式。由于种种原因，购并（尤其是兼并）往往不能通过友好协商达成协议，被购并方从自身的利益出发，拒不接受购并方的购并条件，并可能采取一切抵制购并的措施加以反抗。在这种情形下，"敌意收购"就有可能发生。

在产权交易市场上采取主动购买行为的一方称为收购公司，而被动出让的一方被称为目标公司。收购公司兼并目标公司后实现对目标公司的控股，既可以采取直接收购的方式，也可以采取间接收购的方式。直接收购就是收购公司直接向一家目标公司提出拥有其资产所有权的要求，双方通过一定的程序磋商，共同商定完成收购的各项条件，进而在达成协议的条件下达到拥有目标公司所有权的目的。直接收购也被称为协议收购后友好接管，在前述友善购并范围之内。间接收购是指购买公司并不向目标公司直接提出购买企业产权的要求，而是在证券市场上以高于股市价格大量收购目标公司的普通股票，从而达到兼并或控制该公司的目的。此外也可以是购买者利用目标公司股价下跌之机，大量买进其公司股票，从而达到控制该公司的目的。这种收购一般都不是建立在共同意向基础之上，因而极可能会引起目标公司的激烈抵抗，这种意愿相悖的收购一般也被称作敌意收购，属前述敌意购并的范畴。敌意收购可能是收购公司最初采用的一种收购策略，也可能是收购公司向目标公司提出收购建议被拒绝后采用的收购策略。无论出自何种考虑，敌意收购的过程都充满着火药味。

3. 按购并方的身份不同，企业购并可以分为产业资本购并和金融资本购并

（1）产业资本购并。产业资本购并一般由非金融企业进行，即非金融企业作为购并方通过一定程序和渠道取得目标企业全部或部分资产所有权的购并行为。购并的具体过程是从证券市场上取得目标企业的股权证券，或在目标企业增资扩股时以适当的价格取得其增发的股

权证券，或者和目标企业直接投资，以便分享目标企业的产业利润。正因为如此，产业资本购并表现出针锋相对、寸利必争的态势，谈判时间长，条件苛刻。

(2) 金融资本购并。金融资本购并一般由投资银行或非银行金融机构(如金融投资公司)进行。金融资本购并有两种形式：一种形式是金融资本直接与目标资本谈判，以一定的条件购买企业的所有权，或当目标企业增资扩股时，以一定的价格购买企业股权；二是由金融资本在证券市场上收购目标公司的股票从而达到控股的目的。金融资本与产业资本不同，它是一种寄生性资本，既无先进技术，也无管理经验。因此，金融资本并不谋求产业利润，而是靠“炒企业”而获取投资利润。因此，金融资本购并具有较大的风险性。

4. 按收购资金来源渠道的不同，企业购并可分为杠杆收购和非杠杆收购

无论以何种形式实现企业收购，收购方总要为取得目标企业的部分或全部所有权而支出大笔的资金。收购方在实施企业收购时，其主体资金来源是对外负债，即是在银行贷款或金融市场借贷的支持下完成的，就将其称为杠杆收购。相应地，如收购方在实施企业收购时，其主体资金来源是自有资金，则称为非杠杆收购。

杠杆收购的一般做法是由收购公司委托专门从事企业收购的经纪公司，派有经验的专家负责分解市场，研究和发现那些经营业绩不佳却很有发展前途的公司。确定收购目标后，再以收购公司的名义向外大举借债，通过股市或以向股东发出要约的方式，收购目标公司的股权，取得目标公司的经营控制权。

杠杆收购突出的特点是收购者不需要投入全部资本即可完成收购。一般而言，在收购所需要的全部资本构成中，收购者自有资本只约占收购资本总额的10％～15％，银行贷款占收购资本总额的50％～70％，发行债券筹资占20％～40％(一般资本结构稳健的公司，债务资本不会超过总资本的2/3，而高利贷收购的公司债务资本则远远超过自有资本，往往占企业总资本的90％～95％)。由于这种做法只需以

较少的资本代价即可完成收购，即利用“财务杠杆”原理进行兼并，故而被称为杠杆收购。很显然，只有公司的全部资产收益大于借贷资本的平均成本，杠杆才能产生正效应，所以，杠杆收购是一种风险很高的企业购并方式。

杠杆收购于20世纪60年代出现于美国，以后得到较快发展，80年代曾风行于美国和欧洲。

此外，企业购并还可以按其他的标准进行分类研究。如按照购并方与被购并方是否同属同一国度（或地区），企业购并可以分为国内购并和跨国购并；按照产权的购买方式来划分，一个企业收购另一个企业可以采取购买资产和购买证券两种形式来实现；按产权交换的支付方式划分，一个企业购买另一个企业，可以用现金支付，也可以用证券支付，等等。

三、企业购并的方式

按购并的具体方式和途径，企业购并可以分为购买式、承担债务式、控股式、吸收合并式。

1. 购买式

这是指购并方出资购买目标企业的净资产以获得其产权的方式，即整体购并。购并后，被购并企业的法人主体地位消失，购并方对目标企业实现绝对控制。这种方式一般在企业资产结构合理、对目标公司的收益预期较好、同时又不愿因有新股东的加入而分享或稀释老股东的利益时采用。对目标公司的所有者来说，也皆大欢喜，因为，它可以因此使资产变现，投向新的领域，盘活存量资产，从而消除对购并后企业的发展前景不确定性的忧虑。仪征化纤收购佛山化纤是中国企业购并史上值得浓墨重彩的一笔。仪征化纤是1993年12月由仪征化纤集团公司发起设立的上市公司，拥有80万吨聚酯生产能力，属国内第一，全球第四。为了确保公司在聚酯市场上的份额，巩固已形成的行业主导地位，仪征化纤必须扩大生产规模。佛山化纤聚酯产量排名全国第五，但由于种种原因，企业出现亏损。经香港毕马威会计师行审计评估，佛山化纤资产评估值为15.8亿元。经过周密的策划和详细论证，

1995 年 8 月 28 日，仪征化纤与佛山市政府签订了收购佛山化纤的正式协议。仪征化纤兼并佛山化纤后，利用佛山化纤先进的设备、充裕的发展空间及在华南市场特殊的地理位置，使佛山化纤成为其利润增长点和在华南地区的重要基地。这样仪征化纤既减少了一个重要竞争对手，又扩大了整体规模。这种盘活存量、集约经营的范例，与用增量投资的方式形成同样规模的生产能力相比，无论是在资金投入、建设周期及避免投资风险上都合算得多。

2. 承担债务式

这是指购并方以承担目标企业的债务为条件接受其资产并取得产权。其特点是：产权交易不以价格为标准，不用付现款，以未来分期偿还债务为条件接受目标企业。该方式简便易行，对解决国有大中型企业扭亏问题有实际意义。1984 年，河北保定市锅炉厂以承担 42 万元债务的形式兼并了保定市风机厂，开创了我国国有企业间兼并的先河。进入 20 世纪 90 年代，理论界和决策部门把“少破产，多兼并”作为企业改革的思路与企业重组改制的原则，并由“政府做媒”促成齐鲁石化公司兼并了淄博化纤总厂和石油化工厂。

3. 控股式

这是指通过收购目标公司一定的股份成为目标公司最大的股东，从而掌握对目标公司的控制权。在这种情况下，被控股企业仍具有法人资格，与控股公司形成母子公司关系。这种方式能以少量资产控制更多资产，提高资产效能。在人事上，直接变化就是大股东可提议召开临时股东大会，从而改组董事会，通过董事会对目标公司的经理层人员进行调整，大股东代表进入董事会并入主经理层。在资产上，往往伴随着置换或剥离劣质资产，注入优质资产，实现主业的战略转移等。控股式购并主要形式有两种：一种方式是直接与目标公司的大股东谈判，由目标公司的大股东协议出让股权给收购方。如新疆德斯隆国际实业总公司与株洲市国有资产管理局签订股权转让协议，以 7 000 万元人民币受让该局持有的“湘火炬”股权，从而成为“湘火炬”的第一大股东。另一种方式是通过二级市场收购目标公司股票，达到相对控股从而实现对目标公司的控制。虽然这种方式成本较高且可操作的目标公司并不算太多，但不乏成功者，并且每一次成功都给中国证券市场带来巨大震颤。大港油田通过其下属关联企业于1998年下半年发起对爱使股份的收购就是一例。在历经5个月的惊心动魄收购后终于持有7%的爱使股份，成为爱使第一大股东，并在同年10月31日以大港油田推荐的李遵义担任爱使董事长为标志，正式入主爱使股份。大港油田之所以看中爱使，一是爱使资产结构独特；二是其业绩及资产质量较好，连续两年净资产收益率超过10%；三是爱使股份地处上海这个远东经济中心；四是爱使主营业务不突出，与大港油田正好实现互补。大港油田以爱使为桥梁，借壳上市进入资本市场，一方面可以增加自己的无形资产；另一方面为迅速壮大奠定了基础。

4. 吸收合并式

这一般是指收购方向被收购方发行股票换取被收购方股东所持股份或资产，从而注销被收购方法人资格的行为。从历史上看，以换股为特征的合并，一直是创造经济巨人的重要方式。这是因为对大规模兼并来说，要兼并方一下子拿出巨额现金来进行收购，几乎不可能。清华同方吸收鲁颖电子堪称吸收合并的典型案例。鲁颖电子主要生产中高压瓷介电容器和交流瓷介电容器，现有5个系列300多个品种，是中国最大的中高压瓷介电容器生产基地，其交流高压瓷介电容器已先后取得国内“长城”及美国HL、加拿大LSA、德国VDE等国际安全认证。1997年国内市场占有率40%以上。清华同方是一家有雄厚的科研实力和高校背景的上市高科技公司，主营信息产业和人工环境产业，迫切需要一个自己的电子元件生产基地。而鲁颖电子所生产的陶瓷电容器可用于清华同方的RH型智能传感器、RH型智能控制器、短波通讯设备、计算机等产品上。二者结合可实现优势互补，相得益彰。经双方协商，清华同方以吸收合并方式兼并鲁颖电子，鲁颖电子每1.8股可换取清华同方1股，鲁颖电子的资产、负债及相应的权益并入清华同方，鲁颖电子现有的法人地位注销。鲁颖电子原总股本为2 731.0912万股，共折合为清华同方股票1 517.2728万股。可以认为，在合并中清华同方采取的资本运营策略必将使企业如虎添翼。

当前中国已经加入 WTO,人们越来越深切地感到,唯有实现“船小好掉头”向“船大经风浪”观念转变,不断利用收购、兼并、重组等手段,对在国民经济中占主导地位的国有企业实行战略改组,调整不合理的产业、产品结构,培育出能同跨国公司相抗衡的大型企业,才能使中国企业在 21 世纪重铸辉煌。

第二节 企业购并的动机

企业购并就是资源优化配置的过程,也就是说,通过企业购并,只要企业经营得好、有效益,企业资源就向优势企业集中,经营得不好,企业就要被购并。通过这种方式,可以很好地实现战略调整中的效率原则,提高企业的整体效益。

一、现代企业购并的直接动机在于利润最大化

市场经济中企业一切经营活动的根本动机在于利润最大化。企业的经营活动实质上是一个追逐利润的过程,购并是一种直接投资行为,如同其他经营活动一样,购并的动机在于利润最大化。资源的稀缺决定了竞争是不可避免的,任何企业都是要素市场的需求者,两个企业的合并意味着原来独立的两个需求者合二为一。购并增强了企业在要素市场上的地位,这种地位包括讨价还价的能力,消除了存在于要素市场的企业机会主义行为的能力,从而降低了成本。购并使企业规模扩大,有利于发挥规模经济的优势。此点可从古典经济学成本曲线进行分析,古典经济学认为长期平均成本曲线是短期平均成本曲线的包络线,都是 U 型曲线。对一个企业而言,存在一个最优生产规模对应最小的平均生产成本,当生产规模小于最优生产规模时,可以通过购并使其达到最优而平均成本最小,利润最大。1998 年 5 月 7 日,德国最大的工业集团戴姆勒—奔驰公司和美国第三大汽车公司克莱斯勒公司在伦敦正式敲定了双方合并的协议。双方合并后实力将位居美国通用、福特、日本丰田、德国大众之后,成为

全球第五大汽车生产企业。这起跨国的强强结合是为了降低成本，发挥规模经济效益。合并后双方生产的产品将继续使用原来的品牌，各自主要的传统市场也不会融为一体，而在采购、营销、技术协作以及零部件互换方面进行合作，从而达到降低成本、加快产品推向市场的步伐的目的。据统计，新的戴姆勒—克莱斯勒公司在1999年可节约25亿马克。1997年8月4日，世界航空制造业排行第一的美国波音公司兼并排行第三的麦道公司，成立新的波音公司。企业规模的扩大，有利于发挥规模经济的优势。合并后第一季度，新波音公司收入3.77亿美元，而上年同期1.19亿美元，增长了约217%；销售额73亿美元，与上年同期相比增长了约70%。齐鲁石化公司兼并淄博化纤厂和石化厂，形成"三碟连放"，2000年，兼并后的齐鲁石化公司将达到年销售收入200亿元，实现利税50亿元。从上述实例可以看出，企业购并实现了规模经济效益，降低了成本，追逐最大利润是企业购并的直接动机。

二、优势互补、风险共担是企业购并的另一动机

从竞争优势的角度考虑企业购并，一方面，购并企业的竞争优势向目标企业转移；另一方面，目标企业的竞争优势向购并企业转移。购并的目的就在于推动和促进这种竞争优势在两个企业间的相互转移，或者以发挥购并企业自身的竞争优势为目的；或以获取目标企业的竞争优势为目的；或者两者兼而有之。企业购并的动机在于自身优势的"送出去"或将其他企业的竞争优势"拿进来"，两方面都以巩固和提高购并企业的竞争能力为目的，以实现优势互补。奔驰与克莱斯勒的合并也是优势互补的一个典型案例。奔驰公司以制造高级小轿车而著称，其产品在欧洲占有很大的市场份额，但在美洲市场上份额较小，而克莱斯勒的强项是生产小型汽车、越野吉普车和微型箱式汽车，其产品虽在美洲市场上大行其道，在欧洲市场上的地位却可怜，双方都有开拓对方强项业务的意图，而合并与技术交流正好满足各自的意愿，相互支持、相互补充、优势互补。另外，由于科学技术日益向高、新方向发展，技术开发的难度越来越大，所需费用也愈高，承担风险也随之加剧，企业购并可以弥补各自在尖端技术上的不足，分担巨额开发费用和风险，缩短开发周期。

三、企业购并有利于国家金融整顿，处理坏账、呆账问题

日本曾经以金融大国称雄于世，东京证券交易所的日成交额一度超过纽约和伦敦。但是，当日本的“泡沫经济”破灭后，日本金融体制显现的种种弊端动摇了日本的金融市场，银行业的呆、坏账高达 6 000 亿美元，使得其金融市场危机四伏。为了解决银行的呆、坏账问题，更为进行金融整顿，各大银行纷纷掀起兼并高潮。首先是东京、三菱银行的合并，总资产超过 5 216 万亿日元，随后是兴野银行与野村证券合并。截止到 1998 年 5 月，日本最大的几家银行宣布，它们注销的呆、坏账高达 730 亿美元。由此可以看出，在国家金融整顿中银行的兼并、合并无疑是一剂处理呆、坏账的有效良方。

四、调整产业结构，防止和消除重复建设是购并的另一重要动因

在我国的经济发展中，“大而全”、“小而全”、低水平重复建设一直是个较突出的问题，其结果是造成地区产业结构趋同，许多行业出现严重的结构性矛盾，成为一种耗散结构。重复建设也是资本、资源浪费的一种表现。以南京“四化”为例，南京“四化”即扬子石化公司、金陵石化公司、仪征化纤公司、南京化学工业公司，分别隶属于中国石化总公司、纺织总会和江苏省。这几个公司之间存在着严重的重复建设，一是仪征化纤“八五”期间自建 25 万吨 PTA 生产装置，“九五”期间要达到 45 万吨，基本自给，这使得扬子石化目前已经扩大的 PTA 生产能力即每季 60 万吨销售困难。据测算，如果扬子与仪征发挥自身分工协作的优势，两个项目均可不建，至少可节约百亿元资金；二是扬子石化公司“八五”期间新添两套炼油装置，且产品与金陵石化雷同，使成品油生产能力由 300 万吨提高到 550 万吨，与目前已具备 900 万吨炼油能力的金陵石化形成竞争格局，而金陵石化计划在“九五”期间炼油能力达到1 000万吨；竞争的结果必然是原油涨价和成品油跌价。重复建设使两家公司同时受到巨大的损失，如果没有足够的原油供应，又势必会出现炼油能力过剩的问题；三是南京化学工业公司新上30万吨合成氨项目，该项目是由江苏省民间集资，计划在3年内全省每人每年承担20元的集资任务，如果将此项目放到已具备较大化肥生产能力的金陵石化公司，仅改造现有化肥生产装置就能实现，可节约投资数10亿元。由此可见，南京"四化"重复建设严重，通过国家干预使其合并，无疑是消除重复建设，节约资金的好方法。

第三节　企业购并的程序

一、一般企业的兼并程序

根据1989年2月19日国家体制委、国家计委、财政部、国家国有资产管理局共同发布的《关于企业兼并的暂行办法》规定，一般企业购并程序应为：

(1) 初步确定兼并和被兼并的企业，双方可以直接洽谈，也可以通过产权交易市场谈判。

(2) 对被兼并企业现有资产进行评估，清理债权、债务，确定资产或产权的转让底价。

(3) 确定成交价。以底价为基础，双方直接接触的可协商定价，通过产权交易市场的可通过招标确定。

被兼并方为国有企业的，成交价需包括被兼并企业产权时，收购要约人应当按照比例从所有预受要约的受要约人中购买该股票。

收购要约人在要约期满后的30个工作日内，不得以要约规定以外的任何条件购买该种股票。预受要约的受要约人有权在收购要约失效前撤回对该要约的预受。

收购要约发出后，主要要约条件改变的，收购要约人应当立即通知所有受要约人。通知可以采用新闻发布会、登报或其他传播形式。

二、上市公司的购并程序

根据我国《公司法》的规定，上市公司的购并程序如下：

(1) 选择目标公司。购并公司先根据自己需要选择出目标公司。

(2) 聘请顾问。由于收购过程中有许多复杂问题需要解决，因此目标公司选好以后应该聘请有关方面的顾问，同时应当做好保密工作。

(3) 收购目标公司不超过5%的发行股票。

(4) 继续收购。当收购公司直接或间接持有目标公司发行在外的普通股达到5%时，在该事实发生之日起3个工作日内，应向目标公司、证交所、证监会作出书面报告并公告。但这不包括目标公司发行在外的普通股总量减少所引起的持有5%以上发行在外的股票。在作出此报告并公告之日起2个工作日内和作出报告前，不得直接或间接购买或卖出该种股票。以后，持有目标公司的股票增减变化每达到该种股票发行在外总额的2%时，应当自该事实发生之日起3个工作日内，向目标公司、证交所和证监会作出书面报告并公告。在作出此报告并公告之日起2个工作日内和作出报告前不得再直接或间接买入或卖出该种股票。

(5) 发出收购要约。当持有目标公司发行在外的普通股达到30%时，在该事实发生的45个工作日内向证监会作出有关收购方面的书面报告，然后向目标公司所有股票持有人发出收购要约，并以货币支付方式收购股票，购买价格取在收购要约发出前的12个月内收购要约人购买该种股票所支付的最高价格，和在收购要约发出前30个工作日内该种股票的平均市场价格之中的较高的一种价格，即取要约人支付的最高价格和平均市场价格之中较高的那一种价格。在收购要约发出前，不能再购买该种股票。

在发出收购要约的同时，向受要约人、证交所提供本身情况的说明和与该要约有关的全部信息，并保证材料真实、准确、完善、不产生误导。

收购要约的有效期不得少于30个工作日，自收购要约发出之日起算。自收购要约发出之日起30个工作日内，收购要约人不得撤回其收购要约。而且，收购要约的全部条件适用于持有同种股票的所有人。

第四节　企业购并实施策略

一、目标公司分析

在收购一家公司之前，必须对其进行全面的分析，以确定其是否与公司的整体发展战略相吻合，了解目标公司的价值，审查其经营业绩及公司的机会与障碍何在，从而决定是否对其进行收购、目标公司的价格以及收购后如何对其整合。

1. 产业分析

任何公司都是处在某个产业之中，公司所处产业状况对其经营与发展有着决定性影响。产业分析主要包括以下几个方面的内容。

(1) 产业总体状况。产业总体状况包括产业所处生命周期阶段和其在国民经济中的地位、国家对该产业的政策等。

大部分产业在发展过程中都要经历一个由产生、生长、成熟到衰退的周期，处于不同生命周期阶段的各个产业的发展状况是不同的，这也决定位于该周期产业的公司的发展。如果一个公司位于一个成长阶段的产业，则这个公司的发展空间就会相对较大，前景较好；反之，如果公司处于一个衰退期的产业，其发展就会受到相对限制。

各个产业在经济发展的不同时期在国民经济中的地位是不同的，一定时期内一些产业处于主导地位，在国民经济发展中发挥重大作用，这些产业很容易受到国家重视，得到政策的扶植，如果公司位于这些产业中，容易从中受益。

(2) 产业结构状况。根据哈佛商学院波特教授的研究，产业中存在着五种基本的力量；潜在加入者、替代用品生产者、供应者、购买者和行业内现有竞争力量，这五种竞争力量组成了产业结构状况，五种竞争力量的不同分布决定着一个行业的竞争程度和行业内公司的盈利能力。

(3) 产业内战略集团状况。产业内各竞争者可以按不同的战略地位划分为不同的战略集团，一个产业中各战略集团所处位置、战略集团之间的相互关系对产业内竞争有很大影响。如果一个产业各战略集团分布合理，公司处于战略集团的有利位置，对公司经营十分重要。

通过以上对目标公司所处产业状况的分析，可以判断对目标公司的购并是否与公司整体发展战略相符；购并后是否可以通过对目标公司的良好经营为公司获取收益。

2. 经营分析

对目标公司经营分析，主要包括目标公司运营大致状况、管理状况、重要资源等。

(1) 运营状况。通过对目标公司近几年的经营状况的了解，分析其利润、销售额、市场占有率等指标的变化趋势，对今后运营状况作大致预测，同时找出问题所在，为购并后管理提供基础。

(2) 管理状况。调查分析目标公司的管理风格、管理制度、管理能力、营销能力，分析购并后是否能与母公司的管理相融合。

(3) 重要资源。通过分析目标公司人才、技术、设备、无形资产，以备在购并后充分保护和发挥这些资源的作用，促进整个公司的发展。

3. 财务分析

对目标公司财务方面的分析十分重要，主要是确定目标公司所提供的财务报表是否真实地反映了其财务状况。这一工作可以委托会计师事务所进行，审查的重点主要包括资产、负债和税款。审查资产时应注意各项资产的所有权是否为目标公司所有；资产的计价是否合理；应收账款可回收性，有无提取足额的坏账准备；存货的损耗情况；无形资产价值评估是否合理等。对债务的审查主要集中在查明有无漏列的负债，如有应提请目标公司调整。另外，应查明以前各期税款是否足额及时缴纳，防止收购后由收购公司缴纳并被税务部门罚款。

二、目标公司价值估算

在购并实施构成中，收购方必须对目标公司的价值进行估算，从而为公司的出价提供基础，另外通过估算目标公司的价值和其现金流量，可以决定相应的融资方法。由于公司是市场经济中的一种特殊商品，其价值是由多种要素所决定的，公司的盈利能力则是它的使用价值，因此目标公司的价值估算是一个十分复杂的问题，一般在公司的购并中，目标公司的价值估算可以用三种方法进行：净值法、市场比较法和净现值法。

1. 净值法

所谓净值法是指利用公司净资产的价值作为目标公司的价值，净值法是估算公司价值的基本依据。利用这种方法估算公司的价值，一般在目标公司不适合继续经营或收购方主要目的是获取目标公司资产时使用。使用这一方法关键是正确估计目标公司资产和负债的实际价值，因此必须在保证目标公司资产负债表准确性的基础上进行。

(1) 资产的估算。在资产的估算中应该注意以下项目：有价证券一般应以市值为基础，而非账面价值为基础计算；外币应计算汇兑损益；应收账款应注意其可收回的可能性以及是否已提取足额的坏账准备；存货应合理估算其目前的市价；固定资产按其净值算；无形资产的价值采用合理的方式评估其价值。

(2) 负债的估算。应对目标公司的负债进行审查，查明有无漏列的负债，另外，对目标公司的负债应进行合理处理。

目标公司资产和负债净值估算出来后，两者相减即得出其净值，作为目标公司的价值。

2. 市场比较法

市场比较法是以类似公司的股价或目前市场上有成交公司的价值作为标准，估算目标公司的价值。

(1) 公开交易公司的股价。尤其是对于没有公开上市的公司，可以根据已上市的同业类型公司的市价作为标准，估算目标公司的价值。具体操作是先找产品、市场、目前获利能力、未来业绩成长等方面与目标公司类似的若干家上市公司，以这些公司的各种指标与股价的比率作为参考，计算目标公司的目的不同，选择不同的标准，尽可能是估算价值趋向于实际价值。

(2) 相似公司过去的收购价格。如果最近市场上有同类公司成交的案例，以这些公司的成交价格作为参考的对象。这种方法由于所采用的标准是收购公司支付的真实价值，且由于继续经营的溢价和清算的折价均以包括在收购公司的成交价格中，所以相对较为准确。但这种方法由于很难找到经营项目、财务业绩、规模等十分相似的公司作为参考，且不同的目标公司由于收购公司战略、经营条件的不同，对收购公司有不同的意义，因此这一价格很难合理确定，这对这一方法的采用产生了很大局限。

3. 净现值法

如果收购公司的目标是为了对其继续经营，那么对目标公司价值估算应以净现值法为宜。净现值法是预计目标公司未来的现金流量，再以某一折现率将其折现为目标公司的价值。

这一方法将收购后公司的利润资本化作为目标公司的价值，其是基于目标公司未来获利的能力，而不是基于其资产的价值来估算其价值。这符合公司这一特殊产品的本质，因为在收购后对目标公司继续经营的情况下，目标公司的使用价值是其获利能力，而非资产本身。传统上用以往年度目标公司的会计盈余为基础估算公司的价值，忽略了货币的时间价值，且没有反映未来时期公司的盈利能力、经营风险，因此无法反映收购后继续营运的价值。由于上述原因，净现值法是目前美国公司收购通用的评估方法。

由于净现值法是将目标公司未来的现金流量折现为现值估计其价值，因此这一方法的关键在于未来现金流量和折现率的确定，在具体操作中需要注意以下事项：

（1）现金流入量。在净现值法下，现金流入公式为：现金净流入＝税后净利＋非现金费用＋税后利息费用－固定资产与营运资金投入。这个公式是假设在无债务负担下目标公司的价值，因此在计算出公司价值后再减去负债额，得出目标公司的估算价值。

（2）残值计算。在最后一年计算残值时，不应以会计折旧的概念来计算残值，通常用最后一年现金流入除以折现率来计算。

（3）年限确定。在确定现金流入的年限时，应根据企业的具体情况进行，一般经营状况稳定的企业时间可以长一些，而经营状况变化快的企业，如高科技企业则可以短一些。

(4) 折现率的确定。在确定折现率时，一般应以买方企业购买目标企业的资金成本来确定折现率，因为不同的资金成本要求有不同的报酬率。

以上三种方法在估算目标公司的价值时经常被采用，这三种方法适用不同的场合，并不存在优劣之分，在购并中可以灵活使用，也可以几种方法同时使用。

第五节　企业购并的风险控制及购并后的一体化

一、企业购并的风险控制

看企业收购与兼并是否取得成功，其标准是看投资者是否对企业决策权带来变动，使目标公司从属于投资者的原有公司。如果不能达到控制一个企业的目的，这笔投资最多只能归结为参股，但参股在量上突破一定百分比，这一百分比已经能使企业从属于另一企业时标志着收购的成功。企业购并活动一般是在有风险的情况下进行的。投资者冒着风险投资的原因是追求超过无风险投资的额外收益，这种额外收益就是投资的风险价值或风险报酬。

1. 企业购并的风险

在研究企业购并方案时，必须充分研究风险、计量风险和设法控制风险，以求企业价值的最大化。风险是在一定时期和一定条件下可能发生的各种结果的变动程序，从财务的角度来看，风险主要指无法达到预期报酬的可能性。就一项购并行为来讲，至少存在以下几种风险：

(1) 信息风险。由于经济学上所称的“信息不对称”问题的存在，使收购公司在不完全掌握信息的情况下采取贸然行动而导致失败。收购公司往往只看到目标公司诱人的一面，过高估计合并后的协调效应或规模效益，而对目标公司隐含的亏损所知甚少，收购实施后各种问题就会马上暴露出来。

(2) 反收购风险。面对收购公司的收购行为，目标公司一般会持不合作态度，尤其是面临敌意收购时，往往会采取各种反收购措施，无形之中增加了收购的风险。

(3) 体制风险。一些由政府依靠行政手段对企业购并进行撮合实现的购并行为，有的偏离了市场原则难以达到资产优化组合的目标，有的在购并后的经营管理中磨合长期难以完成，有的购并者因此而背上社会负担，使企业内部潜伏着一种体制上的风险。

(4) 法律风险。因各国对企业购并行为有严格的法律制约，某些规定和细节会增加购并成本从而增加购并的难度，使收购公司的购并方案付之东流。

(5) 经营风险。主要是收购企业完成购并后，由于合并企业产生的生产经营协调效应、技术互补效应、市场占有份额效应的不确定性不能达到预期目标所带来的风险。这种风险的存在，使得购并行为产生的结果与购并的初衷大相径庭，或因企业规模过大、主营业务不突出而产生规模不经济问题。

(6) 财务风险。完成一次购并需要大量的资金支持，购并者既可以用本公司的现金或股票去购并，也可选用各种债务支付工具向外举债完成购并，这种因筹措资金引起企业债务与资本比率的变化带来的风险就是财务风险。

2. 风险的控制

企业购并所面临的风险相当复杂和广泛，在设计购并方案时应尽量避免风险。以上列举的各种风险因素中，前四个为企业外部因素风险，一般通过定性分析进行筛选。后两个为企业本身的风险，一般使用概率和统计分析指标来衡量，经过科学合理规划，就可在收益和风险之间作出明智的选择。企业购并财务风险控制的关键，是确定一个适当的目标债务与股东权益比率，即最优的资本结构。从资本结构理论中可知，一般认为在一定限度内债务资本成本比较低能使企业综合资金成本下降。但当超过一定程度地使用财务杠杆时，权益资本成本上升就会超过负债的低成本，导致综合资金成本上升。当负债的边际资金成本率与股本边际成本率相同时，综合资金成本率最低，此时的资本结构为最优资本结构。这种理想的资本结构可以通过适度财务杠杆的运用来获得。至于财务杠杆多大比较适度，则需要根据目标公司收益的稳定性程度、公司的资产收益率水平与借入资金成本的比较以及为获取较高收益所愿意承担的风险水平来决定。如果公司的获利能力很强、风险又小、资产收益率大大高于借入资金成本时，则可适用较高的资产负债率水平；反之，如盈利能力不很强，风险又较大时应适应较低的资产负债率。在分析现金收购的可行性时，当收购目标公司的价格基本确定以后，为控制收购公司的财务风险，必须根据收购公司目前的变现能力和目标资产负债率确定全部用现金收购是否可行。在用现金收购时，收购者的股东权益不变，收购公司的负债能力等于资产总额乘目标资产负债率，在负债能力的基础上减去合并前的债务余额即为未使用的负债能力，然后加上可变现的有价证券总额，即可得出收购目标公司所能支付的最大资金数量。这样能使收购公司保持适当的资产负债率水平，以免举债收购时要冒大的风险。如用股票交换收购目标公司将会消除预期发生的筹资风险，不会增加新的负债，但股票的交换比例会影响收购公司的期望报酬率。为分析收购行为所引起的经营风险和财务风险的影响，可通过计算经营杠杆系数，财务杠杆系数和总杠杆系数来衡量。

二、企业购并后的一体化

当购并发生法律效力后，从法律上讲，该项购并活动已经结束，但对于购并企业来说，购并活动最重要、最困难的任务才刚刚开始。企业购并的真正目的就在于取得被购并方资产后，对被购并方资产进行彻底的改造，按照本企业的经营管理办法重组资产，将其纳入本企业经营的轨道，并使这些资产发挥其收益潜能。所谓购并的一体化，是为了实现购并企业的总体目标而联合、调整和协商参与购并各企业的子系统之间业务和管理活动的过程。一体化是一个成功的购并计划的最后执行步骤，执行不力会毁掉最完美的战略。所以，必须精心计划和实行购并后的一体化。企业作为一个整体系统，按照一定的标准划分为若干个子系统，当两个或多个企业购并为一体时，各企业子系统的一体化是必要而且困难的。因此一体化过程中，一体化的框架、主要内容和几个需要注意的问题是特别要强调的。

1. 企业购并一体化的框架

企业购并是一项至关重要的战略。一体化的规划，应从购并计划开始，而不是等购并交易完成法律手续之后再开始，它是一项系统工程。任何步骤的忽视都会严重影响一体化的进程。简明的一体化框架图如下：

（1）明确目的和确定期望：

① 确定过渡机制；

② 处理被购管理部门的期望；

③ 就高层组织问题达成协议；

④ 计划安排收购后首先采取的行动。

（2）传达、控制和规划一体化：

① 让主要顾客放心；

② 就“熟悉”阶段达成一致；

③ 采取必要的管理行动；

④ 规划一体化过程。

（3）制定战略和基本结构：

① 组织实况调查，成立特别工作组；

② 确立和检验最初工作假设；

③ 实事求是地了解公司的比较业务体系和市场地位；

④ 确定增长和提高竞争优势的机会；

⑤ 确定优先项目的等级顺序。

（4）优化组织和战略：

① 审查最初战略，包括检验预期经营协同作用；

② 审查组织上的相似点与区别；

③ 实施战略和组织转变购并交易完成后，被购并企业的资本经营必须服从购并企业战略性、目标性的安排。如果被购公司较大，尤其应

当决定共同管理目标。最高层管理部门必须开会确定两家公司都能赞同的新指导方针。通过沟通，把最终拟订的一体化程度传达给被购公司的最高管理小组，确保适当处理他们的期望，以便能把关键角色控制住。必须制定双方组织沟通计划，消除焦虑；必须实现组织结构与制度的一体化，尽量减少业务中断，尽量留下有才能的人。

2. 一体化过程中需要特别强调的方面

一体化就是要联合、调整和协调各项活动，使各子系统产生符合企业总目标的统一行为。购并一体化就其内容而言，有战略一体化、业务活动一体化、企业文化一体化、组织机构一体化、管理制度一体化、人力资源管理一体化等等。

(1) 战略一体化。这是购并企业在考虑了目标企业的具体情况后，对总体战略进行适当的调整，将资源重新分配，并把目标企业纳入到企业的战略体系中，使目标企业的资产从总体上听从购并方总体目标和战略性的安排和调度，并将企业各个子系统的战略目标，以及实施战略的手段、步骤在总体战略下调整。

(2) 业务活动一体化。这就是要联合、调整和协调采购、产品开发、生产、营销、财务等各项职能活动；购并后的企业可以将原有业务活动合并，如合并相同的生产线、研究开发活动、分销渠道、促销活动等；放弃一些多余的活动，如多余的生产、服务活动；协调各种业务活动的衔接。

(3) 企业文化一体化。企业文化包括企业中共同的价值观、精神、领导风格和共同的行为规范，是企业在长期的经营活动中形成的，它影响着人们的思维模式。企业应该建立一种优秀的企业文化，常常是购并企业把优秀的企业文化传播给被购并企业，用优秀企业的优良作风，严明纪律，企业道德，整体意识，风险、时间、效率观念等企业文化来影响和约束职工。

(4) 组织机构一体化。组织机构在设计时应遵循一个上级，责权一致，既无重叠，又无空白。在不少企业，一项工作安排几个部门联合管理，如防火工作让保安部和行政部一起抓，这是机构设置之大忌，因为这是企业各部门互相扯皮、相互推诿责任的根源。被购并的企业之所以被购并，其组织机构的僵化恐怕是一个主要原因。购并后的企业应转变为柔性的组织状态，通过系统思考、改变心智模式、提高学习能力、实现自我超越等方法，不断地创新。有弹性的组织机构是一个学习型的组织，是随着环境的变化，发展组织机构的基本形式；发展部门机构的职责、权限；探索集权分权的新方式；深化组织的学习性；重构组织内信息流程及网络；妥当安排组织机构中的人际关系；充分发挥部门岗位设置与个人才能；设计组织的柔性化等等。而且，在调整组织结构时，应遵循目标统一、分工协调、管理幅度、权责一致、统一指挥、精干高效、稳定性与适应性相结合、均衡性等原则，将企业的组织结构调整为能够确保企业目标达到的、高效率的、融洽的、有弹性的系统。此外，还必须根据系统的方法来处理，被兼并企业作为一个子系统，如何被纳入兼并方的组织中去以及被兼并方作为一个系统，如何实现自己的管理机构等。

(5) 管理制度一体化。管理制度广义地说包括从产权制度到企业内部的管理制度(如人事制度、工资制度、财务制度、生产管理制度、厂规厂纪、领导制度)等各个方面。在这些制度中，有些如产权制度以及由此产生的公司法人治理结构并不是企业可以随便创造的，因为这些已有现成法律将其固定化。而其他内部制度则能加以发挥、发展和创新；不过这种创新首先应针对制度的共性即管理的基本规则方面，其次才是制度的特性方面即与企业自身特点相关的方面。所以，购并后的企业可依据管理的基本规则，分析自身的特点，尤其结合新的整体发展战略，建立内部跨业务单位和功能块的沟通机制，制定出切实可行的管理制度，贯彻到新的主体的各个部门，作为企业成员的行为准则和秩序保障。比较普遍的是，购并企业将优秀的管理制度移植到目标企业，也可将目标公司好的制度引入到兼并方。当然，要注意购并后的财务制度必须绝对统一，这样便可以在资本上结合控制，以免财务状况混乱，杜绝作弊的可能性。再者就是调整劳动、人事、分配制度，建立企业激励和约束机制，建立健全统一的规章制度。此外，管理制度一体化中尤其应注意：管理制度的效用评价；管理制度的制定方式；系统化管理制度的创新；企业内部工作流程的设定与创新；科学议事规则设定等等。

（6）人力资源管理一体化。人力资源管理是难度较大的问题，也是影响企业购并后效率的一个重要因素。人文因素是如此重要，以至于有时它成为购并一体化的关键。购并企业在购并行为完成后，必须采取极其慎重的态度来解决人员安置问题。具体来说，首先，兼并方公司必须尽快向被兼并方提供高层经理人员。选派具有专业管理才能同时又忠诚可靠的人负责被兼并企业的经营管理，可避免被兼并企业独立性过强而有失控，还可避免人才流失、客户减少。其次，对原有的领导机构作相应的调整，将原有领导机构中不称职的、多余的人员坚决予以清退，以建立起精简高效的领导机构。当然对清退的人员可考虑适当给予经济上的补偿。其三，在剥离冗员的过程中应采取稳定员工队伍的措施，要让购并双方公司管理队伍中的一批人得到跨越界限的重大晋升，使双方的管理者都相信，该项购并措施为他们提供了个人机会。这项措施的实施，不仅要用到高层的经理人员身上，而且还应扩展到年轻的中层经理和专业技术人员身上，因为企业的未来主要依靠他们的努力和奉献。如果他们对企业购并后的前景持悲观态度，难免会产生“身在曹营心在汉”的心理，甚至产生抵制情绪，使购并之后的工作步履艰难。为了激励高级经理人员为公司的发展而努力工作，兼并者可以要求被兼并企业的高层经理人员持有本企业的股份。所持股份的比例通常为10%～20%。被兼并企业高层经理人员持有本企业股份带有某种强迫的性质，如果被兼并企业高级经理人员无力购买股份，兼并者可以提供折扣或给予贷款。这就使得企业高层经理人员的个人利益和公司的利益紧密地联系在一起，从而可以促使高级经理人员做好经营管理工作。需要强调的是，人事调整时持慎重态度是必要的，但切不可因此顾虑重重，不敢大刀阔斧地改革，否则就会出现类似上海童车集团公司的那种尴尬局面：合并后原有4个厂的27名正副厂长全部被任命为集团公司正副总经理，中层干部达150多人，这也是导致购并后一年即告失败的主要原因之一。

3. 一体化中关键的三个问题

购并是企业的一项战略性活动，涉及企业的发展问题，购并后能否实现一体化也是非常关键的环节。除非被购并公司在功能、财务及管理等方面都实现了一体化，否则，为股东创造财富的可能性就很少。另外，草率盲目的一体化会断送被购并公司。下面的三个问题似乎可以决定一体化工作的成败。

(1) 直接一体化成功的购并者都抓紧时间推行一体化。一般说来，购并后的第二天就可以推行一体化，尽管变化相对来讲很剧烈，他们还是想方设法在购并之后半年到一年时间里，恢复正常营业。一位收购企业的经理说："我们立即作出调整。不论我们面临的转向有多大，我们若收购了公司，就必须在收购后一年内恢复正常运作。"如此快速行动有双重价值：首先，可以使现金流量迅速改善；其次，被购并组织在被购并之后更乐意接受变动。如一位高层行政主管人员所言："必须快速行动。不迅速行动的危险是什么都做不成。等得越久，作出改变越难。"

(2) 技术与资产的集中合并。通过技术与资产的集中合并，购并者可以获得功能、财务协同作用。而且，这也标志着，购并公司和被购并公司在战略上是互相依赖的。一方面，转让技术以提高生产效率，方便通讯和控制。比如，多数成功的购并者都立即实施适合全公司的会计制度，这样就可以发展一种共同语言，并相当迅速地进行内部比较；埃尔塞特公司的收购大师本特·斯特兰德贝里说："我们推行了自己的会计和管理制度。我不能说这是个关键因素，不过肯定有助于成功。"另一方面，把购并公司和被购并公司的资产合并起来，以消除多余资源，共同利用现有资源。值得注意的是，高明的购并者(虽然会吸收高明的创意)却不愿意讨论其技术或方法的性质。它们的态度多是"我们需要快速改进，我们将自行其是。"

(3) 管理一体化与普通的看法相反，获胜的购并者，在接管之时，通常都不对管理部门作大规模的调整，而是在很大程度上保留原公司特有的管理内容。而且，它们从内部推动调整。事实上，快速转向和实现一体化阶段的大胆目标往往被用来考验被购并公司的管理人员。如果这些目标得不到执行，购并者就撤换管理人员。以刺激为基础，实行补偿，是评价管理一体化行动的最终标准。一位收购顾问曾说，成功收购的关键是为管理班子提供了适当的激励。麦肯锡咨询公司的调查表明，成功的购并者在购并了其他企业以后，往往实行分权化管理，或是给予被购并企业高度的自主权。比如，塞默电子公司兼并了环保、能源、保健、医疗等行业的30多家公司，并拥有这些公司50%～80%的股份。塞默电子公司保持各个被兼并公司的独立性，使它们仍然在各自股东大会选举产生的董事会的领导下从事经营活动。但是，由于塞默电子公司控制的管理系统里，服从塞默电子公司的内部控制和会计制度，同时还要求各家被兼并公司提供年度计划和5年计划，以协调各个被兼并公司的经营活动。

思考题

1. 企业购并对企业发展有何意义？
2. 企业购并主要包括哪些类型？
3. 如何规避购并中的风险？
4. 企业购并后整合的意义是什么？

本章案例

海尔购并红星电器

一、购并背景

海尔购并红星前实力：1991年由青岛电冰箱总厂、青岛电冰柜总厂和青岛空调器厂组建而成的琴岛海尔集团公司，1993年9月更名为海尔集团，产品以制冷设备为主。1993年7月，集团与意大利梅洛尼设计股份有限公司合资创办琴岛海尔梅洛尼有限公司，开始生产滚筒洗衣机。1994年集团实现销售收入25.65亿元，利润2.1亿元，生产洗衣机71.3万台。1995年5月海尔洗衣机“玛格丽特”被评为1995年中国市场十大畅销洗衣机。

青岛红星电器公司：该公司曾是我国三大洗衣机生产企业之一，拥有3 500多名员工，曾年产洗衣机达70万台，年销售收入5亿多元。但从1995年上半年开始，其经营每况愈下，出现多年未有的大滑坡现象，资产负债率高达143.65%，资不抵债1.33亿元。

二、购并目的

中国家用洗衣机行业快速发展始于20世纪70年代末，1995年总产量达到约950万台。一般而言，家用洗衣机可分为单桶、双桶半自动洗衣机及全自动洗衣机，而全自动又可分为波轮、滚筒及搅拌式。单桶洗衣机为原始类型，1995年时大多数厂商已不再生产。双桶半自动较全自动便宜，是当时中国市场的主流，而滚筒在欧洲较为普遍，但在亚洲以波轮更为常见。

对于当时总容量达900多万台的洗衣机市场，海尔70多万台的生产量显然只是一个不大的数目。而且海尔洗衣机当时以滚筒为主，产品系列比较单一，要想扩大自己的市场份额，它必须扩大生产能力，提高产品线的长度。

红星电器作为一个老牌的洗衣机生产厂，其设备、技术以及工人的熟练程度在当时都应是相当好的，它所缺乏的主要是科学的管理和市场导向的生产经营模式，而海尔当时已经以管理和出色的市场观念而著称，因此它们的结合有着极大的合理性。市政府的出面使得这一购并进行得十分顺利。而且由于是由市政府将红星整体划归海尔，不需海尔出资，这大大降低了购并成本，这恐怕也是海尔认为红星购并案例是它所进行的最成功的并购的原因之一。通过这一购并，新成立的海尔洗衣机有限公司不仅将原有的生产能力提高了一倍，产生了规模经济，并且极大地丰富了自己的产品线，大大增强了自己在洗衣机市场上的竞争能力。

三、购并整合

组织结构的变化：1995年7月4日，青岛红星电器股份有限公司整体划归海尔集团后，更名为青岛海尔洗衣机有限总公司，从而使它成为海尔梅洛尼洗衣机有限公司之后海尔集团下属的第二个洗衣机子公司。

接管过程：

第一,文化先行。1995年7月4日,海尔电冰箱股份有限公司副总经理柴永森奉命来到由红星电器公司更名的海尔洗衣机有限总公司,就任党委书记兼总经理。划归之初,海尔集团总裁张瑞敏便确定一个思路,海尔的最大优势是无形资产,注入海尔的企业文化,以此来统一企业思想;重铸企业灵魂,以无形资产去盘活有形资产,是最重要的一着。

海尔集团副总裁杨绵绵首先率领海尔企业文化、资产管理、规划发展、资金调度和咨询认证五大中心的人员,在划归的第二天便来到红星电器公司,开始贯彻和实施"企业文化先行"的战略。"敬业报国,追求卓越"的海尔精神,开始植入并同化"红星"的员工。

随后,张瑞敏又亲自到红星,向中层干部们讲述他的经营心得,解释"80/20管理原则",灌输"关键的少数决定非关键的多数"这个"人和责任"的理念。

"企业最活跃的因素就是人,而在人的因素中,中层以上管理干部虽是少数,却在企业发展中负有80%的责任。"

在当时的环境与情况下,令"红星"中层干部们耳目一新的"80/20原则";关于解决例行问题和例外问题要用不同方法的"法约尔跳板原则";以及引用的中华民族的古训:"德,才之帅也;才,德之资也",唤起了"红星"广大中层干部曾经沉沦或消沉的心。

张瑞敏进而从分析企业亏损引申出海尔OEC管理,要求大家从我做起,从现在做起,从我出成果,从今天出成果,全方位地对每天、每人、每件事进行清理、控制,日事日毕、日清日高。

他提出,当前要群策群力,从三方面做起:首先,以市场为中心,卖信誉,不是卖产品,一切工作都要围绕顾客需要和市场满意来做;其次,降低成本,增加盈利能力,用最小投入得到最大产出;最后,从现在起,每天作出计划,目标量化分解到人,抓紧抓死,要在2至3年内争创中国洗衣机第一名牌,最终在国际上创名牌。

第二,"范萍事件"。应该说3 500多名红星电器公司员工,当时对企业划归"海尔"表示了欢迎和拥护的态度,但由于企业文化、企业管理、员工素质等方面的差异,人们对海尔的管理方法,在理念上存在着认识偏差。

海尔的管理指导思想立足“以人为本”。对此,以柴永森为首的新领导班子,没有简单地采用单纯说教的方式,而是抓住发生在员工身边的典型事例来引导人们自觉地进行观念上的转变,开始了真正意义上的“攻心为上”。

一天,洗衣机生产车间发生了这样一件事:质检员范萍由于责任心不强,造成选择开关插头插错和漏检,被罚款50元。这本是一件小事,因为过去企业发生质量问题从来都是罚一线工人,但若是用海尔的管理观念来看这件事,则不应该如此简单处理,当事者周围的干部们更应当逐级承担责任,针对这件事,他们利用集团主办的《海尔报》,开展了《范萍的上级负什么责任》的大讨论,并配发了评论《动真格的,从干部开始》。

以此为出发点,柴永森督促下级部门迅速处理企业数年来的洗衣机存库返修问题,但拖拉惯了的下级部门认为此事无关紧要,并没有按期照办,柴永森据此引咎自罚500元。

这种先罚干部的管理极大地刺激了原红星人,尤其是企业里的干部,开始认识到管理的差距与不足。

同时,干部红黄榜也开始设立,先后有10名干部对自己工作的失误进行了自罚,许多长期难以根除的质量、供货、干部作风等问题由此得到解决。

抓住员工观念已有所转变的心理转型时机,柴永森恰到好处地组织全体员工分批参观海尔电冰箱等企业,使他们亲眼目睹海尔科学有序的管理现场,集团OEC管理,寻找自身差距。海尔现场管理的精髓是“责任到人”,“人人都管事,事事有人管”,除去生产环节,哪怕是车间里一扇窗户的玻璃,其卫生治理也有一定员工负责。而该公司现场管理原来最大的弊病就是责任不清,出了问题谁也不负责任。

参观回来后,该公司各分厂都把严抓现场管理,落实每人、每事、每天的责任,作为开展工作、上水平的突破口,各分厂领导每天至少有6小时靠在现场,抓薄弱环节,解决实质问题,促使现场管理水平每天都有提高。过去现场管理较差,各种物品乱堆乱放的总装分厂,现场面貌从此变得整洁而有条理。

第三,市场理念的导入。"我们一切工作的效果,最终是通过市场来反映的。"海尔集团这个经营理念,也努力在海尔洗衣机有限总公司得到推广。

正是在文化的这个最软的地方获得认可后,海尔的其他整合措施才陆续出台:首先,建立健全了质保体系,建立了行之有效的奖罚制度,使产品走向市场有了可靠保证。其次,建立高效运作机制,全面调整内部机构,撤销34个处室,成立销售部、财务部、制造部、技术质量部、综合部和科研所,实行五部一所管理。按照"公开竞争、择优上岗"原则,中层干部从105人减至45人。再次,改革干部制度,变"相马"式的干部提拔制度为"赛马"式的竞争制度。公开招聘、选拔一流人才,充实各部门干部岗位,仅销售部门即招聘了50多位大专学历以上的营销人员。薪新的用人观念,调动了干部的积极性,给企业人才市场注入了活力,也使洗衣机营销系统寻找到新的启动点。最后,红星调整销售战略,重塑市场信誉。根据国内市场和消费者需求,克服种种困难,加大产量,将过去单纯面向国际市场的全自动洗衣机,在出口的同时投放国内市场,并冠以朗朗上口的"小神童"新品牌;新开发了一种适销对路、大容量的气泡双桶洗衣机,起名为"小神泡"。两种新品牌产品投放全国各地市场后,一炮打响,供不应求,使失去的洗衣机市场重回"怀抱"。

1995年底,该公司根据争创中国洗衣机第一名牌这个目标要求,进行了力度较大的产品结构调整,下马了一批商场滞销产品,同时确立了加速开发市场畅销的"小神童"、"小神泡"系列洗衣机目标,保证每月开发一种新产品。

整合的成效:

红星公司企业在划归后不久,通过引进海尔竞价模式,使每台海尔5公斤洗衣机的配套成本降低15.3元,按每年60万台产量计算,一年可降低成本近1 000万元。在划归后的第三个月里,公司实现扭亏为盈;9月盈利2万元,10月盈利76万元,11月盈利100多万元,12月一个月盈利150多万元,企业终于出现了越来越好的发展态势。

第九章　企业国际化战略

学习目标

- 了解企业国际化战略的概念及其特征
- 理解企业国际化战略的原因及其意义
- 掌握企业国际化参与战略的四种方式
- 理解进入国际目标市场的方式选择及其影响因素
- 理解市场战略的三种模式

第一节　国际化战略概述

一、国际化战略的概念及其特点

1. 企业国际化战略的概念

企业国际化战略是指从事国际化经营的企业(国际企业)通过系统地评估自身的经济资源以及经营使命,确定一个较长时期内企业的主要任务和目标,并根据变动的国际环境拟订必要的行动方针,为求得企业在国际环境中长期的生存和发展所作的长远的、总体的谋划。

通常,企业国际化战略应当表明以下几点:

(1) 企业的经营领域。即企业要明确出售何种产品或服务,目标市场定位在哪儿,企业为哪一类消费者服务。

(2) 找出企业经营领域方面的差别优势。了解企业提供的产品及劳务,是在什么基础上取得超过竞争对手的优势。例如,是较容易获得原材料的途径，或是具备更优秀的人才；是掌握特殊技术，还是有较低的成本与价格优势等。

（3）指出企业战略推进步骤及大体的时间安排。企业为了准确地定位经营领域，找出经营领域的差别优势，应明确哪些步骤宜早作安排，哪些步骤可以推迟进行。

（4）期望取得的目标成果。企业用什么样的财务标准和其他标准衡量自己的成就，以及预期达到什么样的成果水平。

2. 企业国际化战略的特点

由于企业进行国际化经营而超越国界的异地性，使它们面临的生产经营环境与国内市场经营的企业有较大的差异，其特点与国内市场经营的企业也有较大的差别。具体表现在以下几个方面。

（1）经营环境非常复杂。经营环境的复杂性表现为环境因素的多变性、不可控性和多样性。影响企业生产经营活动的因素远比国内复杂，这些影响因素包括政治、经济、法律、文化等多方面的差异和变化。它们比国内环境因素具有更强的不可控性和难以预知性。因为，所谓的国际市场实际上是由世界上大大小小一百多个国家和地区的市场组成的，每个国家和地区的环境因素均有其独特之处。企业在进入不同的国际市场时，将面临彼此各异的市场环境。这就对企业经营者知识的结构和广度提出了更高的要求。

（2）经营空间更为广泛。国际化经营的企业，在资源来源的途径、经营范围的拓展和产品开发程度等方面要比国内市场经营的企业广泛得多。国内经营的企业基本上是利用企业内外资源，在原有产品和业务构成的基础上，以国内活动空间为主体开展经营。国际化经营的企业由于在获取资源、产品生产、产品销售、研究与开发等方面的经营活动扩大到世界范围，就要求在制定战略时，把世界作为一个单一的大市场来开展自己的经营活动，以满足全球范围消费者的需要作为企业的宗旨。

（3）竞争非常激烈。国际化经营的企业面向的是国际市场，而国际市场大都是买方市场，各国商品销售者之间的竞争十分激烈。特别是第二次世界大战后，由于全球经济一体化的趋势不断加强，跨国公司已成为国际市场上的一支重要力量。它们实力雄厚，进行国际经营活动的经验丰富，在许多产品领域居于垄断地位。企业在进行国际化经营时，与跨国公司的竞争难以避免，这对于初涉国际化经营的企业无疑是严峻的挑战。

（4）信息管理难度大。由于经营空间距离较大，信息的传递和交流不如国内方便。现在虽然有先进的通讯手段，但费用较高，企业进行国际化经营的成本较大。语言与文化的差异、商业习惯的不同，以及不同国家政府的政治倾向等，都使得企业进行市场调查，获得经营信息的困难比国内要大得多，所花的费用也高得多。除此之外，经营空间的广泛性要求搜集的信息范围广，经营环境的复杂性要求信息搜集要全面，而竞争激烈要求信息的传递迅速准确，反馈及时。这些都给国际化经营的企业的信息管理带来了不小的挑战。

（5）需要更好的物流体系。进行国际化的企业，它生产所用的原材料、元器件和零配件的供应可能都来自于世界不同的国家和地区，产品也销往世界各地，这样远距离运输就是个很大的难题。国际化经营企业为了履行合同，保证及时交货，必须保证原料的及时供应，保质、保量、按时根据国外订货的合同加工出产品，并及时运送给用户。因此，对国际化经营的企业来说，一个好的物流体系对于企业原材料的供应、对于其更好地为世界市场服务都有极其重要的作用。

综上所述，企业国际化战略其实就是全球性战略的一种。为了实施和实现全球战略，国际化企业在经营决策时，所考虑的不是某个子（分）公司的局部得失，而是整个公司的最大利益；不仅要考虑公司的存在，更要考虑整个公司未来的发展。也就是说，国际化企业实现其全球战略目标的活动，已不是简单化的对市场有利机会和不利条件的直接反映，而是对公司所处的竞争环境和公司本身的资源条件认真分析后，经过周密策划的有计划的行动。这种全球战略目标和全球战略部署，包括各种可能的抉择，明确的地区、产品发展规模和优先顺序，以及向新地区、新领域扩张的步骤等。

二、企业国际化战略的原因及作用

1. 企业实施国际化战略(区别于本土化战略)的原因

(1) 国际市场存在新的潜在的机会。如果一个公司在本国市场上(尤其是发达国家,比如美国)推出了一项创新产品,在其他国家的市场上也会产生对这个产品的需求,于是就会有产品出口。当国外市场上的需求增长到一定程度,特别是当国外厂商也开始生产这种产品以满足增长的需求时,本国公司就会直接投资到国外市场,开办工厂,生产产品,以期以国际多元化来延长产品的生命周期。

(2) 确保有充足的原材料供给。在某些特殊的行业中,原材料的供应至关重要,例如钢铁公司需要铁矿石矿,轮胎公司需要橡胶,而石油公司在全球寻找石油矿藏。

(3) 确保生产的低成本。玩具,机械制造和很多其他行业的企业都将它们的部分工厂转移到国外以寻求低成本优势。

(4) 利用规模经济优势。在一些行业中,为了达到规模经济必须进行大规模的投资,当生产能力超过了本国市场需求的时候就不得不向新的市场渗透,将企业的储运、采购、生产和市场营销等活动转向国际化。

2. 企业实施国际化的意义

(1) 扩大了市场规模。企业通过国际化能够有效地扩大市场,有时扩大程度甚至相当可观。对于那些处在有限增长的本国市场的竞争者来说,国际化战略具有巨大的诱惑。

(2) 丰厚的投资回报。由于通过国际化使得企业面临的市场规模远比单一的国内市场要大得多,因此投资的回报也更为可观。例如,大众和通用在对中国汽车市场的投资中都获得了比其国内市场大得多的回报。

(3) 增强了规模效应。通过国际化有效地拓展了市场对公司产品的需求,从而也增强了规模效应。

(4) 造就国际化人才。企业在国际化过程中面临了更大的挑战,这对于企业造就一支国际化的人才起到了很强的推动作用。

第二节　国际化参与战略的选择

一、国际化环境分析

1. 国际化环境的内容

从地域空间来看，国际经营环境有母国环境、东道国环境和国际环境三部分构成。

(1) 母国环境。母国环境有本国的间接环境因素和直接环境因素所构成。国内经理们对这些因素最为熟悉了解。这些因素不仅影响国内经营，也影响海外业务。母国的经济、政治和社会状况促使本国政府制定鼓励或限制对外投资和出口的措施。例如，当政府面临外汇短缺时，可能限制资金的外流。这将制约以该国为基地的国际企业的海外扩张。相反，如果国内失业率高，在海外有生产基地的国际企业可能会遇到进口限制。1986 年，埃及政府就通过关税措施实施了一系列进口限制。

(2) 东道国环境。东道国环境是企业在某外国市场上经营时，在当地所面临的各种间接和直接环境因素。同样的因素在母国也同样存在，只是在其他国家，这些因素的状况可能与本国大不相同。在国内环境中，经理们所面临的许多因素维持不变，单一的货币、同质且熟悉的文化、共同的语言、熟悉的基础结构，经理们就是在这样的环境中生长、生活和工作的，他们能对之加以预见、接受，作出本能的反应，因而也就对之加以忽视。而在国际经营中，具有这样特性的因素是很少的。当然，不同东道国的情况不一样，各类环境的差别、机会以及威胁也大为不同。东道国环境状况与本国环境状况可能有很大差别，而各东道国之间的差别可能较小。因而，尽管有些国家之间存在环境差别，但与国内相比，这种差别就显得很小了。例如，对西方国家的国际公司而言，在欧洲国家运营时可能发现政治环境有很大的差别，但在非洲和亚洲国家运营时可能发现文化差异会更大。

东道国环境因素的另一特点是难以评价和预测。环境陌生，缺乏信息，常常会带来不正确的评价和预测。在外国环境中，它使许多分析家感到意外。有些国家政局不稳定，曾经赞同海外投资的政府可能一夜之间被反对外资的政府所代替。因此，这些环境因素的高度不确定性和多样性要求有更为复杂的决策过程。

（3）国际环境。当企业进行国际经营时，涉及资源和业务在不同国家之间的流动。母国环境和东道国环境之间以及各东道国环境之间的相互作用就构成了经营的国际环境。国际环境包含一系列多样化的政治、法律与经济因素，主要由国际机构、国际货币体系以及国际协议构成国际环境的主体。联合国及其所属机构等国际组织、欧盟等一类的区域性组织、石油输出国组织一类的国际工业组织的政策和活动都对企业的国际经营活动构成直接或间接的影响。这些组织一般在全球性协议、区域协议或工业协议的基础上形成。

2. 企业国际化经营分析

国际企业经理必须仔细研究、分析企业在每个国家所面对的产业状况和竞争状况。这决定着企业是否在某个市场上继续开展业务，也表明了企业在经营活动中所应遵循的策略。

（1）产业分析。表现产业特性的因素主要有以下几个方面：属于消费资料还是生产资料；与其产品的替换性与补充性；生产规模的经济效益与经济效果；资本密集程度；技术革新的可能性；买方的集中程度。

国际企业要在竞争环境中取胜，就必须准确评估和了解该产业全球竞争状况和每一国家的竞争情况。基本分析内容如下：

① 从战略上分析产业结构特征。这些特征包括竞争者的数量与规模、市场领导者及其势力范围、客户与购买特点、分销渠道、产业垂直联合程度、该产业的进出难易程度、该产业的容量与地域分布以及该产业的其他特点。

② 分析该产业的发展方向及其推动力量。产品所处的生命阶段会使某一产业发生根本性的变化。产业结构的重大变化影响长期投资机会，国际企业必须据以调整其投资策略。许多间接环境因素将影响产业的演进。

③ 分析该产业的经济特点。这些特点包括资本需求量、成本结构、经济规模、正常利润水平、内部现金流量、定价方式、不同生产能力利用水平下的价格—成本结构、盈亏平衡状况等等。这种收入—成本—利润分析为国际企业在该产业进行经营给出了限定条件。

(2) 竞争分析。有关竞争状况需要分析三方面因素:进出产业的主要竞争者、现有产品和服务的替代和补充状况、现有竞争者的主要策略变化。

① 进出产业的主要竞争者分析。国际企业应该就竞争提出这些问题:竞争是如何变化的? 是否有新的竞争者进入该市场? 原有竞争者有可能离开市场吗? 例如,韩国和日本的低成本、高效率的钢铁生产者的竞争给美国钢铁制造商带来的经济影响是市场新进入竞争者的例子。这些公司轻易克服进入障碍并带来潜在的竞争力,企业可获得利于进入该产业的协同作用,在该产业竞争的企业可以是其现有策略的扩展,如果他们进入该产业,他们就可能进行向前整合和向后整合。例如,许多产业分析家认为,在美国航空业涌现的合并和兼并的浪潮会在美国形成八大势力强大的航空公司。

② 现有产品和服务替代和补充状况分析。同质低成本产品和服务替代品的出现会影响该市场上企业的盈利能力和成败。例如,新建水坝和发电站会减少电力工厂对燃料的需求,这会对石油业企业带来副作用。从正面看,禁止使用人工甜味剂,如糖精,会增加对国际企业食糖产品的需求。

③ 现有竞争者的主要策略变化分析。主要竞争者的策略变化是国际企业经理们必须加以研究的最为重要的因素。例如,威斯汀豪斯公司推出的 2 500 小时或 2 年保证正常使用灯泡引起了通用电器公司(GE)和其他竞争者的极大关注。国际商用机器公司(IBM)、萨文公司(Savin)、SCM 公司、柯达公司(Kodak)以及其他复印机制造商不断高涨的竞争使施尔公司(Xerox)不得不作出反应,该公司过去在这一领域独霸天下,可以小视其他公司的所有竞争。

假设企业能辨别出竞争者对其环境看法中所存在的偏差和盲点,

这些盲点是竞争者完全忽视了的区域(如策略行动)、看法不正确的区域、或认识迟缓的区域。了解这些盲点有助于企业选择那些竞争者不太会马上予以还击的行动,也有助于企业寻求即使引来还击,但还击的有效性差的行动。

3. 国际经营环境分析与评估

国际企业对国际经营环境的评估方法有很多,不同的行业,不同的企业有不同的方法。下面简单介绍几种常用的典型方法。

(1) 经营环境等级评分法。美国经济学家罗伯特·斯托鲍夫认为在企业国际化经营中对环境的评价时,应该集中在对最主要的8个因素进行评价。评价时,设定不同的等级,对每个因素按其实际状况划分出等级并给予一定的分值,最后汇总得出对某国环境的综合评价。这八个主要因素是:a. 资本回收限制;b. 外商股权比例;c. 对外商的管制和态度;d. 货币稳定性;e. 政治稳定性;f. 关税保护倾向;g. 当地奖励措施;h. 近5年的通货膨胀率。

(2) 国别冷热比较法。美国学者伊西阿·利特瓦克和彼得·拜廷则把国际经营环境归结为7个主要因素:根据7个因素的程度高低来判断一个国家的环境是“冷”还是“热”。这7个因素为:a. 政治稳定性;b. 市场机会;c. 经济发展和成就;d. 文化一元化;e. 法律障碍;f. 筹资障碍;g. 道德文化差异。这七个因素中,如果前四种程度高,属于“热”国,投资环境好;反之则属于“冷”国;后三种则相反,如果程度低,属于“热”国,程度高则属于“冷”国。

(3) 机会—威胁分析法。这里主要指的是国际经营活动中风险远比国内经营大。国际经营活动的风险主要有政治风险和外汇风险,尤其要注意外汇风险的预测及回避。外汇风险有三种类型:交易风险、换算风险和经营风险,对不同的类型应采取不同的方法进行管理。

在环境的分析中需要搜集大量的资料和信息,大的国际企业可以自己建立一套完善的信息网络,以便随时随地对环境进行监测;中小企业则可以通过一个公共的咨询机构获得有关的信息,如美国《Planning Review》杂志每年公布政局稳定指数、商务风险指数、国际政治风险预测等数据。根据各种信息对企业国际化经营的环境进行机会—威胁分析，作出正确的经营决策。

二、国际化参与战略的类型

在完成对企业国际化环境的分析之后，企业面临的一个基本问题就是如何选择参与战略，即如何解决所谓的全球——当地两难问题。即公司在对经营者所在国的市场的特定需求作出反应的同时，又应该忽视各地区的差异而在全球范围内从事相似的经营活动。

解决两难问题的方法有两种，无论是选择当地反应还是全球性的，都会形成一家跨国公司的基本战略导向。这种战略导向进而影响组织设计、管理体系以及比如生产、营销和财务等其他领域的职能战略。

选择当地反应方案的公司应强调根据国家或地区差异来确定组织与产品。其核心是根据不同的需要调整产品或服务来满足当地顾客的需求。促使一个跨国公司采用当地反应方案的外部力量主要来自于顾客偏好方面的国别差异或文化差异，以及顾客需求的多样性。此外产业的运作方式以及各国政策上的差异也会导致公司倾向于当地反应。

选择全球方案的公司会不遗余力地在全球所有的国家采用标准化的产品、促销战略和分销渠道，以增强其相对于竞争对手的成本优势。

但是，无论是采用何种战略都无法担保企业国际化的成功。每一个公司或产品都有与其相适应的国际化战略。由此，面对国际化的巨大诱惑，寻求国际化的公司都应该审慎地确定他们的当地或全球战略导向。有四种广义的国际化战略可以提供给这些公司选择：

1. 多地战略

多地战略把满足当地的需求置于首要的位置。多地战略的很多特征表明它只不过是差异化战略的一种形态而已，公司密切关注当地顾客的需要并努力为其提供具有吸引力的产品或服务。例如，为了满足特定地区顾客的爱好和需求，公司可以将在该地区出售的产品的广告、包装、销售渠道与定价等都做相应的调整。

由于最大限度地利用差异化，针对世界不同的国家生产和销售各不相同的或特殊的产品，对进行国际化的公司来说则意味着更高的成本，为适应当地的要求而调整每种产品的特性必然会导致额外的成本支出。因此，国际化的公司通常不得不向其顾客索取相对较高的价格，以此来抵补适应当地需要而调整产品所带来的额外成本。

多地战略并不限于有能力建立海外子公司的大型跨国公司。即使是仅仅出口其产品的小公司，也可以通过适应不同的国家或文化广泛地调整其产品线，实施多地战略。然而，对于大多数采用多地战略的大型组织通常意味着将其海外子公司作为独立的业务来对待。将每个国家作为一个利润中心。大型组织分布于每个国家的子公司可以根据需要自主管理自身的经营，但它要想从总部取得资源那么它必须创造利润。除拥有自己在所在国当地的生产设施、营销职员和分销体系之外，跨国公司的子公司通常利用当地的原材料和雇用主要来自其所在国的人员。

2. 跨国战略

跨国战略具有两个首要的目标：寻求区位优势和从世界范围的经营获取经济效益。区位优势是指跨国公司根据条件要求，将其价值链活动（例如，研发、制造以及销售）分布或配置在世界上的任何地方，以期能够以最低的成本来进行相关的一系列活动。

不同国家可以为公司所利用的资源在很大程度上支持了价值链中的上游活动，比如研发、生产等。利用上游区位优势，国际化公司就可以：

（1）寻求世界范围的低成本融资。

（2）将下属单位配置在接近高质量原材料的来源地。

（3）共享在世界其他地方取得的发现与创新。

（4）将下属单位配置在接近高质量、低成本劳动力资源的地方。

因此，采用跨国战略的公司配置上游价值链活动的时候不仅要依据较低的成本，而且还要考虑到使其产品或服务增值的潜力。

与特定国家相联系的成本与质量优势通常被称为一国的比较优势，它与竞争优势不同之处在于，竞争优势是指单个公司相对其他公司的优势；而比较优势是指一个国家相对另一些国家的优势。比较优势对子公司而言是十分重要的，因为它们可以利用比较优势取得相对其他国家竞争对手的竞争优势，以此赢得竞争中的胜利。跨国公司视任何国家为一个全球平台，来进行特定的价值链活动，因此，一国的比较优势不再仅仅是对当地组织有利。随着经济全球化程度的不断深入，无论其所有权掌握在哪个国家，如果公司具有选择任何区位的弹性和意愿，任何公司都可以将任何国家的比较优势转变成自己的竞争优势。

3. 全球化战略

为解决全球—当地两难问题，有些公司在尝试采取一种折衷的方法。与跨国战略一样，遵循全球化战略的公司也是力图销售全球性产品，并将全球市场看成是一个没有差异的整体，在世界范围内采用相似的营销方法。即使在特定的情况下，为适应某些特定地区的顾客或文化而进行调整的话，这种调整也是相当小范围内的细微改动。但是，实施全球化战略的公司与跨国公司有所不同，它们并不选择将价值链活动在世界范围内配置，上游与辅助性活动仍集中在母国总部。全球化企业中的企业家们希望，集中价值链的上游活动（如研究与开发和制造），这样在母国可以带来规模经济效应与更高的质量。

4. 地区战略

采用地区战略的公司试图将全球化水平更高的跨国和国际战略的某些经济效率与区位优势同某些当地调整优势相结合。地区战略并不拥有世界范围的产品和世界性的价值链，它只是在特定的地区管理原材料供应、生产、营销及一些辅助性活动。

在实际中，大部分的公司在实施国际化的过程中都会采用两种或两种以上的战略相结合的方式，单一的战略不能保证公司国际化的成功。当然，公司究竟采用哪一种或几种国际化战略要视公司面临的具体情况和具体的市场而定。表 9-1 概括了四种基本的国际化参与战略。

表 9-1

国际化参与战略内容

战略内容	跨国战略	全球化战略	多地战略	地区战略
世界市场	是,具有尽可能适应当地条件的灵活性	是,保留少许灵活性以适应当地条件	不,视每个国家为独立的市场	不,但主要地被作为相似市场对待
单个价值链活动的世界定位	是,对公司最有价值的地方—低成本,高质量	不,或仅限于复制总部的销售或当地生产情况	不,全部或大部分价值链活动定位于生产或销售国	不,但地区可以提供一些活动的不同国家区位
全球产品	是,达到最高可能的程度,必要时有一些当地产品,依赖于世界范围的品牌认同	是,达到最高程度,几乎没有当地性改变;公司依赖世界范围的品牌认同	不,产品在当地生产,遵循当地口味以最好的服务于当地顾客的需求	不,但在一个主要的经济区内提供相似的产品
全球营销	是,与全球产品发展相似的战略	是,尽可能	不,营销集中于当地国家	不,但整个地区常有相似的战略
全球竞争活动	用任何国家的资源来攻击和防卫	在所有的国家攻击和防止,但资源来自总部	不,以国家为单位计划竞争活动并为其融资	不,但从地区内来的资源可用于进攻和防卫

第三节 目标市场进入方式及其选择

一、目标市场的分析

1. 目标市场宏观因素分析

目标市场宏观因素分析主要是从目标市场的环境因素、市场因素、生产因素等三个方面来做分析的,分析见图 9-1 所示。

2. 影响进入目标市场方式选择的其他因素

当企业已经决定进行国际化,并且已经选定其所要进入的目标市

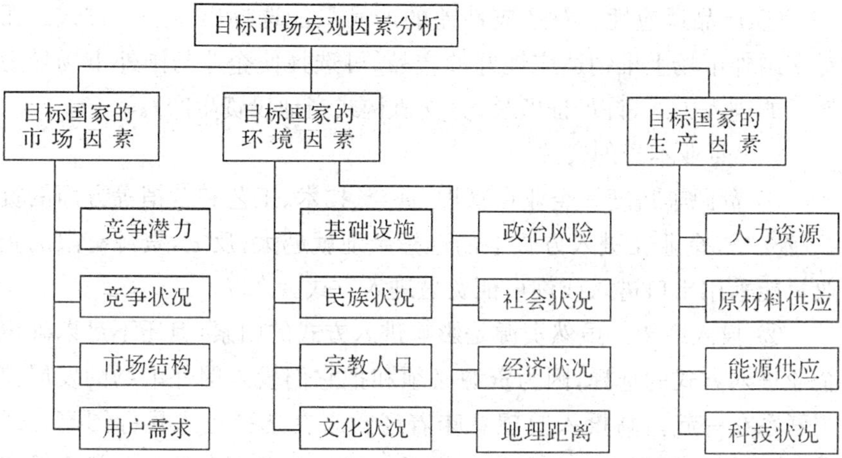

图 9-1 目标市场宏观因素分析

场后，在决策采用何种方式进入目标市场时还应该考虑以下几个因素：

(1) 企业进入国际市场的决心和目标。企业进入国际市场的决心大小会影响进入市场的方式选择。

(2) 企业自身产品因素。

① 产品的独特性。与竞争对手的产品相比，产品必须拥有自己独特的优势，即使产品在必须承受高运输成本、高关税的国外目标市场也能保持很强的竞争力。所以，拥有较强优势的产品可以选择出口进入的方式；反之，只能选择在当地进行生产的方式。

② 产品所要求的服务。要求一系列售前和售后服务的产品，对于与目标市场有一定距离的企业来说是一个难题。因此，服务密集型制成品倾向于采用分支机构或子公司出口以及在当地生产的进入方式。如果企业的产品本身即是服务，如工程、广告、计算机服务、管理咨询、建筑工程等，则企业必须找到在国外目标国家进行这些服务的途径，因为服务不可能在一个国家生产出来再出口到外国去。

③ 产品的生产技术密集度。生产技术密集度高的产品使企业优先采用技术许可证贸易方式进入目标国家，如许多生产资本品的企业多采用许可证贸易。

④ 产品适应性。对适应性差的产品只能选择出口进入方式。而对在国外市场上推销适应性好的产品,可选择使企业与国外市场最为接近的进入方式(许可证贸易、分支机构或当地投资生产)。

(3) 企业本身的资源。

① 资源丰裕度。企业在管理、资金、技术、工艺和营销等方面的资源越充裕,企业在进入方式上的选择余地就越大;反之,资源有限的企业只能采用出口进入或许可证贸易进入方式。

② 投入愿望。虽然资源是影响进入方式的因素,但还不足以确定企业进入方式的选择,因为资源必须和把它们投入国外市场的发展愿望联系在一起。高投入愿望意味着经营者在选择进入目标国家方式时,与低投入愿望的经营者相比有更为广泛的考虑余地。前者更倾向于采用投资进入方式。

(4) 营销成本的考虑。在国际化的过程中企业选择不同的进入方式则营销的成本也会有很大的不同。大型的企业有能力承受比较高的营销费用,而小的企业则可以选择营销费用较小的市场进入方式。

(5) 投资回报的能力。不同的市场进入方式会带来不同的投资回报。

(6) 竞争对手的分析比较。竞争对手的不同,则在国际化的过程中企业选择的进入方式也会有所不同。

二、目标市场进入方式的选择

完成了对国际目标市场的分析之后,就要进行战略规划,这包含了两个层次的内容。第一层是对全球若干市场的发展战略规划;第二层是针对某个具体目标制定市场进入的战略,即通过何种方式进入该市场及以后如何发展。

对各个具体目标市场采取何种方式"登陆"是国际经营战略规划中的重要内容。根据美国麻省理工学院教授法默和里茨的研究,对国际市场进入方式按是否涉及海外管理权可分为两类:一类是不享有国外管理权的方式,如进出口贸易、证券投资、对政府和金融机构贷款、技术转让、合同安排、国际租赁、国际咨询等;另一类是享有国外直接管理权的方式，其中包括国外直接投资、国际服务经营、工业合作等。

国际目标市场进入的方式主要有以下几种。

1. 商品出口

很多企业以出口作为其国际化的起点，商品出口可分为直接出口和间接出口，间接出口是指通过本国的各种外贸机构或国外企业设在本国的分支机构进行出口。而直接出口则是指企业将产品出口给国外客户，这些客户可能是最终用户，也可能是中间商。

(1) 直接出口。直接出口中企业对出口产品的经营管理保留部分或全部的控制权，企业要参与国际营销活动如市场调查、寻找客户、出口手续等。其优点是：企业可加强控制，更有效地按企业自身的意图实施出口战略，有利于积累国际营销经验，培养营销人才。但是这种方式要求企业投入的资源也较高，需要大量的人力物力，另外风险也较大。直接出口有以下几种主要形式：a. 直接将产品卖给最终用户；b. 利用代理商；c. 利用国外的经销商；d. 设立驻外办事处；e. 建立国外营销子公司等。

(2) 间接出口。这一方式是指国际化的企业通过企业所在国的中间商办理出口业务，企业的产品是走出了国界，但企业的营销活动仍是在国内进行的，企业并不直接参与该产品的国际营销活动。间接出口的优点是：风险最低，资金、人力等资源投入较少；但是企业控制海外营销活动能力较差，学习国际经营的潜力较低，一般适合中小企业使用，或把间接出口作为进一步发展的跳板。即使 IBM 和通用电气等巨型跨国公司也采用间接出口的方式渗透到某些次要市场。间接出口的方式主要有：a. 外贸收购；b. 靠外贸企业代理出口业务；c. 委托出口管理公司代理出口业务；d. 联营出口；e. 靠国际贸易公司代理出口业务；f. 靠外国公司的采购处代理出口业务等。

2. 技术转让

技术转让又称技术授权、许可证贸易，是指授权人与受权人签订合同，提供使用专有的工业产权或技术，并收取相应费用和报酬，授权的内容有专利许可、专有技术和商标，许可的方式有独占许可、排他许可、普通许可和可转售许可等。技术转让一般比较适用中小型企业，但是大公司也用来进行市场测试或占领次要市场。例如美国安氏(Aheuser Busch)啤酒就用此战略在以色列、韩国、菲律宾等国经销“百威”啤酒。其缺点是可能培养出新的竞争对手，所以企业绝不应将技术转让于有明显竞争倾向的受权人，或必须紧紧将核心技术控制住。

3. 合同安排

合同安排又称非股权安排，契约式合营。这种方式是两国合作者建立在契约基础上的各种形式合营的总称。企业以承包商、代理商、经销商、经营管理和技术人员的身份，通过国际工程承包、经营管理、技术咨询等形式，取得利润和为产品开辟新的市场。合同安排主要包括制造合同、合作项目合同、交钥匙工程、管理合同、国际分包合同、许可证贸易、特许经营等。

(1)“交钥匙”工程。它是指国际企业将工程项目的设计、安排、测试甚至产品销售等步骤都做好后，一揽子转让给当地企业管理。工程的客户通常是政府机构或代理人。例如，意大利菲亚特轿车曾为俄罗斯建了一家汽车工厂。用的是菲亚特老车型，但品牌却是俄罗斯牌子。这类公司一般是生产工程机械设备的，为东道国提供设备，也提供更新部件及维修服务等。

(2) 管理合同。当某国的一个企业由于缺乏技术人员和管理经验，通过签订合同交由另一国的企业进行经营管理，称为管理合同，例如国际 HELTON 大酒店的管理工作等。

(3) 国际分包合同。通常指发达国家的总承包商向发展中国家的分包商定货，由分包商负责生产部件或组装成品，总承包商出售最终产品，这种合同一般为短期合同。

(4) 许可证贸易。这是企业在规定的期间内将自己拥有的工业产权(如，专利、技术秘密、特殊工艺等)转让给国外法人，而许可证接受者需向许可证所有者支付一定的报酬和专利使用费。

(5) 特许经营。这是由特许授予人准许被授予人使用它的企业商号、注册商标、经营管理制度和推销方法等从事企业经营活动。被授予人则给授予人一定的代价，授予人对被授予人予以有效的协助，被授予人有义务接受授予人的监督和控制。肯德基和麦当劳都是通过这样的方式在全球大肆扩张的。

4. 直接投资

这里是指企业用股份控制的办法，直接参与目标市场国厂商的生产，并产生该企业的经营管理活动的高级形式，也是企业国际化成熟的一个标志，但是直接投资风险更大，而且灵活性差，一旦受挫，可逆转性差；由于全面介入，管理难度更大。

直接投资从投资方式看有以下几种方式：

(1) 全股子公司。在目标市场建立一个全新的企业，母公司至少持有 95%以上的股权。它是直接投资中母公司介入程度最大、控制性最强的方式。全股子公司的效率一般比合营企业高，能保护技术秘密，保证产品的质量，有利于贯彻母公司的管理文化。但它的缺点就是风险巨大，这对企业的财务来说是一个很大的压力；而且这样的企业在目标市场容易被视作外国公司，易遭受排斥，面临的国家风险也是比较大；由于某些东道国的差别对待往往对独资公司的优惠比较少。

(2) 分公司。母公司在海外的分支机构，无独立法人地位，一般授权东道国的合谋公司或个人担任法律上的代理人。

(3) 合营子公司。母公司与目标国家的公司共同投资组建的公司。母公司可能占有多数股权，也可能占少数股权。一种形式是合资经营，合营双方确定股权的比例，双方按股权比例共同承担风险，共负盈亏；另一种形式是用契约来规定双方的权利和义务。合营可以使双方优势互补，分散经营风险。据统计，国际合营企业与独资企业大约是 4:1的比例，合营内容基本包括了生产、销售等方面的各个环节甚至连研发也进行合作。但是，合营企业的困难和问题也很多，如双方经营目标不一致，管理方式有差异，文化也有冲突等不利因素都有可能使合营失败。

5. 外包战略

这种方式现在已经被国际上广泛采用了，就是公司进行研发，开发新的产品，而生产完全包给其他包括国内和国外的生产商进行生产。最后利用企业的牌子在国际上进行营销。例如，爱立信公司把手机生产的全部过程包给国外企业进行生产，公司只负责研究开发以及销售与售后服务。耐克也是一样，仅进行鞋子的设计，利用自己品牌的优势，把生产包给其他生产商进行生产，最后再由它进行销售。

思考题

1. 简述企业国际化的概念及其特征。
2. 企业国际化的原因及其意义是什么？
3. 企业国际化的参与战略有哪几种方式？
4. 影响企业进入目标市场的方式选择的因素是什么？
5. 简述企业在国际化过程中的市场战略模式。

本章案例

卡特皮勒拖拉机公司的国际化战略

卡特皮勒拖拉机公司将大型建筑设备业变为一个全球化产业，在面临一个有力的日本竞争者的前提下，实现了在全世界对这一行业的垄断。这成功是艰难的。首先，建筑设备的规格在国家间相差很大，而且设备运费高，地域配送，包括用户信贷、备件存货、维护设施常常要求是当地化管理。

内维·西比斯在第二次世界大战后将卡特皮勒设备留在了其他国家，植下了卡特皮勒全球化的种子。该公司建立了由独立经销商构成的分销体系，为这些设备提供服务，这些经销商得到了来自于部件的高利润回报，并可补偿部件的库存费用。卡特皮勒分销商迅速成长，它们规模大、财务状况好，比竞争者从事更多的、有利的部件业务。这种全球分销系统是卡特皮勒抵抗竞争的两个重要壁垒之一。

全球生产规模是另一壁垒。建筑设备部产品成本的2/3为重型部件——引擎、轴、传送带和液压机构，其制造成本为资本密集型，对经济规模高度敏感。卡特皮勒大量投资于几个大规模的精密部件制造设施，以满足全球需求；设计使用标准部件的产品线，以将其在不同国家的销售网络转变为成本优势。

公司在欧洲、日本、巴西、澳大利亚等各主要市场设立组装厂，扩大集中化生产。在这些工厂里，卡特皮勒加上了适应于当地的产品特点，避免产品高昂的运费，更重要的是卡特皮勒直接参与到当地经济中。公司实现了低成本，但并未牺牲当地产品的灵活性。对当地政府而言，公司是一个朋友而不是威胁。

卡特皮勒受到最大挑战是小松制作所——日本建筑设备制造领先者。该公司以低廉劳动力和钢铁成本优势为基础，集中生产和出口高质量产品，并据此确定其全球战略。在过去的 10 多年中，小松占有了世界建筑设备市场的 15%，在与卡特皮勒竞争的所有产品线上均有相当的份额。但卡特皮勒保住了位置，取得了世界市场份额。两家公司通过在不同国家和地区的竞争，不断提高其市场主导地位。什么使得卡特皮勒的战略如此有力？公司认定作为一个世界领先者来防御特定竞争者，需具备四个基本特征：

(1) 自己的全球战略。卡特皮勒在一体化全球战中获得了成本和效率的竞争优势。小松只是简单地跟随，而不是超越。面对有意识地推行全球战略的竞争者，小松处于一个比日本电视和汽车起飞时更弱的位置。

(2) 投资于制造业的意愿。卡特皮勒的高层表现出对弹性自动制造系统的一致认可，该系统能够完全发挥世界市场规模的经济性。

(3) 效力于财务资源的意愿。卡特皮勒是西方公司中平均雇员资本投资上唯一可与小松相匹敌的公司。事实上，其总资本投资超过日本公司的 3 倍。卡特皮勒不把资源转向其他业务，或过度发放股利而削弱财务优势。因为小松获利能力低于卡特皮勒，它在追赶卡特皮勒的高投资率过程中必然会耗尽其偿债能力。

(4) 在日本市场的桥头堡。1963 年，卡特皮勒与长期对立但较弱小的三菱公司建立了合资企业。从营运上看，合资企业为日本市场服务，从战略上看，它是对小松市场份额和现金流的抑制，日本占世界市场的20%，但占用了小松全球现金流量的80%。日本税收记录表明该合资企业只赚取了中等的利润，但对卡特皮勒来说有着巨大的战略价值。

（案例来源：范晓屏编著：《国际经营与管理》，科学出版社 2002 年。）

第十章 企业品牌战略

学习目标

- 理解品牌的含义
- 学习品牌的类型及功能特征
- 掌握在品牌的评选阶段应遵循的标准
- 了解品牌的塑造应该从哪些方面展开
- 分析品牌战略的分类及选择

第一节 品 牌 概 述

一、品牌含义及相关概念

品牌是一种名称、术语、标记、符号、或设计，或是它们的组合运用，其目的是藉以辨明某个销售者或某群销售者的产品和服务，并使之同竞争对手的产品和服务区别开来。它包括品牌名称、品牌标志和商标。

(1) 品牌名称，是指品牌中可以被认出，并能用言语称呼的部分。例如，可口可乐、雪碧、芬达等。

(2) 品牌标志，是指品牌中可以被认出，但不能用言语称呼的部分，如符号(记号)、设计、与众不同的颜色或印字。

(3) 商标，是指企业在政府有关部门注册登记以后，就享有使用某个品牌名称和品牌标志的专用权，这个品牌名称和品牌标志受到法律保护，其他任何企业都不得仿效使用。因此，商标实际上是一种法律名词，是指已获得专用权并受法律保护的一个品牌或一个品牌的一部分。

品牌化是企业为其产品规定品牌名称和品牌标志，并向政府有关主管部门注册登记的一切业务活动。

二、品牌类型

根据品牌的构成，通常可分为五种品牌类型：

1. 文字品牌

这是指直接用文字构成的品牌。品牌中的文字可以是中文，也可以是数字以及任何国家、民族的文字。文字品牌简练明晰，容易称呼、识别，可以明确表意；但在国际营销中可能会给音译带来困难。目前，文字品牌是主要的品牌类型，所占比例最大，且出现了厂牌名称与企业名称统一、品牌无词义的倾向。

2. 字母品牌

它是从文字品牌中繁衍出来的一种品牌类型。一般用厂牌名称的第一个发音字的第一个字母作品牌，也可用厂牌名称的每一个发音字的头一个字母组合而成。

3. 图形品牌

一般用人们所见事物经艺术设计后而构成的品牌。图形品牌形象生动，识别力强，还可通过图形直接或间接地传递厂牌、商品的信息，但它难于称呼。目前单纯以图形作为注册品牌的企业比较少。

4. 符号品牌

它是图形品牌繁衍出来的一种品牌类型。一般用某种无意义但简单醒目的符号作为品牌。符号品牌的创意独特，较少重复雷同，更具识别力；特别是运作电脑来设计，可为符号的创新提供更为便利的条件；但在无文字说明时，符号品牌将无法称呼。

5. 组合品牌

这是由文字、符号、图形、字母共同组合或由其中两个以上的类型组合而成的品牌。组合品牌是较常见的品牌类型。

三、品牌的功能特征

1. 品牌对消费者的作用

对于消费者而言，品牌具有以下四种主要的功能：

(1) 识别。品牌自身必须定义清楚、含义单一，这样它才能被人识别。品牌代表了产品的一定质量和特色，可方便消费者选择。消费者只需认准产品的品牌就可了解其基本属性，如品质、特点等。

(2) 信息浓缩。识别性要求把消费者所把握的关于品牌的所有信息以概要的形式发现。因为人的记忆力看起来是以网络方式存储短小的信息的，品牌能够提供进入网状记忆的通道，以触发其和客户的联系。品牌满足了大多购买者的需要，是购买者获得商品信息的重要来源。

(3) 提高安全性。消费者购买一个熟悉的品牌商品，能给其带来更多的信心保证。品牌能够保证给消费者提供他期待的这种利益。

(4) 提供附加价值。品牌能给客户提供比一般产品更多的价值或利益。优秀的品牌可以给消费者与同类产品明显不同的形象，从而有助于减少价格弹性的影响，提高产品的附加价值。名牌产品比同类产品的价格弹性小，而且其价格都明显高于同类产品。名牌产品的品牌效应本身就提高了产品附加值。

2. 品牌对经营者的作用

对于生产经营者来说，品牌具有以下几方面的作用：

(1) 品牌可以增加企业的无形资产。品牌是一种特殊的无形资产，它的特殊性表现在它经常和有形的产品结合在一起，但品牌又不是产品本身。当某品牌发展成为名牌后，这种状况就更加突出了。产品会过时，名牌不会过时；名牌依附的企业可能倒闭，但真正的名牌是不会很快消失的。对于企业来说，品牌的树立虽然使成本增大，但品牌所带来的益处远大于成本的增加，从而增进了企业的经营效益。品牌是企业的无形资产，它已成为企业最宝贵的财富，有些名牌的价值甚至超过了企业的有形资产价值。在不同企业产品的性能、质量、销售服务的差异日益缩小时，品牌已成为消费者选择产品时决策的主要依据。市场竞争在某种意义上就是品牌竞争。品牌的竞争力已成为企业利润的主要源泉。

(2) 品牌有助于企业细分市场，树立良好的企业形象。品牌在消费者心目中的良好形象可以极大地稳定和扩大产品的销售。品牌可以帮助企业建立稳定的顾客群。一般来说，商品质量与商标信誉是相关的，一个好的品牌可以招徕许多为其倾倒的忠实顾客，使其不断地重复购买，这样就确保了企业销售额的稳定。

(3) 品牌可以起到广告宣传的作用。品牌作为商品质量和企业信誉的代表，本身就是一种极为有效的广告宣传工具。消费者常通过品牌来区别产品质量的好坏，并以此来选购商品。当一种品牌赢得了消费者的认可和好评之后，就可以利用消费者的认同心理，促进企业推出新产品。品牌还能使消费者直接地充当企业商品的免费宣传员，而这种宣传远比其他方式的效果要明显得多。这不仅为企业节省了广告宣传费用，而且可以使新产品迅速、顺利地进入市场。

(4) 通过注册商标使新产品得到法律的保护和监督。注册商标维护了企业自身的合法权益，又维护了消费者的权益。有关部门对产品进行质量监督，质量出现问题也便于追究责任。我国《商标法》就规定：凡规定必须使用注册商标的产品，必须申请注册，经批准方可上市，否则不准销售，如香烟、药品等。对一般产品则实行自愿注册商标的原则。

3. 品牌对社会的作用

品牌对整个社会的益处，主要体现在以下几点：

(1) 品牌可促进质量的不断提高。由于购买者按品牌购货，生产者不能不关心品牌的声誉，加强质量管理，从而使全社会的产品质量普遍提高。

(2) 品牌可加强社会的创新精神，鼓励生产者在竞争中不断创新，从而使市场上的产品丰富多彩，日新月异。

(3) 品牌专用权可保护企业间的公平竞争，使商品流通有序地进行，促使整个社会经济健康发展。

第二节　品牌设计和形象塑造

一、品牌设计

要确立品牌战略，就必须对企业的产品属性和发展状况以及竞争状况等相关因素进行详细地了解和分析，才能确定出最终的方案，并把它推向市场。确立品牌战略的前提是进行品牌设计，品牌设计的目的就是要通过有关人员对市场和消费者的系统分析和研究，设计出富有鲜明个性，能反映产品性能或特色的产品品牌。由产品设计人员来介绍产品的性能、特征、使用对象、使用时机等情况，所有的品牌决策人员则以此为基础进行构思，并提出若干候选品牌以供评选。品牌设计时，虽然有一定的范围限制，但考虑到设计的脱俗和创新要求，品牌设计思路不易受限太多。品牌设计后就需要对各个候选品牌进行评价和筛选，而评选时由于各品牌决策人员的认知角度不同，可能会有不同的评价标准。为此，需首先确定一个评选标准。因为品牌是给消费者听和看的，所以毫无疑问，应该注意的是消费者对品牌的可能反应。品牌在现代市场营销中的作用日益明显，企业设计品牌的优劣直接关系到企业产品的经营状况。因此，设计好的品牌对于企业是非常重要的。企业在品牌的评选阶段应遵循以下标准：

1. 质量过硬

产品质量是品牌生命的基础。从我国目前情况来看，产品质量，特别是感知质量是制约我国名牌产品参与市场竞争、与国外品牌争夺消费者的重要因素之一。所谓品牌感知质量就是消费者对某一品牌产品总体质量或优势的感知。因此，感知质量是主观的。它以产品的客观质量为基础，但并不总是符合客观质量。许多国内产品虽然产品本身质量很高，但由于其包装、宣传等方面的问题，在消费者心目中却是质量低劣；而很多国外产品与国内同类产品相比，产品的实际质量相同甚至略低，但在消费者眼中却质高一筹。品牌的树立是基于产品质量的出众，没有质量的保障，品牌的树立是不可能达到预期结果的，至少从长远的角度来看是这样。仅凭形象的策划是不够的，是不可能延续很长时间的。质量标准与国际接轨已是大势所趋，取得 ISO 9000 系列质量认证不仅是名牌产品进入国际市场，参与国际竞争的必备条件，而且是提高品牌竞争力的有力武器。它系统地总结了工业发达国家在长期市场竞争中开展质量管理和质量保证、谋求质量效益的经验，详细阐述了建立一个适合市场需要的有效质量体系的原则和要求，对提高企业的质量管理水平、节省质量成本作出了很大的贡献。所以，进行品牌战略时，一定要严格根据 ISO 9000 系列的要求来保证产品的质量。

2. 技术领先

品牌的建立和发展一定要有先进的技术为后盾。因为技术的先进性就意味着生产率的提高，功能的增加，供货速度的加快，服务水平的提高等一系列的竞争优势的出现。

3. 新颖别致

品牌设计的艺术性要求很高，同时还应保证具有鲜明的特色。突出产品特色，做到与其他产品差别明显，便于消费者识别，这是对品牌设计进行评价的基本要求。品牌作为产品质量和产品信誉的标志，必须具有独特的个性、富有寓意，应能体现出企业的精神面貌和信誉，以及商品的性质和特点，要能给消费者留下美好的印象和深刻的记忆，并能引起强烈的兴趣，促其购买本企业的商品。所以，应该避免与其他企业的品牌相同或类似，防止本企业的商品与其他企业的商品混淆或使消费者误认。

4. 简单明了

品牌的最基本功能是吸引消费者，使品牌在消费者的记忆中占有一定的地位。品牌应体现出易看、易读、易记的特点，使之有利于消费者识别，有利于品牌形象的宣传和推广；同时品牌设计简单明了，在一定程度上可以防止投机者钻空子，维护品牌的声誉。如果品牌标志设计复杂，则投机者在品牌上稍加改动就不易被察觉。

5. 力求通用

世界各国各地区的风俗习惯不尽相同，品牌设计必须考虑在国外市场上是否能适合当地的风俗习惯。另外，由于企业经营国际化是一种发展的必然趋势，企业的品牌设计要力求通用，使得品牌在国际上尽可能多的国家和地区得到认可与接受。如品牌名称的设计要特别注意发音的便捷，力求名称简短，容易发音。企业设计品牌名称应放眼国际，尽量避免经过翻译后出现发音障碍。品牌标志的设计要考虑颜色、造型等的通用化，要避免与市场所在地的风俗习惯相抵触或产生歧义。

6. 合法性

品牌的合法性是指品牌的构成要素要符合法律规定，不得使用法律禁用的各种标志，如各国国名、国徽、国旗、其他国际性组织的专用标志以及违反民族政策的标志等。

7. 协调性

产品品牌投入使用后，就将与企业的营销活动和广告策略紧密地联系在一起，成为企业的一个富有价值的资产。因此，在品牌设计时，一定要定位准确，使之与企业的营销、广告和包装等相互协调。品牌与产品的功能、特征或优点描述要相互适应。品牌还应该能使消费者产生良好的联想，使产品能够表达出自身所具有的优点和能够给消费者带来的利益。

8. 发展性

品牌应确定一种适宜的基调，为日后企业推出系列产品奠定良好的基础。这是发展性的第一层意义。另外，品牌设计应该能够适应企业准备开发的市场，给目标消费者创造良好印象，对提交上来的各种品牌名称和商品等进行反复筛选，并与评选标准一一衡量，然后去粗取精，最终优选出数量有限的几个名称与标志。由消费者对优选出来的品牌名称和品牌标志进行评价。

二、品牌形象塑造

要使自己的品牌在激烈的市场竞争中脱颖而出，离开了广告这一宣传工具是很难想像的。世界最大的日用消费品制造商美国宝洁公司在广告方面的花费竟占到其销售额的30%，其在中国的子公司通过长期密集的广告不知不觉地在中国人心中扎下根，从而长驱直入地进入了中国家庭。而中国的多数企业的广告仍停留在临时性介绍产品这一层次，以致投入很大，但效果并不太理想。而成功的广告应把重点放在品牌形象的长期塑造上。品牌形象塑造首先要明确目标，一般可概括为四个层面：一是品牌的品名和标志的知名度；二是品牌品质的认知度，即品牌品质的优劣高低；三是品牌联想，即受众一想到品牌会联想到的东西；反之亦然；四是品牌忠诚度，即认牌购买长期使用的程度。根据这四个目标，品牌形象塑造应在以下几方面展开。

1. 恰当的品牌定位

品牌定位即勾画企业某品牌产品在目标顾客心目中的形象，使企业所提供的产品具有一定的特色，适应一定顾客的需要，并与竞争对手的产品有所区别。品牌定位的过程可分为四个步骤：一是针对选定的市场进行调查；二是细分市场，消费者的需要虽不同，但可以给其大致归类，形成细分市场；三是排定优先顺序，因为企业没有足够的资源去满足所有细分市场内的消费者，因此必须从中选择你的目标市场；四是定位，决定自己在这个目标市场中的角色。

(1) 品牌定位的依据。品牌定位要依照以下标准才可能选出合适的品牌定位：

① 对消费者而言，定位必须是切身感受的，如果不能让消费者作为评定品质的标准，定位便失去意义。

② 定位要以产品的真正优点为基础。如果信息与实际情形不一致，消费者不但不会再购买，甚至会产生怀疑。

③ 定位一定要能凸显竞争优势。如果与竞争者提出相同的定位，而且产品本身没有任何区别的话，就会产生削价竞争的危险。

④ 定位要清楚、明白，如果太过复杂，消费者不会轻易被说服。

(2) 品牌定位的策略。品牌定位的策略大体可以归结为六种：

① 产品特色定位。根据品牌形象个性化的要求，品牌定位应重点放在产品特殊功能、附加功能上，也就是使之具有其他产品没有的特色。

② 品质定位。通过广告说明产品的良好品质。

③ 序列定位。属于认识结构定位的一种，它表明在商品分类中，按品牌实力明确其先后位置。企业通常使用“同行业名列第一”、“国内首创”等广告宣传语言。序列型定位实质上是在同类产品中竞争，企业确定自己所在的名次，名次先后反映品牌形象的优劣。

④ 抗衡型定位。人脑对产品信息的储存是有限的，对一些有名的

产品记得牢，其他产品要进入人的记忆就比较困难。在这种情况下，如果使人们对产品的认识有一个突破，将自己的产品与名牌产品联系起来，采取抗衡型会取得较好的效果。这种定位提出了产品分类的新概念，使品牌处于创新者的领先地位，同时又能借助于老产品的声誉扩大影响，对提高品牌知名度和市场占有率十分有利。

⑤ 使用者形象定位。使用者按性别、年龄、职业、收入等标准可以划分为不同的消费者群。企业应努力建立品牌个性以吸引相应个性的消费者。这种定位使品牌形象和消费者形象相互影响，相得益彰，品牌形象人格化更有利于品牌形象的塑造。

⑥ 消费者生活场面定位。消费者在不同的生活场景下，有不同的商品需求，从而形成了不同生活场景市场。如果每当消费者面临某个生活场面，就能立即想到某品牌的产品，那么它就是在该场景下最成功的品牌。

2. 顾客认知品牌

品牌认知是潜在的买主认出或想起某品牌的一种能力，它包含了品牌与产品类别间的联系。品牌认知包含一个连续变化的过程，分为三个层次：最低程度是品牌识别；第二个层次是品牌记忆；第三个层次是深入人心，使品牌在人们心目中占据一个特殊位置，真正处于其他品牌的前面。

要获得品牌认知，可从以下几方面考虑：

(1) 要有特色。如果品牌的特色独具一格，则容易让顾客记住。

(2) 标识宣传。标识包含了一种视觉形象，因而比一个单词或一段话更容易学习和记忆，通过有创造性的广告及其他宣传方式，可以使标识与品牌紧密相连，在创造和维护认知的任务中扮演主要的角色。

(3) 直接宣传。直接宣传可能不仅比通过媒介的广告更省钱而且也有效。

(4) 赞助活动。大多数赞助活动的主要作用是产生或维护认知，这些活动都经过现场或电视观众进行宣传，并且在此发生前或后，还有些人会阅读有关消息。

3. 品牌联想

品牌联想是指记忆中同品牌关联的每一件事。一个良好定位的品牌将有一个由强劲的联想所支持的有竞争力并吸引人的位置，并将在合意的特征上得到很高的评价。

品牌联想的种类很多，以下简要列举一些常用的种类：

(1) 产品特征。最有用的定位就是将一个对象与产品特征联系起来，因为一旦这个特征是有意义的，联想便立即成为购买该品牌的原因。

(2) 消费者利益。因大多数产品特征保证消费者利益，这两者之间通常是一一对应的。但一个持久的联想究竟是产品特征还是消费者利益，有时候是非常关键的。这就需要区分出是"理性"的利益，还是"心理上"的利益，理性的利益与产品特征紧密相连，并且可能成为"理智"的决定过程的一部分。而"心理上"的利益通常是观念形成过程的最终结果，关系到购买或使用这一品牌时产生的感觉。

(3) 应用。将品牌与其应用联系起来也是一种常见的方法。如贝尔电话公司将长途电话同情侣之间的交往联系起来。

(4) 用户和消费者。将品牌与用户联系起来可以改变定位与市场细分策略相匹配的程度。

(5) 生活方式和个性。每个人都有自己的个性和生活方式，而一个品牌也会由于具有相近的个性和生活方式为消费者所喜爱。

4. 品牌忠诚

品牌的忠诚，即市场营销中的中心结构，是消费者对品牌感情的量度，反映出一个品牌的消费者转向另一品牌的可能程度，尤其是当该品牌要么在价格上，要么在产品特性上有变动时，随着对品牌忠诚度的增加，基础消费者受到竞争行为的影响程度降低了。对品牌的忠诚能直接转变成未来的销售。

保持并提高品牌忠诚就具有重要的战略意义。下面是提高品牌忠诚度的一些原则：

(1) 正确对待顾客。为顾客提供按预期效果发挥作用的产品或服务是品牌忠诚的基础，另外不给顾客提供改变品牌的理由，这是保持顾客的关键。因此为确保顾客有积极有益的经历，需要对员工进行培训，减少消极对待顾客的行为。

（2）接近顾客。鼓励所有员工以各种方法接近顾客，这有助于向顾客或组织机构传递这样的信息；顾客是受到重视的。同时定期调查顾客满意还是不满意，对理解顾客的感受以及调整产品及其服务来讲是尤其有用的，这些调查必须是及时的、灵敏的、可理解的，以便使公司了解为什么顾客对品牌有意见。

（3）产生转变成本。产生转变成本的方法是找出解决顾客问题的措施。例如麦克森公司为其零售商安装了计算机终端，基本上为他们创造了大量的转变成本，并改变了整个药物批发业。

（4）提供附加服务。仅仅为顾客提供一些附加的、未预料到的服务而将顾客的行为由对品牌能容忍转为对品牌热情，这常常是相对容易的。

第三节　品牌战略分类及选择

对于不同的企业，可以根据企业自身的经营目标、市场定位、产品特性、竞争环境以及企业的内部资源状况，采用不同的品牌战略。就其分类而言，品牌战略从不同角度有不同的分类方式，以下是几种常见的分类形式。

一、按产品不同品牌的选择分类

1. 多品牌战略

企业对自己生产或经营的不同规格、不同质量的产品采用不同的品牌。这种战略是宝洁公司首创的。宝洁公司先后推出了“海飞丝”、“潘婷”、“飘柔”三种品牌的洗发水，三种品牌各自突出不同的个性，“海飞丝”去头屑，“潘婷”能令头发健康亮泽，“飘柔”能令头发柔软顺滑。这样三种品牌并没有自相残杀，反而使宝洁公司新老产品交相辉映，扩大了市场占有量。企业用这种战略，一般是为了区分那些容易混淆的不同大类的产品，或是企业生产同一大类产品，为了区别不同质量水平的产品而使用该战略。采用这种战略企业可以将生产的不同大类产品分开，能严格区分高、中、低档产品，满足不同消费者的不同需求，也便于企业不断地拓宽产品线，易于顾客识别和选购。这种战略还便于企业不断扩充产品，适应市场上各种不同的需要，以便在不同大类产品领域中树立品牌形象。它是市场细分过程中的主要措施之一。

采用多品牌战略主要基于以下几方面考虑。

(1) 实行多品牌战略的企业在同一产品上设立两个或两个以上的品牌，品牌之间既相互独立又相互竞争。不会因某一品牌的商品在市场上信誉低落而波及本企业的其他商品，起到分散风险的作用。例如，生产高档产品的企业推出较低档的产品，如果这种产品采用不同于高档产品的品牌，就不会因为低档产品而影响企业的名牌产品的声誉。

(2) 多种不同的品牌只要被零售商店接受，就可以占有更大的货架面积，当然竞争者占有的货架面积自然会相应地减少。

(3) 多种不同的品牌可以吸引不同的顾客，提高市场占有率。这种战略是为了迎合不同地区、不同民族、不同宗教和生活习惯的消费者的需要，适应不同消费者的习惯，避免因品牌的不恰当而影响销售。

(4) 发展多种不同的品牌有助于在企业内部各个产品部门、产品经理之间，开展竞争，提高效率。

从效果来看，多品牌战略可能会影响原有单一品牌的销售量，但多个品牌都为公司所拥有，几个竞争品牌的销量之和又会超过单一品牌的市场销售量，从而使企业获得更多的利润。实行多品牌战略可以增强企业自身的竞争实力，从而挤占竞争对手的市场份额，吸引更多的顾客，同时有助于在企业内部各个产品部门之间展开内部竞争，相互促进，使得企业整体前进。但需要特别指出的是实行多品牌战略，目的不是自己人互相竞争，而是击败竞争对手。因此，企业在实行多品牌战略时必须及时放弃那些不具竞争力的品牌，并严格选择推出竞争力强、有发展潜力的新品牌。多品牌战略是宝洁公司首创的，并获得了巨大成功。

另外，企业对自己生产的同一质量的产品使用不同的品牌。在国际贸易中，采用这种多品牌战略是非常必要的。但多品牌战略的缺点也是十分明显的。由于一个品牌的创立需要花费一定的人力、物力、财力，多种品牌的创立必然会增大企业的成本，这对于初创企业或实力较弱的企业来说，显然是不适合的。并且，品牌的繁杂会使消费者难以记忆和识别，从而难以形成企业的整体产品形象。

在决定是否引进其他品牌时，必须考虑下列问题：是否能为该品牌建立独特的历史，该独特的历史是否可信；该新品牌会夺走本企业其他品牌及竞争对手多少销售量；产品开发与促销费用能否从新品牌的销售额中收回来。

那么如何打造多品牌呢，可以考虑从以下几方面着手：

(1) 通过细分市场创品牌。通过市场细分可以把众多的消费者分成若干的有着同样或近似细分需求的细分群体，针对每一个细分群体创建品牌，占领市场。宝洁公司设计了九种品牌的洗衣粉，汰渍(Tide)、奇尔(Cheer)、格尼(Gain)、达诗(Dash)、波德(Bold)、卓夫特(Dreft)、象牙雪(VorySnow)、奥克多(Oxydol)和时代(Eea)。宝洁公司的营销人员认为，不同的顾客希望从产品中获得不同的利益组合。有些人认为洗涤和漂洗能力最重要；有些人认为使织物柔软最重要；还有人希望洗衣粉具有气味芬芳、碱性温和的特征。于是就利用洗衣粉的 9 个细分市场，设计了 9 种不同的品牌。目前，宝洁公司在洗涤品的市场份额已达到 55%，这是单个品牌所无法达到的。

(2) 洞悉未来买品牌。因为创建品牌是一个十分困难的过程，伴随的风险也非常大，所以有实力的公司往往会购买比较成熟的品牌，然后把这个品牌做大。在这方面，一些汽车企业做得比较成功。大众公司的 9 个品牌有 6 个是收购的，而福特公司收购沃尔沃也获得了巨大的成功。

在企业里采用多品牌战略，一定要通过缜密的调查，寻找到产品的差异。有差异的产品品牌才能达到广泛覆盖产品的各个子市场争取最大市场份额的目的。没有差异的多种品牌反而给企业加大生产、营销成本，给顾客的心理造成混乱，造成自己的左手打自己的右手。

一汽集团的红旗车，曾经在外形、颜色、机器、零件方面与奥迪有着太多的相似之处，而且两车又同属一个档次的轿车，市场的差异性很小，这在多品牌战略中是最忌讳的败招。直到红旗旗舰与世纪星的出台，才使两车有了各自的定位，找准了市场。

2. 单一品牌战略

这种战略又称同一品牌战略，即企业生产或经营的所有产品均采用同一品牌。采用这种战略能向社会公众展示企业产品的统一形象，可以大大提高企业知名度，使企业在推出新产品时省去了命名的麻烦，促进系列产品的推销能广泛地把企业的精神和特点传播给消费者，让商品具有强烈的识别性和给消费者留下深刻的印象，使消费者轻易地接受新产品，从而提高企业的信誉和知名度。同时，还可以大大节省营业推广与广告宣传费用和品牌设计费用，并利用成功的品牌推出新产品，使新产品能快速进入市场；还能在顾客心目中造成企业不断发展，不断创新的好印象，降低了消费者在接受新产品时所遇到的阻力和风险。对于那些享有很高声誉的著名企业，选择这种战略可以充分地利用其名牌效应，使企业所有产品前后响应，增进单一品牌的发展。如美国通用电器公司的所有产品都统一采用“GE”这个品牌名称。

但采取这种战略也要承担很大的风险，在某些条件下，使用单一品牌并不是最佳选择，各种产品明显地表现出共生的特性，一旦某种产品出现问题、就会波及企业的所有产品、从而影响所有产品的形象及销售。所以，企业采用单一品牌战略必须对每一种产品进行严格的质量控制，保持所有产品处于近似的档次上，以便起到相互促进的效果。

3. 主副品牌战略

主副品牌战略是指个别品牌名称与企业名称并用，企业决定其多种不同的产品分别采取不同的品牌名称，且在品牌名称之前加上企业的名称。也就是对产品赋予一主一副两个品牌的战略。其中，主品牌代表该产品所在企业的声誉，它是产品品牌识别的核心；副品牌代表该项产品的特征与个性形象。企业多把此种战略用于新产品的开发，在各种不同新产品的品牌名称上加上企业名称，可以使新产品享受企业的声誉，新产品可以借助企业的知名度而自然地提高自身的价值，从而节省广告宣传费用。而采用不同的副品牌名称，又可使各种不同的新产品显示出不同的特色，使各个品牌保持自己相对的独立性。这种做法在一些著名大企业的经营中屡见不鲜，因为它们的企业是一笔巨大的无形资产，可以为个别品牌带来巨大的支撑。海尔集团的海尔小小神童洗衣机就是一个明显的例子。又如，柯达公司的胶卷因其性能不同，而被分别取名为"柯达万利"、"柯达金奖"、"柯达至尊"胶卷等。显然，主副品牌战略是企业出于折衷的考虑。因为这种战略包含着同一品牌战略和多品牌战略的优缺点，企业可运用此品牌战略，根据产品的特点，综合分析和利用两种品牌战略的优点，抑制其缺点。

二、按品牌所在的行业分类

1. 制造商品牌战略

采取此种战略，品牌是制造商的产品标记，制造商决定产品的设计、质量、特色等，这是品牌战略最初和最基本的形式。采取制造商品牌战略，制造商可以充分把握品牌的发展，使企业的形象不断地完善和提高。像宝洁、丰田和索尼这样的大公司通过自身强大的实力获得了优异的公司品牌优势。例如，索尼在亚洲的彩电、录像机、高保真音响等市场上不是第一就是第二(不包括中国)，这部分归功于索尼在亚太地区的杰出声望。索尼、松下等公司生产的所有产品，实际上用的都是他们自己的品牌名称。但创立品牌不是一件容易的事，它需要相当大的投入。对于实力较弱的制造商来说，制造商品牌战略可能会使企业得不偿失，因为现代企业竞争是企业整合的竞争，需要各方面的竞争优势，但这并不意味着实力较弱的制造商就不能采取这一战略。实际上，他们完全有可能通过避开与竞争者直接冲突的方式，在某些领域所持有的相对竞争优势而实施制造商品牌战略。例如，七喜公司推出的饮料是许多软饮料中的一种，主要购买者是老年人，注意对饮料的要求是刺激性小和有柠檬味。调查结果表明，即使大部分软饮料消费者偏好可乐，他们也不是始终如一的，况且还有许多消费者并不喝可乐饮料。

七喜公司使了一个高招，进行了一次出色的活动，标榜自己是生产非可乐饮料的，从而获得了非可乐饮料市场的领导地位。非可乐饮料具有既新颖又提神的特色，其目的是取代可乐饮料。七喜公司想为消费者开创出一个将饮料市场看成是由可乐饮料和非可乐饮料所构成的新视野，并由七喜饮料领导非可乐饮料。

2. 经销商品牌战略

近年来，经销商的品牌日益增多。它是市场经济发展到一定程度后，买方市场的形成使企业价值的实现越发困难，导致销售成为企业的重心。这时，专营销售的流通企业就会利用这一市场特点开发出自己的品牌。西方国家许多百货公司、超级市场、服装商店等都使用自己的品牌，有些著名公司经销的90%商品都用自己的品牌。同时强有力的批发商中也有许多使用自己的品牌，增强对价格、厂商等方面的控制能力。最著名的成功范例就是耐克公司。其鞋业基地全部在国外，耐克公司仅以其世界性的品牌及销售网络就吸引了众多的鞋业制造者们加盟，也使耐克公司收益颇丰。

当前，经销商品牌已成为品牌竞争的重要因素。经销商使用自身品牌会带来很多利益。经销商进货数量较大则其进货成本核算较低，因而销售价格较低，竞争力较强，可以得到较高的利润。同时经销商可以较好地控制价格，可以在某种程度上控制中间商。但使用经销商品对于经销商会带来一些问题。经销商需大量订货，占用大量资金，承担的风险较大；同时经销商为扩大自身品牌的声誉，需要大力宣传其品牌，如此则成本较高。

尽管制造商趋于占支配地位，但是近来大型零售商和批发商已陆续树立起自己的品牌。如大型的零售商西尔斯、马狮、沃尔玛等都经营自己定牌生产的产品，在自有品牌道路上做得非常成功。越来越多的百货商场、超级市场和日用杂货店都在树立商店品牌。但一些大的跨国公司，如惠普公司生产的产品既用它自己的品牌，又用分销商的品牌。当企业决定是使用制造商品牌还是经销商品牌时，必须全面地权衡利弊，再作出战略决策。在现代市场经济条件下，制造商品牌和经销商品牌之间经常展开激烈的竞争。制造商品牌和经销商品牌之间的竞争，本质上是制造商与经销商之间实力的竞争。在制造商具有良好的市场声誉，拥有较大市场份额的条件下，应多使用制造商品牌，无力经营自己品牌的经销商只能接受制造商品牌。相反，当经销商品牌在某一市场领域中拥有良好的品牌信誉及庞大的、完善的销售体系时，利用经销商品牌也是有利的。因此，进行品牌战略选择时，要结合具体情况，充分考虑制造商与经销商的实力对比，以求客观地作出战略决策。

在制造商品牌与经销商品牌的不断竞争中，经销商逐渐显示出许多优势，使得经销商在竞争中越来越处于有利地位。经销商出售的商品通常是大制造商的产品，但经销商比较重视保持其品牌的质量，并能够赢得消费者的信任；经销商品牌的价格通常比制造商品牌低，能迎合消费者的心理；至于中小制造商及新制造商，他们难以凭借自己的品牌进入市场，与经销商品牌无法同日而语，竞争中明显处于劣势。从总体来说，在制造商品牌与经销商品牌竞争日益激烈的今天，经销商品牌已逐渐占据优势，以商业品牌来吸引生产企业。但因特网的发展也使得制造商又逐步直接面向用户，制造商与经销商之间的竞争格局正在向有利于制造商的方向发展，从而形成了新的商业与制造行业的竞争形式。

三、按品牌的主体分类

1. 自有品牌战略

自有品牌战略就是品牌的使用者和所有者是同一主体，即自创品牌、自用品牌，这是最常见、最传统的品牌战略模式。

2. 联合品牌战略

联合品牌又称共有品牌，它是两个或两个以上企业经合作、联营、合资等，对联合生产的产品所采用的一种品牌战略。采用联合品牌战略的优点是：

（1）可使合作双方共同负责，做到风险共担，利益共享；

（2）可分别在合作双方的所在国销售，使产品拥有较大的市场。

国内著名的电脑厂商和光集团与美国康柏集团联合，通过借用康柏电脑的品牌优势和和光集团对中国市场的了解，在中国市场上推出了联合品牌康柏和光电脑，并取得了极大的成功，就是一个很好的例子。

但采取此战略时，一定要注意做到：合作双方一定要保持一致而不能相互拆台，同时双方要遵守协议，对品牌的归属权作出规定，以免日后出现不必要的纠纷。

3. 租用品牌战略

租用品牌战略也被称作特许品牌战略，它是一企业租用另一企业产品的注册商标作为自己的商标的一种战略。当然，租用的品牌一定都是名牌。哈特·施夫纳和麦克斯公司销售的大量皮衣，用的就是特许牌名，如“克雷斯琴·迪尔”、“皮尔·卡丹”，以及“乔尼·卡森”等。

我国《商标法》第四章第二十六条规定：“商标注册人可以通过签订商标许可合同，许可他人使用其注册商标。”享有盛誉的制造商可将其商标租借给中小制造商，收取一定的特许品牌的使用费。中小制造商如果采用此种战略就可以利用知名品牌，在激烈的市场竞争中，得到一份收益，不断地发展自己。企业采用这种品牌战略具有三大好处：可借机促销，即借知名度较高的产品品牌，促进企业的产品销售，可以促使企业加强管理，提高产品质量，以保证名牌产品的信誉；可得到名牌企业技术上、管理上的帮助，使本企业迅速发展。

使用租用品牌战略有时也会遇到一些问题，这就要求使用这一战略的企业做好预防工作。租用品牌的具体做法是：

(1) 签订合同。企业与注册商标的许可单位应本着自愿互利的原则签订商标使用许可合同，并在合同中明确规定双方的权利和义务，以及违反合同所承担的责任。

(2) 接受监督。作为租用商标企业，应随时接受商标许可单位的质量监督，避免注册商标因产品质量降低而“倒牌”。

(3) 支付费用。被许可的单位应按所签合同上的规定，向注册商标的许可单位支付一定的偿金，即商标的租用费。

四、按品牌的延续时间分类

1. 沿用品牌战略

沿用品牌战略是一种沿用原产品品牌的战略。它有两种表现形式：一是企业的新产品设计生产出来后，如果老产品尚未进入衰落期，且老品牌已经为广大消费者所熟知和喜爱，在社会上有一定影响，这时新产品便可沿用老产品的品牌，但要说明产品是新型的。二是企业生产的新产品，沿用历史上的牌子。例如，最初的全聚德企业早已不存在了，但这个金字招牌却能长久不衰，以后采用此品牌的企业就能直接取得了原有全聚德的品牌效应。使用此战略的优点有：

(1) 节省费用。企业要创立一个新品牌，无论是在人力、物力还是财力上，均要进行较大的投入，而沿用老品牌则不存在这个问题。

(2) 利用消费者对老品牌的品牌忠诚，促进新产品销售。

2. 品牌重新定位战略

该战略是指企业全部或局部调整或改变品牌在市场的最初定位。这主要基于以下原因。

(1) 随着时间的推移，市场竞争环境的变化，某一个品牌在市场上的最初定位即使再好，也需要重新定位。

(2) 竞争者推出一个品牌时，如把它定位于本企业的品牌旁边，侵占了本企业品牌的一部分市场定位，使本企业品牌的市场占有率下降，在这种情况下，就要求企业进行品牌的重新定位。

(3) 消费者的需求发生变化时，他们原本喜欢本企业的品牌，现在喜欢其他企业的品牌，因而市场对本企业品牌产品的需求减少，这种市场情况变化也要求企业进行品牌重新定位。

有关品牌重新定位的问题可用图 10-1 哈姆公司的啤酒举例说明。

图 10-1 表示了该公司啤酒的知觉和味觉偏好的两个标志：浓度，苦涩度。图中的黑点表示品牌的认知位置，圆圈表示消费者的偏好位置。较大的圆圈则表示偏好度较强。该图说明了哈姆公司不再满足每一个不同的目标市场的偏好。

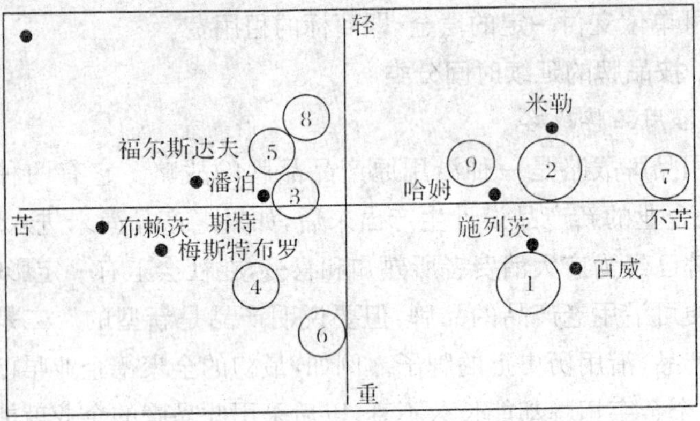

图 10-1　各啤酒公司定位图

为了解决这一问题，哈姆公司必须找出最佳的偏好群体，并且据此对品牌重新定位。若选择偏好群集①则是一种差劲的选择，因为施列茨公司和百威公司已占有这一细分市场。若选偏好群体②看来是一个良好的选择，因为它的规模较大，并且只有米勒公司一个竞争者。相对而言，偏好群体⑨的规模相对较小，但也可以作为另一种可能的选择。哈姆公司也可以考虑一下风险，在偏好群体③、⑤和⑧处重新定位，或者在超群集④和⑥处重新定位。在作出品牌重新定位的选择时，管理当局必须考虑到两个因素。一个因素是将品牌转移到另一细分市场所需的费用。费用包括产品品质改变费、包装费和广告费等。一般来讲，重新定位离原位置远，则所需费用越高。改进品牌形象的必要性越大，所需的投资也就越多。哈姆公司将品牌重新定位于细分市场⑧所需的费用，要比重新定位于细分市场②多。哈姆公司为细分市场⑧制定一种新品牌的效果，比用目前的品牌进行再定位的效果好。第二个因素是定位于新位置的品牌能获得多少收益。收益的大小取决于：偏好细分市场上的消费者人数；这些消费者的平均购买率，在同一细分市场内竞争者的数量和实力，以及在该细分市场中为品牌所要付出的代价。哈姆公司必须比较各种品牌重新定位方案所产生的可能收益与费用，据此来选定品牌重新定位的方案。

品牌重新定位战略有两种形式：一是缓慢改变，即以缓慢速度改变原品牌，从而使新品牌与旧品牌在造型上或图案上接近，形象上一脉相承。企业采用这一方法，花费不多，且又容易保住原来已有一定知名度的品牌，所以许多企业乐于尝试。但由于改变得较少，因而可能引不起消费者的注意，结果达不到品牌重新定位的初衷。二是骤然改变，即以全新的品牌取代旧品牌，使人们有一种全新的感觉。企业采用这种战略如能成功，则可以激起消费者的购买欲望，扩大产品销售，甚至可能使新产品一步登天。但这需要相当大的投入，而且成功率也不高。企业在经营和发展中应该结合自己的实际，选择使用符合企业自身发展的品牌战略模式。

第四节　品牌延伸及其风险规避

一、品牌延伸

品牌延伸是指企业利用其成功品牌名称的声誉来推出改良产品或新产品，包括推出新的包装规格、香味和式样等。一项针对美国超级市场快速流通商品的研究显示，过去 10 年来的成功品牌（成功的定义是销售额达 1 500 万美元以上），有 2/3 是属于产品延伸，而不是新产品上市。品牌延伸是企业实现其市场扩张和利润增长的“高速公路”。它强调的是企业对已实现的某个品牌资源的充分开发和利用，使名牌生命不断得以延长，品牌价值得以增值，品牌的市场份额不断扩大。

品牌延伸一般可通过以下途径来实现：a. 对原产品进行创新以推出改进型产品，或通过对其他行业、企业的兼并、收购、参股、控股等借品牌输出以推出新产品；b. 推出新的包装规格，新的口味及新样式的产品；c. 利用各种营销方式实现原产品市场份额的扩大。

下面分析一下品牌延伸的优势和风险分析。

（1）品牌延伸的优势。

① 品牌延伸有利于新产品市场的拓展。在市场竞争日益激烈的今天，开拓市场的难度加大，不仅需耗费大量的人力、物力、财力，而且

还需要一定的时间，企业要承担巨大的风险。尽可能缩短新产品进入市场的时间，对企业来说尤为重要。品牌延伸策略是将已成功的品牌的各种或某些特性注入新产品，使之凭借该品牌的知名度、良好的品牌形象等，以较低的成本、较快的速度，为新产品占领市场赢得了时间，同时企业也节省大量的宣传、营销费用。人们常称这一现象为“搭乘品牌列车”、“借船出海”。

对消费者来讲，原先成功的品牌具有较高的社会信誉，得到他们的认可，具有较强的亲和力。当企业利用原有成功品牌推出新产品后，成功品牌能够有效地将这种亲和力、忠诚度“复制”和“转移”到新产品上，消除消费者对新产品的排斥、生疏和疑虑心理，以最短时间接受新产品。例如可口可乐公司推出健怡可口可乐、樱桃可口可乐时，没有进行大规模的广告宣传，但是很快得到了消费者的认可。

② 品牌延伸有利于企业创名牌。把自己的品牌变成家喻户晓、含金量大的名牌是每个企业的梦想，但这并非一朝一夕，轻而易举能解决的事。创一个名牌需要耗费企业大量的人力、物力、财力，需企业坚持不懈地为之奋斗。在各方面条件相同的情况下，集中宣传一个品牌比分散宣传多个品牌更容易提高品牌的知名度和品牌价值。海尔集团十几年来集中力量营造“海尔”这个品牌，在 2001 年中国最有价值品牌报告中，其品牌的价值达到 436 亿人民币，仅次于红塔山位居第二。

品牌延伸具有自身的互动力。品牌延伸到新产品后，新产品鲜明的个性、良好的品质等如果得到消费者的认可和接受，必将强化消费者对原有的产品的认可，扩大新老产品的消费。这样同一品牌下的不同产品相互声援，有助于塑造企业品牌的整体形象，从而获得更大的经济效益。海尔集团利用“海尔”这一品牌将产品从电冰箱扩大到洗衣机、空调等其他家用电器，由于其产品良好的品质和完善的售后服务，这些产品相继获得成功。这样海尔的企业形象日趋丰满，在消费者心目中树立了一个品种多、规模大、实力强的综合家电企业形象。

③ 品牌延伸有利于品牌价值的充分利用，可为消费者提供多样化选择。成功的品牌是企业一笔巨大的无形资产，是企业经过多年奋斗

的回报。在珍惜保护名牌的前提下，充分利用这笔资产为企业谋取利益是每个企业的心愿。正确的品牌延伸可以最大地减少品牌价值的费、闲置和损失。品牌延伸也可能为生产商争取到更多的货架面积，增加了零售商对生产商的依赖，在销售领域为生产企业赢得竞争优势。

随着经济的发展，消费者的消费生活日趋个性化和多样化。品牌延伸，给市场提供了更多的同一品牌的产品，极大地丰富了消费者选择的对象，使消费者有多样化选择的余地，使企业更好地为消费者提供服务，赢得良好的企业形象。

④ 品牌延伸有利于企业规模化、多元化生产经营。巨大的品牌效应可以使新产品一投放市场就抢占较大的市场份额，反过来又促使企业规模化生产，从而降低企业的生产成本，取得价格优势，这又会进一步扩大市场规模，使企业发展步入良性循环。另外，拥有名牌的企业不仅可以使用自身的力量实现品牌延伸，而且可以通过向没有名牌的企业输出品牌，实现名牌延伸策略，迅速达到企业实现多元化经营的战略目标。1998 年海尔进入黑色家电领域，其“海尔”牌大屏幕彩电生产于杭州海尔电器公司。这家公司是海尔集团与西湖电子集团共同创建的，利用西湖电视的生产线进行生产，其产品一投放市场就取得成功，北京、天津等地甚至出现了脱销。十几年来，海尔以输出名牌的品牌延伸策略共兼并亏损额超 5 亿元的 15 亿资产、18 个企业，自身也实现了多元化经营。

(2) 品牌延伸的风险。

① 企业错误地评估自己的品牌实力。品牌实力主要是指企业所创立的某品牌在消费者中的地位与影响力的大小，对企业的生存与发展存在着决定性的影响作用。品牌延伸节点是要输出品牌。一个企业如果高估或在无法把握自己品牌实力的条件下，将品牌延伸战线拉得过长或过宽就会由于精力过于分散，而最终适得其反。20 世纪 60 年代，美国第一香烟品牌宝马延伸其品牌，推出了薄荷烟、特级淡烟、淡味百公里，结果前两个品牌败给清凉和万事发，致使宝马的市场份额大幅缩减，从此一蹶不振。

② 迷信品牌忠诚，而忽视品质竞争。品牌忠诚是消费者在一个购买决策单位中，多次表现出来的对某个品牌有偏向性的行为反应，它为品牌产品提供了稳定的不易转移的消费者，从而保证了该品牌的基本市场占有率。然而，消费者的品牌忠诚绝不是无条件的，它根源于企业对该品牌严格的技术要求，即该品牌有卓越的品质保证。一旦某企业迷信于品牌忠诚，企业要么就会缺乏创新动力，认为自己的品牌就等于市场；要么就会在促销中搞经济打折销售等，使名牌在消费者心目中既有的主体形象大打折扣；要么就会盲目地开发和利用“品牌”资源，而不顾产品质量。其结果是使品牌信誉扫地，使消费者放弃这一品牌的产品。

③ 品牌延伸往往忽视市场定位和消费者定位的统一。知名品牌形成的前提是定位的成功，即自身的定位获得了消费者的认可，自己这一定位正是消费者心理所需的。只有在企业市场定位和消费者心理定位相一致时，才能在消费者心目中建立起该品牌，这是一个动态的过程。企业在初期定位成功后，由于竞争者的干扰或沟通不当，会导致定位的模糊淡化，顾客对企业产品的理解也会出现偏差。因此在品牌建立后，必须通过广告宣传等手段不断强化初期成功的定位，及时矫正企业市场定位与消费者心理定位的差异，巩固企业形象，维持和强化消费者对企业品牌的认同感。

在心理学上，有两个效应对这一过程起重要作用。一个是首因效应，是指在某个行为过程中最先接触到的事物给人留下的较深刻的印象和影响，起着第一印象和先入为主的作用。企业初期定位成功后，受首因效应作用，消费者趋向于把一个品牌看成某种特定的产品。另一个是近因效应，是指某个行为过程中最近一次接触的事物给人留下较深的印象和影响。近因效应和首因效应是相互作用的，特别是近因效应能对最初形成的首因效应起到巩固、维持、否定、修改或调整的作用，并且与消费者下一次购买行为在时间上最为接近，所以它能够促进或阻碍新老产品的销售。

当企业进行品牌延伸时，品牌原先的定位被淡化模糊，在消费者心目中，品牌一会儿是这个产品，一会儿又是那个产品，一会儿是首因效应起作用，一会儿又是近因效应起作用。当两种效应协调一致时，即首因效应形成的原有品牌意象与近因效应产生的新的品牌意象能对号入座时，就像物理上的“共振”现象一样，能够增强消费者对这一品牌的满意度和信任度，促进产品的销售。当两种效应不一致，甚至发生激烈的冲突时，消费者心目中原有品牌意象就会模糊化，会阻滞产品的销售，此时品牌延伸的效果就不会好。

美国史特灵药厂生产的拜耳(Bayer)阿司匹林(Aspirin)也是品牌延伸的受害者，该公司在市场上行销这一领导品牌止痛剂多年，在消费者心目中拜耳就是阿司匹林的代名词(阿司匹林是止痛剂的主要成分)。可面对泰诺公司(TYLENOL)的阿司匹林止痛剂，拜耳很快被击败了。其败的原因并不是泰诺止痛剂，更主要的是拜耳公司延伸品牌生产的新产品——拜耳非阿司匹林镇痛剂。拜耳就是阿司匹林，又怎么可以称非阿司匹林呢？不仅如此，拜耳长效阿司匹林、拜耳解除充血感冒药片等品牌线的每次延伸，都不断的削弱了拜耳阿司匹林在消费者心目中的地位。结果是不仅拜耳阿司匹林在止痛散热药品市场上的占有率微乎其微，而且拜耳阿司匹林在市场上整个占有率也持续下降。

④ 市场竞争加剧，品牌延伸日趋困难。随着经济的发展，市场由卖方市场向买方市场转变，企业面临的竞争日益加剧。当企业面对相对弱势的市场环境中，可以自然有序地进行相关领域的品牌延伸，且较容易取得成功。如被誉有“华夏第一剪”的张小泉剪刀，凭其至高无上的品牌，面对几乎没有竞争威胁的剪刀市场，相继推出张小泉厨房剪，张小泉系列服装剪，张小泉剪彩剪刀等200多个品种，横跨民用、军用、工业等五大领域，都取得了成功。可毕竟像这样的弱势市场少之又少，而现实情况是市场日益细分，竞争日趋白热化，每一块小小的弹丸之地都会有众多品牌蜂拥而至，争得你死我活。显然此时的品牌延伸，新市场开拓变得更加艰难，企业延伸的风险也越来越大，成功的可能性也越来越小。所以日益升级的竞争会越来越成为品牌延伸的制约瓶颈。可以预测，市场竞争越激烈，品牌延伸越成为不可能。

⑤ 单一品牌延伸中，品牌优先效应的丢失。任何一个企业在创牌伊始，都有其严格的市场定位，如美国的七喜饮料将其产品市场定位为“非可乐”。这种精确的市场细分所创出的品牌一推向市场，就会给消费者予以较深的印象和影响，在很大程度上左右消费者的品牌选择。一个企业在单一的品牌延伸中，以同一品牌推出各具特色，性能各异的产品，就会模糊消费者对该品牌的印象。德国的大众汽车公司，在打入美国市场时，以大众的“小一点”实用主义面孔为美国人所青睐，但后来，又向美国推出八种新车型，想把消费者心目中对大众的可靠性和高质量的好感扩张到更大，但昂贵的汽车价格，结果不仅使大众新车型没能顺利打开市场，反而使原来的小型车市场也相对缩小。

⑥ 品牌延伸与产品品牌化误区。在纷繁复杂的产品市场上，并不是所有的产品都要实现品牌化，如食盐、大豆等就无需品牌化；同时有的产品也不适应片面地名牌化，因为名牌产品在市场上必须以其较高的市场价格来体现名牌身价。

此外，品牌延伸的目的是市场份额的扩大，利润的提高，品牌价值增值。品牌延伸中决策的失误，会导致这一目的发生错位。1993 年，菲利普·莫里斯公司为夺回万宝路失去的市场份额，决定将每包万宝路香烟的价格削减 40 美分，其结果是在夺回市场份额的同时也使与万宝路品牌有关的营业利润下降 32%，商标价值下降了 36%。这种以利润减少和品牌价值下跌来换回品牌市场份额的扩大，却使品牌价值暴跌，其代价是惨重的。

当然，除了以上几方面原因外，品牌延伸风险还有很多。品牌延伸的风险是客观存在的，企业所须做的是尽量减少风险，使品牌延伸更好地为企业服务。

二、正确规避品牌延伸风险

1. 树立品牌延伸的正确态度

尽管品牌延伸有着诸多优势，但并不是所有的品牌延伸都能获得成功，创造骄人业绩。巨人集团曾是几年前电脑行业声名赫赫的一支生力军，“巨人”品牌在电脑业享有较高的声誉，正如其总裁史玉柱先生所讲的:"巨人要成为中国的IBM,东方的巨人。"而当"巨人"大举涉足保健品、药品、房地产市场,推出"巨人脑黄金"、"巨不肥减肥药"、"巨人儿童营养液"和"巨人大厦"后,巨人却陷入了巨大的困境,走到了破产的边缘。品牌的延伸必然伴随着企业经营的扩张,而事实上,不存在某一名牌能够适合所有的领域以及所有的产品,也不存在一个企业能够在所有领域都能获得巨大的成功。品牌的延伸需要理性、慎重,企业应有所为也有所不为,否则见到的只能是悲剧。

企业的一切经营活动都是在一个动态的竞争环境中进行的,品牌延伸也不例外。所有的一切有待市场竞争的考验。市场毕竟是无情的,它无时不在以自身的规律客观地审视和左右着每一品牌,厂商良好的初衷到头来很可能是自己的一厢情愿。品牌延伸不能说错误,而是陷阱,有的陷阱进去再也拔不出来了,有的成功了。

品牌延伸并不是包治一切的灵丹妙药,企业所要做的恐怕是要端正品牌延伸的态度,对品牌延伸有全面的认识。要树立品牌战略思想观念,从企业长远发展的高度审视品牌延伸,切不可为眼前利益,为部分企业在品牌延伸上的成功怦然心动,不顾时机、条件、盲目进行品牌延伸。要充分意识到品牌是企业最宝贵的资产,品牌延伸的失误以及由此给原品牌造成的冲击往往是灾难性的,是企业难以甚至无法消除的。

2. 正确认识现有品牌,科学评估品牌实力

在品牌延伸前,须全面正确认识现有品牌,包括科学评估品牌实力,品牌的优势,弱点以及在消费者心目中的形象。其中最重要的一点是做好品牌实力的评估,因为品牌延伸的目的就是要借助已有品牌的声誉和影响向市场推出新产品,以求能够迅速打开市场。因此品牌延伸的前提就是这一品牌具有较高的知名度,在消费者心目中有较高的地位,也就是这一品牌必须有足够的实力时。在品牌瓜分市场的今天,品牌实力是品牌延伸的基础和前提,只有当一品牌有足够的实力时,才可以保证延伸的成功。尽管品牌延伸与品牌实力是相互推进的,但品牌延伸的起点应是品牌实力,并非所有的品牌都有资格进行延伸,否则

只能是泥菩萨过河——自身难保。当某一名牌并不强大，其对延伸产品所起的辐射作用是十分有限的，甚至是微乎其微的，此时如受到其他竞争对手的冲击，企业很容易陷入被动局面。目前国内一些企业的做法值得警惕，有些品牌的根基尚未稳固，就无视自身实力迫不及待地进行品牌延伸，推出新产品，从表面上看其经营规模很大，一品牌下有诸多产品支撑着，但其真正实力是不堪一击的。同时，某企业依品牌实力进行扩张时，应注意扩张中产品技术要求的相关性，所扩张的目标新市场的相似性。

3. 分析品牌延伸的可行性

(1) 分析品牌延伸的环境。企业的经营活动与周边市场环境息息相关，市场状况很大程度上影响企业每一项决策的实现以及实现的难易。品牌延伸也不例外，特别受到品牌延伸新领域市场竞争程度和发展前景的影响。企业对这方面情况应有全面、细致的了解，以便趋利避害，捕捉有利战机。在下例几种情况下进行品牌延伸，成功的可能性稍大一些。

① 发展中的市场或不太成熟的市场。市场在发展或处于不成熟状态，竞争相对趋缓，企业面临的机会较多，面临的阻力与挑战较小，品牌延伸较容易成功。如前几年的家电市场就属此类市场，促成一批综合家电企业的产生。

② 各种品牌分杂的市场。在中国绝大多数的药品市场都属此类，品牌众多，但没有一两个霸主地位的品牌，延伸品牌易取得成功。如三九集团在胃药领域成功后向感冒药（三九感冒灵）和儿童药品（三九童泰）延伸都取得了成功。

③ 没有形成强烈品牌偏好的市场。此类市场或有或无霸主品牌，但消费者对于品牌的选择没有明显的偏好，每一个品牌的忠诚顾客都较少，如我国的服饰市场，从衬衫延伸到西服都能取得成功。

④ 没有品牌或只有弱势品牌。

(2) 分析延伸产品与品牌形象之间的适应性。这主要是避免两者之间产生不良联想。“活力 28”是较出名的洗衣粉品牌，如将它延伸到厨房、厕所清洗剂上或许能够成功，而若是用到护肤用品和香水上恐怕就没有成功的把握。燕京啤酒延伸到燕京酱油，娃哈哈开发“娃哈哈平生感冒液”在这一点上都是欠考虑的。

(3) 分析延伸产品与原产品间的关联度。美国市场营销学专家阿肯和凯勤的研究证实，只有当两个产品被消费者视为具有互补关系，即在共同的场合同时被消费者使用，或者与原产品开发相连系的技术、技能、知识等有助于延伸产品的制造与生产，品牌延伸才会得到认同。否则，将难以被消费者接受。判断关联度可从下面几方面进行分析：

① 是否有共同的主要成分？如果没有，消费者会不理解两种不同产品为何存在于同一品牌识别下。

② 是否有相同的服务系统？从营销到服务，如果能联系在一起，品牌延伸理所当然，否则就显得不伦不类。像雅戈尔从衬衫延伸到西服，服装业的营销和服务是一致的，品牌延伸自然到位。巨人集团从汉卡延伸到营养品“巨人脑黄金”，蓝宝石集团从手表延伸到生命红景天(营养液保健品)就显得较为勉强了。

③ 技术上是否密切相关？核心品牌与延伸品牌在技术上的相关度是影响品牌延伸成败的重要因素。像三菱重工在制冷技术方面非常优秀，因此它自然将三菱冰箱的品牌延伸到三菱空调上，海尔品牌的延伸也大致如此。

(4) 分析延伸产品在同类产品中的实力。为了避免“株连”的风险，品牌延伸的产品质量必须是同行业中的佼佼者，如果延伸产品的质量不过关，与同类产品相比实力较弱，此时进行品牌延伸就很危险了。俗话说：“城门失火殃及池鱼”，核心品牌就有可能毁在延伸产品上。

4. 改进产品品质，珍惜品牌声誉，巩固消费者的品牌忠诚

美国总体系统咨询机构所做的调查结果显示：购买商品时，认为品质比价格重要的消费者呈明显上升趋势，1989 年较 1978 年提高了 50%，占到了被调查对象的 80%。这说明一个企业的产品如果从一流变为二流，消费者会马上掉头去买新的一流产品，品牌忠诚绝不是品质的对手。因此，企业必须通过不断的技术创新实现品牌延伸，“小天鹅”

全自动洗衣机，由5型、7型、8型、到91型，不断以新面貌出现，成为洗衣机行业的后起之秀；有“钟表之王”美誉的瑞士钟表，平均每20天就有一种新产品问世。品质正是以这样创新巩固了消费者对其品牌的忠诚。而同时企业还必须注意在品牌延伸中保护自己的品牌，珍惜品牌。山东青岛啤酒在一统鲁牌中，尽管其对产品实行统一的技术监制和质量标准检测，但为了保证“青岛啤酒”的“纯度”，坚持不把“青岛啤酒”的牌子用在其他啤酒上。日本索尼公司的品牌为世界许多企业所推崇，许多企业愿出巨资借用商标或与之联营加工，出于保护品牌的考虑，均被索尼公司拒绝。这些都是出于防范万一品牌被砸的风险。

5. 通过再细分市场，准确进行品牌定位，强化品牌特色

名牌的生命力就在于其鲜明的个性特征，品牌定位的目的就在于创造和渲染企业及产品的个性化特征。因此在品牌延伸中必须进行准确的市场细分和再细分，以界定品牌的适用范围。在品牌定位方面，要求企业依据未来多元化发展的规划，进行准确的定位，并界定品牌使用的范围，使品牌定位一次涵盖现在与未来。这样既给多元化发展留下足够的空间，又能充分发挥品牌的优势。例如“金利来——男人的世界”，就为企业多元化发展留有了充分的余地。企业可以生产经营任何男士用品，很容易将金利来品牌延伸到新的男士产品上去。而一旦品牌定位确立后，在实施品牌延伸策略时，要考虑到这种定位的一致性和兼容性，不能稀释、模糊原品牌的定位。如金利来定位于男人的世界就决定了它不宜生产经营女性产品。“不求廉价、便利，只求富贵豪华”的口号，使劳斯莱斯轿车在竞争激烈的汽车市场拥有一席之地；“非可乐”的宣言，使美国七喜饮料畅销不衰；在洗衣粉市场，奥妙强调高效，碧浪突出去污力，汰渍渲染去污渍，这使它们都拥有自己的顾客群。在品牌延伸中，借严格的市场细分，进行准确的品牌定位，才能强化消费者的品牌优先效应。

6. 注意名牌产品形象与企业形象的统一

企业一旦创立了名牌产品，就要及时通过构造鲜明的企业精神，高

品位的企业价值等，把名牌产品与名牌企业一致起来。日本东芝公司生产的产品从彩电、冰箱到电池、磁带全叫“东芝”。这样，人们见到名牌产品就会联想到名牌企业，见到名牌企业又会联系到它的名牌产品。这种企业形象、产品形象的名牌联想效应，可以保证名牌企业在进行品牌延伸中推出任何新产品都容易为市场和消费者所接受。

7. 借鉴成功品牌延伸的经验

成功品牌延伸的经验对每一个企业来说都是一笔财富，企业应认真学习，以取所需，综合国内品牌延伸的企业例子，较成功的无疑是海尔品牌的延伸。企业应在学习他人成功经验的基础上，结合自身的实际，探索出一条适合自身发展的品牌延伸之路。

8. 权衡利弊，采用副品牌战略推出新产品

单一品牌延伸是一把双刃剑，其有利有弊，企业应扬长避短，充分利用品牌延伸的各项好处，同时尽量避免带来的负面影响。实践中很多企业采取副品牌战略来推出新产品，取得了较大成功。副品牌战略的具体做法是以一个主品牌涵盖企业的系列产品，同时给各产品打一个副品牌，以副品牌来突出产品的个性形象。这是一种权衡单一品牌延伸和多品牌战略的利弊作出的一种品牌战略选择，但从大范围看仍是品牌延伸战略。它巧妙地将单一品牌延伸和多品牌战略的优点结合在一起，同时回避了两者的不足。这种战略一方面能尽享主品牌的影响力，淡化了“模糊效应”；另一方面又显现各产品的个性形象，给消费者留下深刻印象，同时使各种产品在消费者心目中形成一定的距离，有效降低了“株连”风险。国外一些著名的企业都采用此方法。实践证明这种战略也是非常成功的。在企业进行品牌战略的时候，最关键的是要审时度势，根据市场的变化情况及时调整品牌战略，以使企业实现其经济效益。

第五节　品牌战略管理过程

企业品牌战略管理一般包括以下几个过程：品牌战略思想的形成、

品牌战略目标的确定、品牌战略的分析、品牌战略方案的选择、品牌战略的实施以及品牌战略评价和反馈。

一、确定品牌战略思想和品牌战略目标

品牌战略管理过程中，品牌战略思想的确定和重新认识是最容易被忽视的一个环节。实际上，品牌战略观念对于企业的品牌战略的形成起着十分关键的作用。以品牌竞争观念为例，在缺乏竞争的社会环境中，人们普遍没有竞争意识，当社会开始向市场经济社会转型时，谁先有了品牌竞争意识，谁就可能比别人领先一步，取得竞争优势。

企业的品牌战略目标既可以是定性的，也可以是定量的，是对企业在未来的经营活动中利用品牌的作用所要达到的预期业绩的反应。它可分为市场目标、盈利目标和社会目标，是对它们的描述的集合。品牌战略目标体现了企业对本身形象或产品形象具体而现实的期望，为企业品牌的发展指明了方向。

二、品牌战略分析

品牌战略分析与品牌战略目标确定的关系问题是一个相互影响的过程。对于一个企业或项目来说。必须首先分析自身的具体条件和外部环境的影响问题，然后才能决定或修正企业的品牌战略目标。从这个意义上来说，是品牌战略分析决定品牌战略目标；另外，当品牌战略目标确定之后，又要以品牌战略目标为指向，缩小企业品牌战略分析的范围，集中分析既定目标下的品牌经营问题。这时，可以说品牌战略目标又决定了品牌战略分析过程。因此，品牌战略目标与品牌战略分析是一个相互作用、相互影响的过程。

品牌战略分析是对企业内外的各种环境和条件系统地、综合地认识。由于它涉及面很广，而且各相关要素在不同时间、不同地点、对不同的行业的作用等方面均不相同，所以，一些对品牌未来发展起重大影响的潜在因素可能被忽视；而一些现有的因素则被习惯性地高估。同时，企业发展的长远利益与当前利益、局部利益与整体利益的关系问题也常常是影响企业品牌战略分析的重要因素。因此，品牌战略分析过

程实际上是品牌战略管理的最难点。

三、品牌战略方案的选择

品牌战略方案的选择是品牌战略分析过程的继续和结果，它是品牌战略管理的主要目的和重点。企业要制定一个新品牌战略，就必须符合企业现有与潜在资源以及内部组织体系，并与外界环境相适应。也就是要对目前品牌战略、环境、资源以及股东的利益给予很好地平衡和整体性考虑。未来的品牌战略将充分考虑了各方因素的利益，使各因素相互依靠、相互促进，共同推动企业的发展。要想得到理想的品牌战略方案，首先需要制定出各种可选方案，然后，在此基础上，选择最佳的一种，并同时制定出各种备选的应急方案。但应该指出，好的品牌战略管理者会在尚有时间选择其他方案时，就作出决策，这是因为时间也是企业竞争中的一个重要因素。当企业有足够把握时，可能竞争对手已经提前采取了行动，这使本企业有足够把握的方案也变得没有意义了。所以，企业品牌选择必然要冒一定的风险，而当企业控制了品牌战略风险时，也赢得了试验的机会。如果既定品牌战略的结果能够得以控制，并且在结果不令人满意时品牌战略有机会被修正，企业就会有比竞争对手多得多的发展品牌的机会。

四、品牌战略实施

新品牌战略方案是否适合于本企业，须在竞争市场中得到检验，品牌战略实施过程正是品牌战略管理的具体操作过程。它是对企业品牌战略目标、品牌战略方案选择在经营活动中的直接反应。它涉及品牌战略管理班子的建立、企业的制度更新、组织结构改造、资源的配置、任务的分解、企业文化的调整等步骤。品牌战略实施过程中应对品牌战略目标与实际情况的差异有必要的准备，品牌战略的制定者和实施者都应有权变的思想。特别是品牌战略的制定者，他们的主要工作不是如何使品牌战略得以实施，而是思考品牌战略是否应修改。品牌战略的实施必须符合组织的现实和未来情况，它须融合于企业文化，也须得到企业股东的支持。因为企业的股东和职工的支持对于品牌战略的实施来说是至关重要的。

五、品牌战略评价和反馈

品牌战略确定并实施后，还须通过对品牌战略效果的评价来确定品牌战略目标的实现程度，并决定现有品牌战略是否该有所变化。由于制定品牌战略的目的是为了完成特定的目标，它们可通过着眼于已取得的或预期的成果来评价。品牌战略的评价要根据企业资源、环境以及各方的利益，并通过检测实际经营活动业绩与过去的和预期的成果的比较来完成。

在品牌战略实施过程中，最容易出的问题是由于外界环境的改变，而使企业的发展方向偏离了原有的品牌战略目标。虽然品牌战略管理过程中有对品牌战略目标的修改这一流程，但它应该是经过品牌战略实施评价后，再经过品牌战略分析过程的重新分析后，才开始修正企业的品牌战略目标。而这一过程经常被企业所忽视，在未经过品牌战略分析过程的综合分析前，就采取了修改品牌战略目标的决定。这样修改品牌战略目标的结果只会使企业处于被动的适应状态，品牌战略目标形如虚设，不可能积极地适应并在一定程度上引导企业内外环境的变化。

思考题

1. 品牌战略的概念和作用是什么？
2. 品牌战略可分为哪几类？
3. 如何规避品牌延伸风险？
4. 简述品牌战略的运作过程。

本章案例

杉杉集团实施品牌战略

杉杉集团的前身是一家员工不足300人、负债300多万元的地方国有服装厂。通过以市场为导向，以独特的“高品位、精加工、大经营”的经营方针为指导思想，依托品牌升级战略管理，在不到10年的时间里，已发展成为一家以生产和销售杉杉西服及系列服装为主的多元化经营的大型企业集团，公司总资产达19亿元，人均创利税是行业人均数额的59.45倍，名列行业之首。

品牌是一种产品外显形态与内在质量相统一的名称、标记或符号，籍以区分不同企业或竞争对手提供的产品或服务。品牌升级，就是企业从整体经营拓展的需要出发，在目标市场不断升级的同时，使品牌内涵同步升级，并由此带动企业管理手段创新、管理水平提高，促进经济效益迅速发展。

杉杉品牌升级战略管理，是在企业的经营实践中逐步形成的，它包含着品质管理及生产管理的升级、市场营销网络及组织结构的升级、企业形象经营的升级、产品开发与品牌设计的升级四个部分，其中，生产和市场是物质的，设计和形象是精神的，相互独立又相互统一。品牌升级战略管理作为一个相对独立的管理体系具有市场性、动态性、全局性和超前性四方面的特征。

一、品质管理与生产规模的升级

通过引进ISO 9000族国际质量标准，建立富有杉杉特色的质量保证体系。1995年，公司开始逐步引入ISO 9000族质量标准体系，公司下属西服、时装两大生产公司于1996年正式通过ISO 9000认证，并向全体员工提出了"用心选材、精心作业、天衣无缝、尽善尽美、涌洒一流"等质量方针，进一步向全体员工灌输质量意识、质量文化，形成全心协力、团结一致的质量保证体系。

生产规模实现由传统的手工作坊型向现代大工业型升级。在最初的无名牌阶段，主要是靠传统的手工作坊生产。1989年，杉杉率先在服装行业中提出了"创名牌"的口号，不惜巨资引进先进的流水线。目前，企业已建成五大生产公司，拥有国际先进的大平板恒湿、恒温全吊挂生产车间多个，先进服装加工流水线10多条，拥有年加工各类服装300万件套的生产规模，初步建立了现代化大工业生产格局。

二、市场营销网络及组织结构的升级

企业由生产型公司向商场型公司转变，主动出击，创造和改造品牌市场。公司经营管理的重点从抓质量、控成本扩展到找市场，发展品牌，使企业的管理形态必须随之改变。因此，1996 年杉杉集团开始实行决策机构与操作机构分离，在集团公司宏观管理的基础上实现整体组织模式向市场型公司转变。

市场网络建设由销售业务模式向市场公司模式升级。采取了两种方式：一是在全国各大中城市以建立市场信息公司的方式来占领各市场制高点；二是实行"两条腿走路"的"专卖联销战略"。

三、企业形象经营的升级

单纯的产品形象向包含多种要素的企业形象升级。为使品牌和企业形象向高层次方向提升，杉杉集团于 1994 年选择了 CI 的导入作为企业形象革命的切入点，其目标定为：a. 定位提升品牌和企业形象；b. 以 CI 为载体，创立中国的世界名牌；c. 探索民族服装业的振兴之路，推动中国服装业走向世界。

形象塑造手段由投入型向回报型升级，无形资产与有形资产同步经营。杉杉的形象经营，目前已完全超越了单纯的广告宣传，向注重塑造完美形象，注重杉杉品牌无形资产的增值方面转变。

四、产品开发与品牌设计的升级

产品开发由简单的工艺改进向产品系列化、多元化方向升级。在拥有独立的品牌市场后，杉杉集团陆续推出一系列冠以杉杉品牌的服装、服饰，并相继投资设立了衬衫公司、童装公司、羊绒公司、服饰公司，产品的门类几乎涵盖所有服装大类。

产品设计的概念由大工业时代的工艺设计向品牌内涵、文化的设计升级。1996 年，杉杉率先实现名企业、名牌与名师的联合，成为国内首屈一指的服装设计总部，第一次真正将企业的资金优势、市场优势、品牌优势和设计师的设计优势紧密地结合起来，并且重新塑造出一个全新的设计品牌——法涵诗。

第十一章　企业战略分析方法及战略选择

学习目标

- 了解一个企业的竞争优势和劣势
- 明确企业内部要素评价矩阵的五大步骤
- 掌握 SWOT 矩阵分析方法
- 理解经营组合的概念
- 掌握投资组合分析法

第一节　竞争优势、劣势和机会、威胁的概念

一、优势与劣势分析(SW)

1. 竞争优势的概念

当两个企业处在同一市场或者说它们都有能力向同一顾客群体提供产品和服务时，如果其中一个企业有更高的盈利率或盈利潜力，那么，我们就认为这个企业比另外一个企业更具有竞争优势。换句话说，所谓竞争优势是指一个企业超越其竞争对手的能力，这种能力有助于实现企业的主要目标——盈利。但值得注意的是：竞争优势并不一定完全体现在较高的盈利率上，因为有时企业更希望增加市场份额，或者多奖励管理人员或雇员。

竞争优势可以指消费者眼中一个企业或它的产品有别于其竞争对手的任何优越的东西，它可以是产品线的宽度、产品的大小、质量、可靠

性、适用性、风格和形象以及服务的及时、态度的热情等。虽然竞争优势实际上指的是一个企业比其竞争对手有较强的综合优势，但是明确企业究竟在哪一个方面具有优势更有意义，因为只有这样，才可以扬长避短，或者以实击虚。

由于企业是一个整体，并且由于竞争优势来源的广泛性，所以，在做优劣势分析时必须从整个价值链的每个环节上，将企业与竞争对手作详细的对比。如产品是否新颖，制造工艺是否复杂，销售渠道是否畅通，以及价格是否具有竞争性等。如果一个企业在某一方面或几个方面的优势正是该行业企业应具备的关键成功要素，那么，该企业的综合竞争优势也许就强一些。需要指出的是，衡量一个企业及其产品是否具有竞争优势，只能站在现有潜在用户角度上，而不是站在企业的角度上。

2. 维持竞争优势

企业在维持竞争优势过程中，必须深刻认识自身的资源和能力，采取适当的措施。因为，企业经过一段时期的努力，一旦建立起某种竞争优势，就会吸引竞争对手的目光，竞争对手开始逐渐作出反应；企业然后就处于维持这种竞争优势的态势，而后，如果竞争对手直接进攻企业的优势所在，或采取其他更为有力的策略，就会使这种优势受到削弱。

影响企业竞争优势的持续时间，主要是三个关键因素：a. 建立这种优势要多长时间？b. 能够获得的优势有多大？c. 竞争对手作出有力反应需要多长时间？如果企业分析清楚了这三个因素，就会明确自己在建立和维持竞争优势中的地位了。第一个因素说明建立竞争优势所要求的时间是竞争条件的函数。在进入障碍较高的资金密集型行业，如汽车、电脑等，建立竞争优势的时间要长一些，而在服务业建立竞争优势所需的时间就短得多。第二个因素是说明所能获得的优势的大小也与竞争条件有关。在某些环境中，如有较高进入障碍的环境中，一旦企业通过较长时间的努力克服了进入障碍，那么他就比其他企业有更大的竞争优势。第三个因素是反应延迟，即竞争对手采取进攻性反应，并足以侵蚀竞争优势所需要的时间，这一时间长度十分重要。在这一时期，企业必须建立下一个战略优势，同时补偿建立第一个战略优势所做的投资。不断地建立新的竞争优势是超竞争环境下企业唯一的选择。

二、机会与威胁分析(OT)

随着经济、社会、科技等诸多方面的迅速发展，特别是世界经济全球化、一体化过程的加快，全球信息网络的建立和消费需求的多样化，企业所处的环境更为开放和动荡。这种变化几乎对所有企业都产生了深刻的影响。正因为如此，环境分析成为一种日益重要的企业职能。

环境发展趋势分为两大类：一类表示环境威胁；另一类表示环境机会。环境威胁指的是环境中一种不利的发展趋势所形成的挑战，如果不采取果断的战略行为，这种不利趋势将导致公司的竞争地位受到削弱。环境机会就是对公司行为富有吸引力的领域，在这一领域中，该公司将拥有竞争优势。

对环境的分析也可以有不同的角度。比如，一种简明扼要的方法就是 PEST 分析：即从政治(法律)的、经济的、社会文化的和技术的角度分析环境变化对本企业的影响：

(1) 政治(法律)的：垄断法律、环境保护法、税法、对外贸易规定、劳动法、政府稳定性。

(2) 经济的：经济周期、GNP 趋势、利率、货币供给、通货膨胀、失业率、可支配收入、能源供给、成本。

(3) 社会文化的：人口统比收入分配；社会稳定；生活方式的变化；教育水平；消费。

(4) 技术的：政府对研究的投入；政府和行业对技术的重视；新技术的发明和进展；技术传播的速度；折旧和报废速度。

哈佛大学教授迈克尔·波特的名著《竞争战略》中，提出了一种结构化的环境分析方法，有时也被称为“五力分析”。他选取的五种环境要素是：

产业新进入的威胁:进入本行业有哪些壁垒?它们阻碍新进入者的作用有多大?本企业怎样确定自己的地位(自己进入或者阻止对手进入)?

供货商的议价能力:供货商的品牌或价格特色,供货商的战略中本企业的地位,供货商之间的关系,从供货商之间转移的成本等,都影响企业与供货商的关系及其竞争优势。

买方的议价能力:本企业的部件或原材料产品占买方成本的比例,各买方之间是否有联合的危险,本企业与买方是否具有战略合作关系等。

替代品的威胁:替代品限定了公司产品的最高价,替代品对公司不仅有威胁,可能也带来机会。企业必须分析,替代品给公司的产品或服务带来的是“灭顶之灾”呢,还是提供了更高的利润或价值;购买者转而购买替代品的转移成本;公司可以采取什么措施来降低成本或增加附加值来降低消费者购买替代品的风险?

现有企业的竞争:行业内竞争者的均衡程度、增长速度、固定成本比例、本行业产品或服务的差异化程度、退出壁垒等,决定了一个行业内的竞争激烈程度。

显然,最危险的环境是进入壁垒低、存在替代品、由供货商或买方控制、行业内竞争激烈的产业环境。

第二节 战略要素评价矩阵法

一、企业内部要素评价矩阵

内部要素评价矩阵法是分析企业内部战略条件的有效方法,它可以帮助企业经营战略决策者对企业内部各个职能领域的主要优势与劣势进行全面综合的评价。具体分析步骤如下:

(1) 由经营战略决策者识别企业内部战略条件中的关键战略要素。通常列出 10~15 个要素为宜,包括优势和劣势两方面的。首先列出优势,然后列出劣势,要尽可能具体,要采用百分比、比率和比较数字。

(2) 为每个关键战略要素指定一个权重以表明该要素对企业经营战略的相对重要程度。权重取值范围从 0.0(表示不重要)到 1.0,但必须使各要素权重值之和为 1.0;不论该要素是否具有优势,只要它会对企业经营战略产生最重要的影响,就可以指定为最大的权重值。

(3) 以 1、2、3、4 各评价值分别代表相应要素对于企业经营战略来说是主要劣势、一般劣势、一般优势、主要优势。

(4) 将每一要素的权重与相应的评价值相乘,即得到该要素的加权评价值。

(5) 将每一要素的加权评价值加总,就可求得企业内部战略条件的优势与劣势情况的综合加权评价值。

无论该矩阵包含多少因素,总加权分数的范围都是从最低的 1.0 到最高的 4.0,平均分为 2.5。总加权分数大大低于 2.5 的企业的内部状况处于弱势,而分数大大高于 2.5 的企业的内部状况则处于强势。因素数不影响总加权分数的范围,因为权重总和永远等于 1。当某种因素既构成优势又构成劣势时,该因素在矩阵中出现两次,而且将被分别给予权重和评分。例如花花公子企业公司的标识语既帮助了该公司,又损害了该公司。标识语使《花花公子》杂志吸引了读者,但它同时又使“花花公子”有线电视频道被排除在很多地区的市场之外。

表 11-1 为某企业内部条件战略要素评价矩阵分析情况。从中可以看出:该企业的主要优势在产品质量,评价值为 4,劣势在组织结构适应性差,评价值为 1;从加权评价值来看,产品质量为 0.8,职工士气为 0.6,这两个关键战略要素对企业经营战略可能产生的影响最大;该企业的综合加权评价值为 2.4,说明该企业内部条件的综合地位在行业平均水平(2.5)以下,应引以高度的重视。

二、企业外部要素评价矩阵

企业外部环境关键战略要素评价矩阵分析,主要反映出行业前景及行业内企业所面临的主要机会与威胁,帮助战略决策者全面认识外

表 11-1

企业内部条件战略要素评价矩阵示例

关键战略要素	权重	评价值	加权评价值
职工士气	0.20	3	0.60
产品质量	0.10	4	0.80
营运资金	0.10	3	0.30
利润增长水平	0.15	2	0.30
技术开发人才	0.05	2	0.10
组织结构	0.30	1	0.30
综合加权评价值	1		2.40

部环境因素，为制定经营战略提供可靠的依据。企业外部环境关键战略要素评价矩阵分析方法的原理与企业内部关键战略要素评价矩阵分析法基本相同。具体包括以下五个步骤：

(1) 由企业战略决策者识别并列出外部环境中的关键战略要素，即找出企业所面临的主要机会与威胁。在这项应用中，一般以列出 10～15 个机会与威胁为宜。

(2) 为每个关键战略要素指定一个权重，以表明该要素对于该行业中企业经营成败的相对重要度。权重取值范围从 0.0(表示不重要)到 1.0，并使各要素权重值之和为 1。

(3) 用评分值 1、2、3、4 来分别代表相应要素对于企业来说是主要威胁、一般威胁、一般机会、主要机会。

(4) 将每一要素的权重与相应的评分值相乘，从而得到各要素的加权评价值。

(5) 将第一要素的加权评价值加总，以求得企业外部环境机会与威胁的综合加权评价值。

根据以上评价过程可知：对于任一企业来说，其可能的最高与最低综合加权评价值分别为 4.0 与 1.0，其平均综合加权评价值为 2.5。如果综合加权评价值为4.0，表示该企业处于一个非常有吸引力的行业之中，面临着大量的市场机会；而综合加权评价值为1.0，则表示企业处于一个前景不妙的行业之中，面临着严重的外部威胁。表11-2提供了一个外部环境关键战略要素评价矩阵分析的示例。

表11-2

企业外部环境关键战略要素评价矩阵示例

关键战略要素	权重	评价值	加权评价值
利率提高	0.3	2	0.6
人口增加	0.2	4	0.8
政府简政放权	0.3	3	0.9
信息处理计算机化	0.1	4	0.4
主要竞争对象战略扩张	0.1	1	0.1
综合加权评价值	1		2.8

由表11-2中所列数据可知，企业的主要威胁来自关键竞争对手的扩张战略，其相应评价值为1；企业有两个主要的机会，即人口增加和信息处理计算机化，其相应的评价值均为4；综合分析结果，对企业影响最大的两个要素依次是政府简政放权与人口增加，其相应加权评价值分别为0.9和0.8；最后得出的综合加权评价值为2.8，表示企业在抓住外部机会与回避威胁方面处于行业平均水平(2.5)之上。

三、柔性分析

制定公司战略时有必要分析的一个问题是组织资源的灵活性和适应性。分析灵活性之前，首先要分析组织面临的不确定性。面临着变化无常的原料市场的生产企业会扩大其供应商的选择范围。相反，如果它面临的是一个稳定的市场，它就会拥有一个极不灵活、柔性很差、大批量的生产系统，这个生产系统保证其具有很高竞争力的成本结构。

柔性分析(flexibility)只是简单地列示各领域各方面的不确定性，

以及组织资源应付这些不确定性的程度。表 11-3 作了类似的分析，它将组织面临的主要的不确定性与其相关的资源方面的柔性（灵活性）水平进行对比。

表 11-3

柔性分析的例子

不确定性的主要领域	柔　　性		附　　注
	要　求　的	实际的（当前）	
对产品 A 的要求	能力（可能性＋20％）或存货	超时可以弥补低	可能没问题
当前供应商的原材料价格	新供应商 新原材料	目前没人知道 生产系统无法处理	问题区域 寻找新供应商的有关信息
主要客户破产	替换客户	没有主要客户	试探分析潜在的客户
明年不再提供长期贷款	其他方式的融资	在股票市场的形象很好	发行新股好像不错
总设计工程师退休	发展当前产品 设计能力	没有合适的代理人 设计能力总工程师 同意做兼职顾问	需特别注意培训和/或招收新职员

第三节　SWOT 分析法

SWOT 分析法是战略管理中环境分析的常用方法之一。所谓 SWOT 分析，就是将企业的各种主要内部优势因素（strengths）、劣势因素（weaknesses）、机会因素（opportunities）和威胁因素（threats），通过调查罗列出来，并依照一定的次序按矩阵形式排列起来，然后运用系统分析的思想，把各种因素相互匹配起来加以分析，从中得出一系列相应的结论。这种研究方法，最早是由美国旧金山大学的管理学教授在 20 世纪 80 年代初提出来的。在此之前，早在 60 年代，就有人提出过 SWOT 分析中涉及的内部优势、劣势、外部机会、威胁这些变化因素，但只是孤立地对它们加以分析，而 SWOT 分析法用系统的思想将这些似乎独立的因素相互匹配起来进行综合分析。运用这个方法，有利于人们对组织所处情景进行全面、系统、准确的研究，有助于人们制定发展战略和计划，以及与之相应的发展计划或对策。SWOT 分析实际上是对企业内外部条件各方面内容进行综合和概括，进而分析组织的优劣势、面临的机会和威胁的一种方法。其中，优劣势分析主要是着眼于企业自身的实力及其与竞争对手的比较，而机会和威胁分析将注意力放在外部环境的变化及其对企业的可能影响上，但是，外部环境的同一变化给具有不同资源和能力的企业带来的机会与威胁却可能完全不同，因此，两者之间又有紧密的联系。

构造 SWOT 矩阵的过程包括如下八个步骤：

(1) 列出公司的关键外部机会；

(2) 列出公司的关键外部威胁；

(3) 列出公司的关键内部优势；

(4) 列出公司的关键内部劣势；

(5) 将内部优势与外部机会相匹配，把作为结果的 SO 战略填入格中；

(6) 将内部劣势与外部机会相匹配并记录得出的 WO 战略；

(7) 将内部优势与外部威胁相匹配并记录 ST 战略；

(8) 将内部劣势与外部威胁相匹配并记录 WT 战略。

表 11-4 是对某公司进行 SWOT 分析的一部分。

在完成环境因素分析和 SWOT 矩阵的构造后，便可以制定出相应的行动计划。制定计划的基本思路是：发挥优势因素，克服劣势因素，利用机会因素，化解威胁因素；考虑过去，立足当前，着眼未来。运用系统分析的综合分析方法，将排列与考虑的各种环境因素相互匹配起来加以组合，得出一系列公司未来发展的可选择战略。这些战略如图 11-1 所示。

表 11-4

SWOT 矩阵分析

优势与劣势 机会与威胁	优　势 (1) 资金 (2) 进入这个市场较早 (3) 有比较完整的销售网络 (4) 统计技术比较先进 (5) 居于市场领先地位占有投资咨询行业相当的份额 (6) 知名度较高	劣　势 (1) 监控系统是模拟式 (2) 成本较高 (3) 一次性投入大
机　会 (1) 中国市场化进程向纵深延伸 (2) 电视台事业化程度不断提高 (3) 其他城市需求也在扩大	SO 战略 应该以市场主导的身份力争扩大市场供给以满足日益增大的市场需求	WO 战略 应该努力降低成本，以更低的价格抢占市场
威　胁 (1) 由于地方保护主义，致使有些分市场比较难以进入 (2) 竞争者的实力相对较强 (3) 日记形式的监测系统因为成本便宜依然占据一定的市场空间	ST 战略 应该首先进入市场化程度较高的沿海大城市； 应该用更快的速度抢占市场使得我们在竞争中处于更加有利的位置	WT 战略 应该先用模拟式的监测设备抢占市场，然后再根据电视数字化的进程逐步更新设备

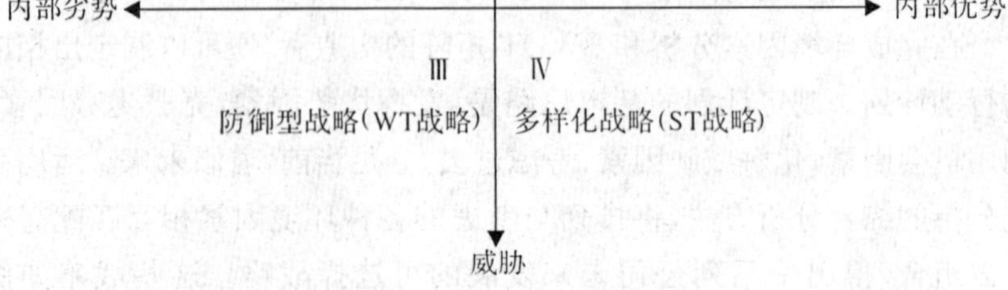

图 11-1　战略地位评估矩阵

第Ⅰ象限的企业，具有很好的内部优势及众多的外部机会，应当采取增长型战略，具体有集中化战略、中心多样化战略、垂直一体化战略等。企业通过严格的成本控制，以价格作为主要竞争手段，在激烈的竞争中进一步发挥企业的市场优势。

第Ⅱ象限的企业，面临巨大的外部机会，却受到内部劣势的限制，应采取转向型战略，在弥补和消除内部劣势的同时，最大限度地利用外部环境带来的机会。

第Ⅲ象限的企业，内部存在劣势，外部面临强大的威胁，应采取防御型战略。这时企业不应该、也没有实力实施扩张战略，因此适合采取比较保守的战略，以避开威胁并逐渐消除劣势。

第Ⅳ象限的企业，具有一定的内部优势，但外部环境存在威胁，应采取多样化经营战略。这样可以利用自己的优势，同时通过多种经营分散环境带来的风险。

通过 SWOT 分析和战略地位评估，企业可以了解内部条件和外部环境的共同作用，明确自身的战略地位，并初步选定企业可能采取的竞争战略类型。

最小与最小战略（WT 战略），即考虑劣势因素和威胁因素，目的是努力使这些因素都趋于最小。

最小与最大战略（WO 战略），即着重考虑劣势因素和机会因素，目的是努力使劣势趋于最小，使机会趋于最大。

最小与最大战略（ST 战略），即着重考虑优势因素和威胁因素，目的是努力使优势因素趋于最大，使威胁因素趋于最小。

最大与最大战略（SO 战略），即着重考虑优势因素和机会因素，目的在于努力使这两种因素都趋于最大。

可见，WT 战略是一种最为悲观的战略，是处在最困难的情况下不得不采取的对策；WO 战略和 ST 战略是一种苦乐参半的战略，是处在一般情况下采取的战略；SO 战略是一种最理想的战略，是处在最为顺畅的情况下十分乐于采取的战略。

由于具体情况所包含的各种因素及其分析结果所形成的战略都与

时间范畴有着直接的关系，所以在进行 SWOT 分析时，可以先划分一定的时间段分别进行 SWOT 分析，最后对各个阶段的分析结果进行综合汇总，并进行整个时间段的 SWOT 矩阵分析。这样，有助于分析的结果更加精确。

第四节　投资组合分析法

西方企业把投资问题与经营决策紧密地联系在一起，对重大的经营活动都要进行认真分析，论证其投资的必要性、可能性和经济效益，并在此基础上分配资金、决定投资。这就出现了可行性研究。可行性研究在企业经营决策中的应用，是西方企业业务投资组合计划的具体反映。它是在对企业外部环境和内部条件进行调查研究、分析企业面临的发展机会和挑战的前提下，明确企业当前和未来的经营方向，提出希望达到的目标，在需要与可能的基础上，研究制定可行的经营方案。可行方案应该有多个不同的组合，以便比较和进行全面评价，并从中选择一个满意方案。在对方案进行评价和选择时，需要运用投资分析的概念和方法。一旦决策既定，即应付诸实施。为此，要落实到有关责任部门和人员，制定实施的规划和期限要求，形成指导企业整个生产经营活动的计划。

一、波士顿咨询公司："业务包"理论

波士顿咨询公司(BCG)认为所有业务都是在几个经济上互不相同的产品—部门中运行的。一个企业内部的这些业务的集合称作它的"业务包"。"业务包"理论主张，对一个企业业务包内的每一种业务，都应该建立一个独立的战略。BCG 提出，一个企业的相对竞争地位(市场份额)和业务增长率是决定一个企业的整个业务包内某一特定业务单位应当采取战略的两个基本参数。相对竞争地位(市场份额)决定了一项业务产生现金流量的速率。一个与其竞争对手相比占有相对较高的市场份额的企业，一般拥有较高的利润幅度，并因而提供较高的现金流量。另外，业务增长率对一个企业的战略选择具有双重影响。首先，

业务增长率影响获得市场份额的难易程度。在一个增长缓慢的业务领域，一个企业市场份额的增加通常来自于它的一个竞争对手的市场份额的下降。其次，业务增长率决定了一个企业进行投资的机会水平。增长着的业务领域为一个企业把现金回投于该领域并获得较好的利润回报提供了机会。当然，这一机会同时也给企业带来一些问题，因为某项业务领域增长越快，为支撑这一增长所需要的现金量就越多。

在利用 BCG 矩阵进行战略方案评价时，波士顿咨询公司建议采取以下步骤：

（1）将公司分成不同的经营单位。实际上公司建立战略经营单位(SBU)组织时，就已经做了这一步。在矩阵中，圆圈用来表示每一经营单位如图 11-2。

（2）确定经营单位在整个公司中的相对规模。相对规模的度量尺度是经营单位的资产在公司总资产中的份额和经营单位的销售额占公司总销售额的比重。在矩阵中，圆圈面积代表着经营单位的相对规模。

（3）确定每一经营单位的市场增长率。

（4）确定每一经营单位的相对市场占有率。

（5）绘制公司整体经营组合图见图 11-2。

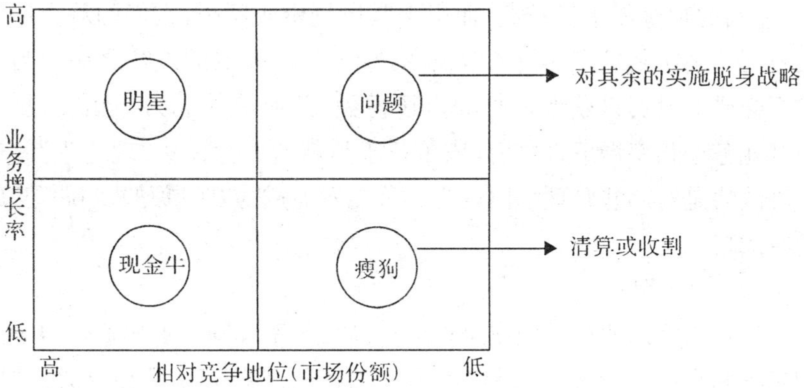

图 11-2　公司经营组合图

（6）依据每一经营单位在公司整个经营组合中的位置选择适宜的战略。

BCG 把企业内部的业务单位划分为以下四种战略类型，如图 11-2 所示。

1. “现金牛”型

该业务单位具有低业务增长率和高市场份额。由于高市场份额，利润和现金产生量应当较高。而较低的业务增长率则意味着对现金的需求量也较低。于是，大量的现金余额通常会由“现金牛”创造出来。它们为全公司的现金需求提供来源，因而成为公司的主要基础。该类型的战略是如何稳定发展，保持目前的状态。

2. “瘦狗”型

这是指那种具有低市场份额和低业务增长率的业务部门或单位。低市场份额通常暗示着较低的利润。而由于其业务的增长率也较低，故为提高其市场份额而进行投资通常是不允许的。但该部门为维持其现有竞争地位所需要的现金往往大于它所创造的现金量。因此“瘦狗”型单位常常成为现金陷阱。适用于它的最合乎逻辑的战略方案是清算，或用“收割”或用“清算”处理这只狗。

3. “问题”型

这类业务部门或单位具有低市场份额和高业务增长率。由于其增长，它们的现金需求量较高，而由于其市场份额所限，它们的现金产量又较低。由于其较高的业务增长率，对“问题”采取的战略之一应当是进行必要的投资以获取增长的市场份额，并促使其成为一颗“明星”。当其业务增长率慢下来之后，该单位于是就会成为一头“现金牛”。另一种战略是对那些管理部门认为不可能发展成为“明星”的“问题”实施脱身战略。

4. “明星”型

这种类型的业务部门或单位具有高增长率和高市场份额。由于高增长率和高市场份额，“明星”运用和创造的现金数量都很巨大。“明星”一般为企业提供最好的利润增长和投资机会。很明显，对于“明星”的最好的战略是进行必需的投资以保持其竞争地位。

大多数企业的业务部门或单位都分别散布在该模型矩阵的 4 个象

限中。BCG建议在战略评价中运用“业务包”模型时应该采取下列步骤：

(1) 将公司划分为各种不同的业务部门或单位。许多企业在他们建立战略经营单位(SBU)时实施这一步骤；

(2) 确定每一个业务部门的市场的增长率；

(3) 确定该业务部门的相对规模；

(4) 确定该业务部门的相对市场份额；

(5) 绘制该公司整个业务包的图解，如图11-3；

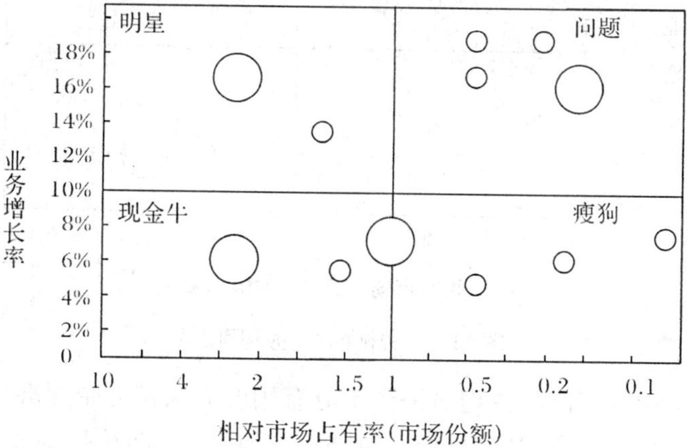

图11-3　“业务包”图解

(6) 根据每一业务单位在公司的整个业务包中的地位选择其相应的战略；

(7) 定期检查每一种战略的成功程度，并在需要做出改变时确定行动的程序。

图11-3是对一个企业的业务整体情况所作的图解。圆圈的大小代表每个业务部门在整个企业中的重要程度(通常以所占用的资产来衡量)。业务增长率用线性数量度量，相对竞争地位则以对数数量表示。10%以上的增长率被认为是高增长率的标准，而高市场份额和低市场份额之间的界限位于对数量度上的1处。这种划分可以依特定业务的不同而做出修改。该业务包是一个相当平衡的业务包。该公司拥

有一个由两个或三个“现金牛”组成的稳固的基础，“包”中的两颗“明星”为公司的增长提供了机遇。也许有两个“问题”能够以一个合理的代价进入“明星”之列。最后，该公司还有几只应当被管理层严格控制的“瘦狗”，对他们只能采取脱身或清算战略。

图 11-4 所示的企业所具有的业务包是一个严重失衡业务包。

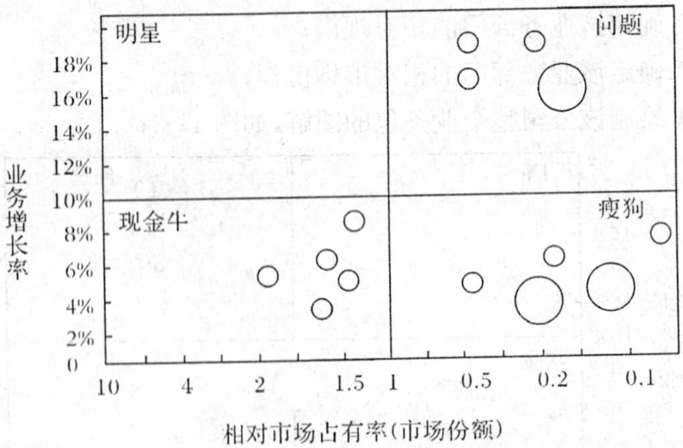

图 11-4　失衡的“业务包”图解

在运用“业务包”原理时一个十分有用的方法是为企业准备几个不同时点上的业务包图解（目前 3～5 年之前的和预期从目前到 3～5 年以后的），这可以使管理层对它的战略选择已经达到或可能达到的结果有一个形象的了解。

BCG 的业务包理论也有它的局限性。难点之一是如何确定企业在一个复杂的行业中的市场份额；难点之二是“瘦狗”型部门或单位的命运。BCG 的方法，公司的“瘦狗”型部门或单位通常不是被清算就是被脱身掉。然而已经有人指出，一个低利润业务领域的经营活动通过治理和整顿，可以使之成为具有较高盈利的业务。一些研究显示，管理好的“瘦狗”有可能成为现金创造者。一项对 87 个在低增长行业中具有低生产份额的企业的研究认定，其中的 40 个企业的经营是有效率的，而其余 47 个是无效率的。这项研究得出结论，那些有效率的企业都倾向于通过实施认真的市场营销和研究与开发活动而执行一种高质量、中等价格的经营政策，而那些缺乏效率的“瘦狗”必须考虑作为脱身或清算的候选者。

二、通用电气公司的战略业务计划方格

通用电气公司(GE)推广了 BCG 方法的一个修改后的模型。图 11-5 显示了 GE 公司的“战略业务计划方格”或“信号灯战略”。每年 GE 公司都测定：a. 它的每一个业务单位的销售额、利润和投资利润率；b. 每一个业务单位所在的行业的市场份额变动幅度、技术需要、行业雇员的忠诚度、竞争态势和社会需要。每年一次的这种检测从行业的吸引力和 GE 公司在行业中的优势两个方面给出每一业务单位的得分——高、中、低。图 11-5 的纵轴表示行业吸引力，横轴表示公司的业务优势。

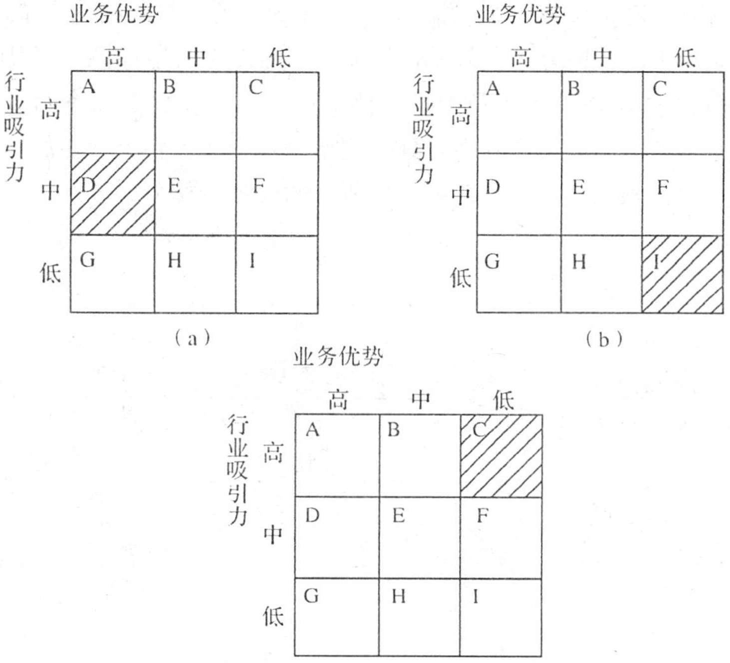

图 11-5　通用电气公司的战略业务计划方格

如果行业吸引力中等而公司的业务优势为高(图 11-5a 中的 D 区

域)，则应实行一种增长(或绿灯)战略决策；而当行业吸引力和业务优势都为低时(图 11-5b 中的 I 区域)，则应实行一种无增长(或红灯)战略。对于 GE 公司来说，无增长战略意味着使某一项业务单位继续创造利润但不再对其进行增加投资。图 11-5c 中 C 区域描述的业务单位则是另一种类型。该业务单位所处的行业具有较高的吸引力，GE 公司在该行业中的业务优势较低。GE 公司把它称为黄灯业务，它既可以向增长战略移动，也可以向无增长战略移动。在现实的实践中，GE 公司的各层级管理层都对(计划方格的)三种或四种情况进行评判。最终的方格和战略决策是由 GE 公司的公司政策委员会——董事长、三个副董事长、五个高级副总裁和财务副总裁作出。

三、霍夫的产品市场发展系列模型

查理—霍夫提出一个包括 15 个单元的评价公司业务系列的模型而扩展了 BCG 和 GE 公司的评价方法。霍夫的模型如图 11-6 所示。在此模型中，各个业务单位根据它们的产品—市场发展的不同阶段及其竞争地位的不同而散布在各处。圆圈的大小代表各个行业的相对规模。圈内的阴影代表每个业务单位所占的市场份额。

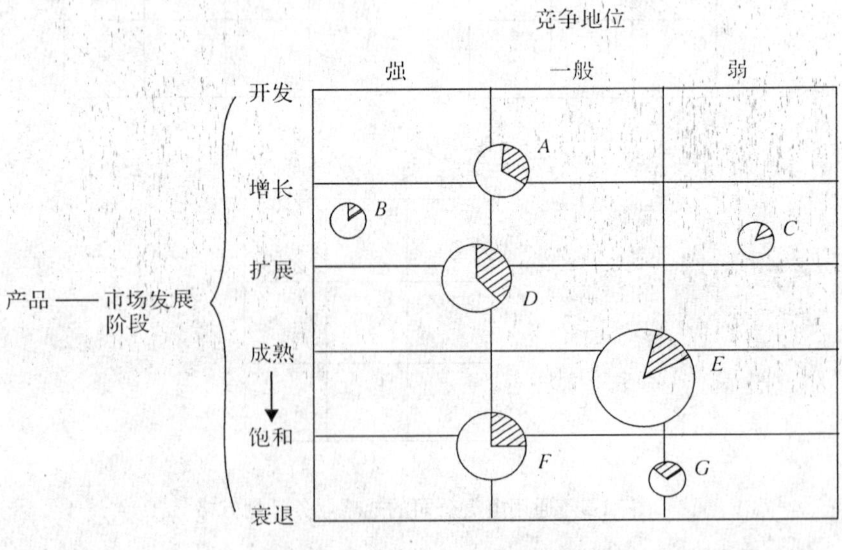

图 11-6　霍夫的产品—市场发展系列模型

从对图 11-6 的分析可以得出每个业务单位可用的战略方案的几点有用的意见：

(1) 业务单位 A 看起来是一颗潜在的明星。它的相对较大的市场份额，加上它处在产品—市场发展的开发阶段以及它所具有的获得一个较强的竞争地位的潜力，使它成为接受公司资源支持的一个很有希望的候选者。

(2) 业务单位 B 在某种程度上有点像 A。然而对 B 单位投资的多少将取决于 B 部门相对于其强大的竞争地位竟具有如此低的市场份额这一问题的答案。为此，单位 B 应当实施一条能够改变它的这一较低的市场份额的战略，以便争取更多的投资。

(3) 业务单位 C 在一个增长中的相对较小的行业中占有一个较小的市场份额并拥有一个较弱的竞争地位。必须实行一种能够克服其低市场份额和弱竞争地位的战略，以争取未来的投资。单位 C 很可能是一个有待脱身的对象，以便将其资源运用于 A 或 B。

(4) 业务单位 D 处在一个扩展的阶段，占有一个相对大的市场份额，并处在一个相对强的竞争地位。对 D 单位应当进行必要的投资以保持其相对强的竞争地位。从长期来看，D 应当成为一头“现金牛”。

(5) 业务单位 E 和 F 是“现金牛”，应当用来创造现金。

(6) 业务单位 G 看起来像是公司业务包中的一条“瘦狗”。在短期内，它应当被监控着用于创造现金——如果可能的话；然而，就长期而言，它更有可能被施以脱身战略或清算战略。

企业在它的综合业务包内可能有多种多样的组合。查理—霍夫和邓—斯肯德尔提出，大多数业务包都是下列三种理想类型的变体：增长型；利润型；平衡型，如图 11-7 所示。

每一类型的业务包代表着企业在其资源的分配中所追求的不同目标和宗旨。举例来说，菲利浦—莫里斯公司是如何执行上述战略类型中的两种战略的。在它的香烟生意中，菲利浦—莫里斯公司追求的是一种利润战略。然后，它又运用这些利润对米勒啤酒公司实施一种增长战略。另外，许多跨行业企业都实行一种平衡战略。该战略寻求现

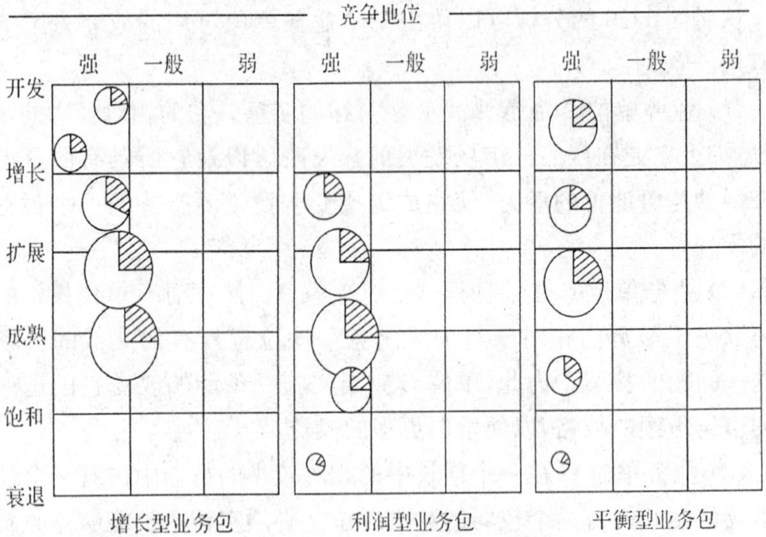

图 11-7　3 种理想的公司业务包类型

金创造单位同为数有限的明星和正在形成中的明星之间的一种平衡。同时，下降中的业务单位则被严格控制以保证公司对它们的投资最小化；而对其实施的长期战略则通常是脱身或清算。GE 公司是追求这种平衡型业务包战略的一个例子。

上述各种战略评价的方法都有其优点。所有这些方法都提供了关于企业目前的战略地位和战略选择的一种形象化说明。对各种战略评价方法的一项研究建议，决定一个战略是否能被接受，需要经过四种检测：

(1) 目标一致性检测。如果一种战略包含有相互抵触的目标宗旨和政策，则该战略应当被拒绝采纳。

(2) 系统适应性检测。如果一种战略不能充分利用某一特定企业在某一特定业务部门或参照系统内所拥有的优势，则应拒绝执行。

(3) 能力适应性检测。如果一种战略所提出的问题超出了企业现有的技巧和能力能够解决的范围，则该战略应当被拒绝执行。

(4) 运作可行性检测。如果一种战略从资源观点来看是不可行的，或现有知识表明它所期望的目标是不可能达到的，则应拒绝实行。

第五节 战略选择过程

战略选择过程是作出选定某一战略方案的决策过程。拟定和评价可供选择的战略方案，是进行这个战略决策过程必不可少的先决条件。假若战略评价过程已经筛选出显然优化的战略方案，则决策就很简单。然而，在大多数情况下，战略评价过程提供给战略决策者的是若干种可行方案。在这种情况下，决策者就要考虑多种因素，进行多方面的权衡。因此，选择战略并非一个例行公事化的或很容易的决策。正像有人指出这种决策实际上是一种智力活动过程，它比想象中更曲折、更复杂、更微妙和更具有特性。决策者通常游弋于有意识和无意识之中，在具体与抽象之间反复，在机会和系统中试验，而且决策过程完全是动态的，没有真正的起点或终点。通常，影响战略决策者选择某一特定战略的因素有五点：企业对外部环境的依赖程度；管理者对待风险的态度；企业过去的战略；企业中的权力关系；中层管理人员和职能人员的影响。

一、企业对外部环境的依赖程度

任何企业都存在于它的外部环境中，而环境受股东、竞争对手、顾客、政府和社区的影响，企业的生存对这些因素的依赖程度影响着战略选择过程。企业对外部依赖程度越高，企业选择战略的灵活性就越小。

(1) 业务依赖于少数几个股东的程度越高，战略选择的灵活性就越小；

(2) 企业依赖于其竞争对手的程度越高，则它就越不可能选择进攻性的战略(此处的依赖性指处于较弱的竞争地位)；

(3) 企业的成功和生存越依赖于少数几个顾客，则企业对他们的期望应该作出较快的反应；

(4) 企业越是依赖于政府和社区,则它对市场状况和股东的要求越不具有灵敏的反应。企业经营面对的市场在不断变化,这也影响着战略选择。如果企业面对的市场变化程度较大,则相应的企业的战略需要具有较大的灵活性。

以上对环境的度量基于"客观的"衡量基础之上,但事实自己并不会说话,客观的现象需要决策者主观的理解。因此,决策者对外部环境依赖性的主观认识影响着战略的选择。处于同一环境中的同一公司,如果由两个决策人来进行战略选择,可能会有两种不同的战略方案。

二、管理者对待风险的态度

管理者对待风险的态度影响着战略选择的决策。有些企业管理者极不愿承担风险,而另外一些管理者却乐于承担风险。不同的风险态度会导致不同的战略选择。

(1) 如果管理者认为,风险对于成功是必不可少的,并乐于承担风险,则企业通常采用进攻性战略,接受或寄希望于高风险的项目,在它们被迫对环境变化作出反应之前就已经作出了反应。这类管理者考虑的战略方案范围较广泛。

(2) 如果管理者认为风险是实际存在的,并敢于承担某些风险的话,则管理者就会试图在高风险战略和低风险战略之间寻求某种程度的平衡,以分散一定的风险。

(3) 若管理者认为冒较高的风险将毁灭整个企业,则他考虑的战略选择方案需要减低或回避风险。他们可能采取防御性的或稳定发展的战略,而拒绝承担那些高风险的项目,倾向于在稳定的产业环境中经营。

归纳起来说,管理者和股东对待风险的态度,会增加或减少他们所考虑的战略方案的数目,并增加或降低采用某一特定战略方案的可能性。

三、企业过去的战略

对于大多数企业来说,过去的战略是战略选择过程的起点,这就使得新考虑的多数战略方案受到企业过去战略的限制。明茨博格曾对德国大众汽车公司1934～1969年和美国1950～1968年在越南的战略选择变化进行过详细的研究，他认为：现在的战略从过去某一有影响的领导者所制定的战略演化而来。这一独特的、紧密一体化的战略对以后的战略选择是个主要的影响因素。从此，这一战略被格式化。官僚化的管理组织使战略得以贯彻和实施，即原决策者推出这个战略并向下属说明，而后低层管理人员将这个战略得以实施，这一现象被称为“推拉现象”。当这一战略由于条件变化而开始失效时，企业总是将新的战略嫁接到这个老战略上来。直到以后这一战略行不通时，才探索一种全新的战略。当外部环境变化更大时，企业才开始认真地考虑采取防御战略、组合战略或发展战略，也许以前曾有人建议过这些战略，但都被决策者忽视了。

明茨博格对战略选择过程的研究结论具有概况性的意义。它说明过去的战略对以后的战略选择有影响，战略选择过程更多的是一种战略演变过程。其他研究也表明，当人们要对过去选择的执行方案的不良后果负个人责任时，他们总是将最大数量的资源投入过去选择的执行方案之中。这可以部分地说明为什么在改变过去的战略时，往往需要更换高层管理人员，这是因为新的管理者较少地受到过去战略的约束。

四、企业中的权力关系

所谓权力是人们之间的一种关系，指的是某个人影响另一个人或群体去做某些事情的能力。经验表明，在企业中权力关系的存在是个关键的事实，在大多数企业中，如果一个权力很大的高层管理者支持某一战略方案，它往往就成为企业所选择的战略，并且会得到一致意见的拥护。例如，福特汽车公司的小福特，国际商用机器公司的老化森，国际电报电话公司的哈罗得等这些有权势的总经理，都曾经大大地影响过所在企业的战略选择。从某种意义上说，人品也会涉及战略选择。主要管理者喜欢什么以及尊重什么等，都与选择什么样的战略有关。总之，权力关系或企业政治对战略选择有重大影响。

五、中层管理人员和职能人员的影响

中层管理人员和职能人员(尤其是公司计划人员)对战略选择有重大影响。鲍威尔和舒沃兹的研究指出,如果中层管理人员和公司计划人员参加战略选择过程,则:

(1) 他们选择的战略通常与总经理选择的战略有所不同;

(2) 中层管理人员和职能人员的观点部分地受到他们个人的视野,以及其所在单位的目标和使命的影响;

(3) 他们倾向于向高层管理人员推荐那些低风险、渐进式推进的战略选择,而非高风险和突破性的选择。

卡特研究了一些中小型公司所做出的六项关于收买的决策,这项研究发现:

(1) 较低层管理人员倾向于上报那些可能被上司接受的方案,而扣下不易通过的方案。在可能的情况下,他们的选择总是适合于自身的目标;

(2) 在对建议中的战略选择进行评价时,不同的部门都从自身利益来评价方案,并出现不同的评价结果;

(3) 企业外部环境的不确定性越大,下层管理人员就会使用越多的评价标准来指导战略选择过程;

(4) 职能人员为战略选择提供的数据量取决于:搜集数据的难易程度;他们对日后数据执行情况负责的程度;为获得有利决策所必需的数据量;认为上司作决策时所希望有的数据量。

总之,中层管理人员和职能人员是通过草拟战略方案以及对各方案风险的评价来影响战略选择的。一般来说,他们对战略方案作出的建议和评价,总是与过去的战略差异不大,较少冒风险。

思考题

1. 一个企业的竞争优势和竞争劣势主要是指什么?
2. 简述企业内部要素评价矩阵的五大步骤。
3. 你认为 SWOT 矩阵分析中最关键的是什么?

4. 什么是经营组合？

5. 选择一个你所熟悉的公司，描述它在战略评价时所使用的战略评价方法或工具。

第十二章　企业战略实施

学习目标

- 理解战略实施的重要性
- 理解组织结构变化与战略变化的关系
- 理解企业文化与战略的关系

第一节　战略实施的资源配置

资源配置是战略实施的重要内容。企业在实施战略过程中，必须对所属资源进行优化配置，才能充分保证战略的实现。

一、战略与资源的关系

1. 资源对战略的保证作用

战略与资源相适应的最基本关系，是指企业在战略实施过程中，应当有必要的资源保证。而在现实中没有资源保证的战略，又没有充分意识到其危险性的企业不在少数。究其原因，大致可归纳为几点：

(1) 战略制定者在思考程序上存在缺陷，他们没有注意到确保资源的必要性，从而制定了无资源保障的"空洞"战略。

(2) 必要的资源难以预测而导致偏差，由于预测不准，结果造成缺乏资源保证的战略。

(3) 没有把握本企业资源，尤其是看不见的资源而出现错误，造成尚未预料的损失。

2. 战略促使资源的有效利用

即使企业具有充足的资源，也不是说企业就可以为所欲为。过度滥用企业资源，会使企业丧失既得利益，也会使企业丧失应得更多利益的机会。因此，企业采用正确的战略之后，就可以使资源得到有效利用，发挥其最大效用。更有甚者，战略可促使企业充分挖掘并发挥各种资源的潜力，特别是在人、财、物上体现出来的看不见的资源。

3. 战略可促使资源的有效储备

由于资源是变化的，因此在企业实施战略过程中，通过现有资源的良好组合，可以在变化中创造出新资源，从而为企业储备了资源。所谓有效储备，是使必要的资源以低成本、快速度、在适宜时机来进行储备。战略可通过两种类型来实现这一目的：战略推行的结果可附带产生新资源；这种新资源可以成为其他战略必要的资源而被经常及时地使用。

二、企业战略资源的内容与特点

1. 企业战略资源的内容

企业推行战略前的准备，除了用计划推行和适应战略的组织调整之外，战略资源的配置优劣将直接影响到战略目标的实现。那么，什么是企业战略资源呢？企业战略资源是指企业用于战略行动及其计划推行的人力、物力、财力等资源的总和。这其中也包括时间与信息，因为它们是无形的，因此很少被人所关注。而时间和信息在某种条件下可能会成为影响企业战略实现的关键性战略资源。企业的这些战略资源是战略转化为行动的前提条件和物资保证。具体来讲，战略资源包括：

(1) 采购与供应实力。这主要包括企业是否具备有利的供应地位，与自己的供应厂家关系是否协调，是否有足够的渠道保证，能否以合理的价格获取所需原料。

(2) 生产能力与产品实力。这主要包括企业的生产规模是否合理，生产设备、工艺是否跟上时代潮流，企业产品的质量、性能是否具有竞争力，产品结构是否合理。

(3) 市场与促销实力。这主要包括企业是否具备开发市场的强大实力，是否有一支精干的销售队伍，市场策略是否有效等。

(4) 财务实力。这主要包括企业的获利能力与经济效益是否处于同行前列，企业利润的来源，分布及趋势是否合理，各项财务指标及成本状况是否正常，融资能力是否强大等。

(5) 人力资源实力。这主要包括企业的领导者、管理人员、技术人员等素质是否一流，其知识水准、经验技能是否有利于企业发展，其意识是否先进，企业内在的凝聚力如何等。

(6) 技术开发实力。这主要包括企业的产品开发和技术改造的力量是否具备，企业与科研单位、高校的合作是否广泛，企业的技术储备是否能在同行业中处于领先地位。

(7) 经营管理的实力。这主要包括企业是否拥有一个运行有效、适应广泛的管理体系，企业对新鲜事物的灵敏度如何，反映是否及时、正确，企业内是否有良好的文化氛围，在企业内是否形成良好的分工与合作，是否进行有力的组织。

(8) 时间、信息等无形资源的把握能力。这主要包括企业是否能充分获取、储备和应用各种信息，时间管理是否合理等。

企业的这些战略资源的整合基本上就构筑了竞争实力。

2. 企业战略资源的特点

战略资源本身也具有如下特点：

(1) 战略资源的流动方向和流动速度取决于战略规划的决定。

(2) 企业中可支配的战略资源总量和结构具有一定的不确定性，在战略实施过程中，资源的稀缺程度、结构会发生各种变化。

(3) 战略资源的可替代性程度高。由于战略实施周期长，随着科学技术的进步，原来的稀缺资源可能会变得十分丰裕，也可能发生相反的变化。

(4) 无形资产的影响程度难以准确地预测。例如，企业的信誉资源对企业获取公众支持、政府帮助会产生很大的影响，企业的信息也会对战略实施带来不同程度的影响。正因如此，企业战略管理者在实施战略时，必须充分了解这些战略资源的内在特质，并做出适当预防措施，只有这样，方能确保战略的平稳运行。

三、企业战略资源的 EBV 评估法

企业在复杂多变的环境中为求生存图发展，实现战略目标，必须对各种战略资源的供需状况作出全面分析和正确评估，这样才能运筹帷幄，决胜千里。这里介绍一种战略资源的评估方法——EBV法。

EBV法是指价值评估法(evaluating by value)。它使用重要度(importance)和价值(value)两个指标。“重要度”表示各项资源对战略的影响，取值1～5，值越大，影响越强，需求程度也会越高。“价值”是企业对资源的拥有状况，取值0～5，值越大，说明企业在这一资源上的供应越为充分。

设V_i、I_i分别为资源i的价值和重要度的得分，令：

$$C_i = V_i / I_i$$

$$D_i = I_i (V_i - I_i)$$

$$C = \sum_{i=1}^{n} X_i C_i \quad \left(X_i = I_i / \sum_{i=1}^{n} I_i\right) \quad (n\text{ 为资源的种类数})$$

各指标的意义分别是：C_i 指单项资源供求系数，反映各资源的供求状况。$C_i=1$，为供需平衡，$C_i<1$，为供小于求。D_i 指单项资源的短缺系数，反映资源短缺的紧迫程度，$D_i<0$，供小于求。如当 $D_1=-1$，$D_2=-5$ 时，企业对 D_2 资源的短缺更为紧迫。C 指企业资源的供求指标，可综合反映企业战略资源的供求状况。

四、企业战略资源的分配

企业战略资源的分配是指按战略资源配置的原则方案，对企业所属战略资源进行的具体分配。企业在推行战略过程中所需的战略转换，往往就是通过资源分配的变化来实现的。由于企业战略资源中，无形资源很难把握，而除人力资源之外的有形资源均可以用价值形态来衡量，因此，企业战略资源的分配一般可分为人力资源分配和资金分配两种。

1. 人力资源的分配

人力资源的分配一般有三个内容：

(1) 为各个战略岗位配备管理和技术人才，特别是对关键岗位的关键人物的选择。

(2) 为战略实施建立人才及技能的储备，不断为战略实施输送有效的人才。

(3) 在战略实施过程中,注意整个队伍的综合力量搭配和权衡。

2. 资金分配

企业中一般采用预算的方法来分配资金资源。而预算是一种通过财务指标或数量指标来显示企业目标、战略的文件。通常采取以下几种现代预算方式:

(1) 零基预算。它不是根据上年度的预算编制,而是将一切经营活动都从彻底的成本——效益分析开始,以防预算无效。

(2) 规划预算。它是按规划项目而非按职能来分配资源。规划预算的期限较长,常与项目规划期同步,以便直接考察一项规划对资源的需求和成效。

(3) 灵活预算。它允许费用随产出指标而变动,有助于克服"预算游戏"及增加预算的灵活性。

(4) 产品生命周期预算。在产品的不同生命周期中有着对资金的不同需求,而且各阶段的资金需求有不同的费用项目。这时产品生命周期预算就根据不同阶段的特征来编制各项资金支出计划与原则。

在资金分配中应遵循两项原则: a. 根据各单位、各项目对整个战略的重要性来设置资金分配的优先权,以实现资源的有偿高效利用; b. 努力开发资金分配在各战略单位的潜在协同功能(potential synergies)。

五、战略与资源的动态组合

企业在发展过程中,在不同阶段其战略将不断推陈出新,战略资源也在不断地积蓄。企业在制定现在战略时,应充分预测将来的环境、资源的变化,并对资源进行必要的、合理的配置。这个过程中应当注意,资源的配置不是单纯的资源配置,而应与战略联成一体,形成密不可分的关系。因此,我们说战略资源的配置、动态组合实际上也就是战略与资源的动态组合。

伴随着战略的展开,资源被不断储备,新的储备与现有资源的储备交织在一起,形成了将来资源的储备。企业以这些新的储备为基石,再进一步展开将来的战略。因此，处于现在战略和将来战略中间的新的资源储备，也就成为联结这两个战略的媒介。当现在战略为将来的战略展开有效的资源积累时，使将来的战略也能够有效地利用这些积累的资源，这就形成了企业中战略与资源的动态组合过程。为了实现这个动态组合过程，企业首先必须考虑两个问题：a. 现在战略应选择为什么样的战略；b. 将来战略应该怎样。然后才能在两者间调配适当的资源。而资源在这个过程中将起到动态相辅和动态相乘的两个效果。

1. 动态相辅效果

动态相辅效果又可划分为物的动态相辅效果和资金的动态相辅效果两大部分。

（1）物的动态相辅效果。这是指企业的现在战略和将来战略能在多大程度上共同利用物的资源，或者是现在战略运行中储备的战略资源能在多大程度上作用于将来战略。从这个意义上讲，有转化可能性的物的资源储备是较好的。企业在选择现有产品和市场战略等基本战略时，应预先设定使这种转化成为可能的某个相关将来战略，这时采取与将来联系较多的战略是十分必要的。例如，企业在建立专有生产线时，必须考虑这种专用线能否及时被用于其他生产领域。如果这种可能性没有，企业则要在竞争必需时做好更新这条专用线的人事、劳务、设备方法的准备。

（2）资金的动态相辅效果。这里所说的资金是指流动资金，因为流动资金对于企业的日常经营来说是至关重要的，其影响面会更大。企业必须在战略上制定出资金的投入与回收这两方面的相辅效果。

企业在现在战略与将来战略之间，首先应制定出资金的组合效应。企业在现在战略上会同时经营诸多充满希望的领域，这从企业发展的眼光来看是无可厚非的，但数年后这些领域若同时需要大量的发展资金，企业应当如何处置？这需要企业能动态地考虑这个问题。企业这时应做好现有战略发展后的资金储备，以应不时之需。另外，一个领域中的流动资金，在时间序列上会表现不同形式。在某个时期需投资资金,另一时期又回到企业。这又要求企业能在一领域内实现资金的动态权衡。决定上述资金流动变化形式的因素有四个:产品生命周期的阶段、企业的竞争战略、市场规模和成长速度、竞争中的优势。

实现资金流动的动态相辅效果,要求企业在现有的产品和市场机制上,必须同时具有不同类型资金流动的产品与市场领域,只有在此基础上才能实现资金流动平衡。

2. 动态相乘效果

这是指企业将来战略能有效使用现在战略运行中产生的看不见的资源效果。也就是说,企业现在在某个领域中所使用和储备的看不见的资源可被将来的领域使用。企业在现有领域中使用与产生看不见的资源的期间,如果能和将来领域利用这种相同资源的期间重叠,则能形成强有效的动态合力的效果。

企业在现实的市场角逐中,如果努力开展事业活动,则会为将来积累更多的看不见的资源。例如松下电器的海外投资是以干电池开始的,在此过程中,松下公司获得了销售渠道的积累、工人技能的熟练、当地市场的经验等无形资源的储备,并以此为中介使现在战略与将来战略相互策应,形成动态相乘效果。

动态相乘效果是企业成长的本质。当人们描述保证长期成长的战略形象时,动态相乘效果常是其中心内容。这是因为: a. 企业之所以能适应不断变化的环境,就在于动态组合企业活动中无形资源的形成; b. 在动态相乘的某两个领域之间,资金的动态相辅效果易产生。

那么,企业应当如何构筑其动态相乘效果呢? 这里给出三条思路。

(1) 企业在战略抉择上,应选择无形资源较易积累的领域的战略。

(2) 战略设计不能忽视动态的企业活动的阶段及程序。

(3) 为了实现动态相乘的良性循环,有必要在现在选择一些表面上不合理、在一定程度上缺乏资源保证的战略,有助于培育企业内政动力。反其道而行之,常可获得意料不到的成功。

第二节　企业组织的战略调整

一、组织结构的战略含义

企业组织结构是实施战略的一项重要工具，一个好的企业战略需要通过与其相适应的组织结构去完成，方能起作用。实践证明，一个不适时宜的组织结构必将对企业战略产生巨大的损害作用，它会使良好的战略设计变得无济于事。因此，企业组织结构是随着战略而定的，它必须按战略目标的变化而及时调整。在战略运作中，采取何种组织结构，主要取决于企业决策者和执行者对组织结构含义的理解，取决于企业自身的条件和战略类型，也取决于对组织适应战略发展标准的认识和关键性人物的选择。

美国学者钱德勒在 1962 年发表的《战略与结构：美国工业企业历史的篇章》一书中指出：战略与结构关系的基本原则是组织的结构要服从于组织的战略。即企业战略决定着结构类型的变化。这一原则指出企业不能仅从现有的组织结构去考虑战略，而应从另一视角，即根据外在环境的变化去制定战略，然后再调整企业原有的组织结构。

一般看来，从相对稳定时期的企业结构来划分，组织结构包括职能专业化、区域组织、事业部制、战略经营单位、矩阵结构和横向型结构六大类。换而言之，这仅是从静态来区分而得出的。如果从企业发展的角度，即从动态上来看，企业处于不同发展时期时，必将会采用不同的组织结构。企业结构也一定是随企业的发展过程进行不断地推演、创新，从而寻求到最佳状态。因此，我们理解企业组织结构的战略含义不能局限于其静态时的几种形态，更重要的是从企业的发展动态过程中来理解其演变过程，即在不同时期表现出来的形态。只有这样，才能不会被一时的表面现象所迷惑，而能使我们在复杂的过程中更准确地把握企业组织结构的动态变迁，这才是其更深的战略内涵。

二、组织结构适应战略发展的标准

企业战略的内容充分考虑到企业员工的行为特点，适用于指导和调动企业整个组织，这是组织结构适应战略的最本质内容。这种组织结构适应有以下三个标准：产生共同愿景；反映企业组织的前进趋势；具备催人奋进的精神动力。

(1) “产生共同愿景”这种组织结构的适应，是指其在战略上充分有效地使企业全体员工的认知和努力方向一体化，具有为企业全体员工提供共同理想的聚焦作用。对于作为企业长期运营共同的指针或者理想蓝图的战略来说，这是最有重要意义的组织结构适应。

不可否认，企业的最终活动是诸多的具体个人活动的动态总和。对于这些个人活动是统一起来还是分散开来，这是组织结构适应战略发展所要解决的问题。毫无疑问，单体活动统一化，关系到企业取得业绩的大小。在促进人们行动一体化方面，管理者可采用的方法、手段有许多种，其中组织结构设计的手段便是其一。

(2) 使企业全体员工有共同愿景，统一前进方向还不够，必须使人们自觉地接受这一体化的方向，并以高涨的士气和坚定的信心，向着既定的企业战略目标齐心协力，使企业运作处于最佳状态，这就是组织结构能反映整个企业组织的前进趋势。否则，虽有共同愿景，但趋势错误，可想而知其结果也必将对战略结局无济于事。

企业有了这种前进趋势，可以充分鼓起员工的干劲，使企业内在力量倍增；反之，没有了前进趋势，企业的内在潜力将不能用于“刀刃”上，这是人的集体所特有的特性。它反映出企业组织的前进趋势，并且能加以利用和保持，体现了战略的指向，也是企业组织结构适应战略的第二个标准。有了这种前进趋势的一体方向，企业就可以在竞争中处于优势地位，使竞争对手望而却步，并迫使其反击对抗的势头越来越弱，从而在竞争中获胜。

(3) 组织结构适应战略发展的第三标准，是指设计好的组织结构能否在全体员工中产生一种积极进取并保持一种紧张感的精神动力。企业的组织结构实现了“共同愿景”和“反映企业组织的前进趋势”之后，如果缺乏那种催人奋进并保持适度紧张的精神动力，则组织迟早会松懈，并逐渐习惯成自然，养成惰性。为了防止出现这种情况，防患于未然，有必要给员工注入一定的紧张剂——精神动力，使其不断上进，努力拼搏。如果做不到这一点，那么，企业的一体化方向和前进趋势终因懈怠而付之东流。

当然这种精神动力不是说越多越好，越大越能起作用。但组织结构的适度刺激、使员工产生一种压力紧张感对实现企业总体战略非常重要。这种战略手段所产生并保持的精神张力，对企业必将产生巨大的推动作用，而且它也必将在企业的"共同愿景"和"前进趋势"中得以反映。从这个意义上讲，那种精神动力是实现第一、第二个标准之后，对企业的组织结构设计提出了更高的要求。

综观企业组织结构适应战略要求的三个标准，可以清晰地看到，它们是顺序累积地实现其有效机能的。首先是结构能产生企业的共同愿景，然后再凝聚这些共同愿景，使其反映到企业发展的正确趋势上来，为了保持持久的存在，就必须使企业在实施战略过程中永葆活力，不断进取。三者相互作用，构成了企业组织结构适应战略的动态标准体系。三者缺一不可，如果没有"共同愿景"，则体现不出企业的前进趋势，精神动力也无从谈起；如果没有反映企业的前进趋势标准，则"共同愿景"很有可能产生误导作用，精神动力也有可能产生副作用；同样，不能保持企业成员的精神动力，企业的"共同愿景"和前进趋势则在事实过程中可能会功亏一篑。

三、企业组织战略调整原则、内容及关键人物的选择

1. 企业组织战略调整的原则

企业战略的重要特性之一便是它的适应性。它强调企业组织运用已占有的资源和可能占有的资源去适应企业组织外部环境和内在条件的变化。这种适应是一种极为复杂的动态调整过程，它要求企业能一方面加强内部管理，另一方面则能不断推出适应性的有效组织结构，因此，适应的特殊性决定了这种适应不是简单的直线运动，而是一个循环上升的过程，企业组织理论界人士将这过程称之为适应循环。它明确

地指出了组织结构适应企业战略的原则，即适应循环原则是企业组织战略调整的根本原则。

2. 企业组织战略调整的内容

(1) 调整内容。与企业战略相适应的组织结构调整工作包括三个内容：

① 正确分析企业目前的优势和劣势，设计开发出能适应战略需求的组织结构模式。

② 通过企业内部管理层次的划分、相应责权利的匹配和适当的管理方法和手段的采用，建立起确保战略实现的实力。

③ 为企业组织结构中的关键战略岗位选择最合适的人才，保证战略的推行有力。

(2) 调整前的准备。为了帮助上述组织结构调整工作的有效开展，需做好以下几方面的前期准备工作：

① 确定战略实施的关键活动。我们应从错综复杂的活动中，如制度建设、人员培训、市场开发等方面，去寻找对战略实施起重大作用的活动。

② 把战略推行活动划分为若干单元。将企业整体战略划分为若干战略实施活动单元，它们实际上就组成了组织结构调整的基本框架，这样在客观上保证了企业战略被放到了企业的首要地位。

③ 将各战略实施活动单元的责权利得以明确化。企业战略管理者应全面权衡集权与分权的利弊，从而作出适当选择，给每个战略实施单元授予适度的决策权利，并责成其制定符合企业战略的单元战略并负责贯彻执行。

④ 协调各战略实施活动单元的战略关系。这种协调可以通过整个政治权利等级层次的方式来实现，也可以在实施企业整体战略的过程中吸收各战略实施活动单元共同参加，让其在实施过程中相互了解，相互沟通，从而发挥协调各方的作用。

在企业调整组织结构过程中，必然会对组织结构进行选择。而每一种组织结构都有其自身的长处与短处，在企业组织调整中，企业应综合考虑各种组织结构特点，而不局限于某一基本的组织形式。组织结构作为实现企业战略的手段，其本身无所谓好坏，关键在于其如何适应战略。因此，企业应从实践出发，对自身的组织结构进行有效的调整，让其既能满足战略要求又非常简单可行，而不盲目追求结构的膨胀和形式上的完美。

3. 企业组织战略调整中对关键人物的选择

企业战略实施的成败，在很大程度上取决于关键岗位上的关键人物的选择。选择合适的关键人物是进行企业组织结构调整的重要内容之一。在选择关键人物的过程中，应特别注意以下几点：

(1) 关键人物的能力应与战略要求相适应。企业战略实施过程中的关键人物是指战略项目经理人员的集合，包括主管经理和经理班子中的人员。战略项目经理人员的选择应适应特定的战略要求，需要具有与该公司战略更匹配的资质，能在特定战略领域中对一些关键因素作出独立判断和有效的把握，在战略实施中发挥中坚骨干的作用，以及具有强烈的责任感和事业心；既要有专业水平，又能形成相应的管理风格，并能不断创新。同时，应从提高这些关键人物的整体水平和相互补充出发，对他们进行合理搭配。

(2) 利用现任管理者贯彻新战略。企业实施一项新战略，往往是由现任管理者来贯彻落实。而做出选择现任管理者来贯彻新战略的依据是：

① 现任人员对许多关键因素已了解，对企业战略、经营方式已熟悉，所需培训时间短。

② 现任管理者的个人资质优越，并在员工中有崇高威信。

③ 现任管理者能综合协调各方利益，增强战略实施的向心力。这里要注意的问题是，现任管理者由于工作的连续性，有时会对机会与威胁反应迟钝。

(3) 通过引进人才来实施企业新战略。“筑巢引凤”不失为一种很好的方案，因为它有几个优点：

① 选择对新战略已有信心的外来人才，可克服现任管理者的

惰性。

② 容易激动人心，焕发活力，“新官上任三把火”可能会烧出一片新天地。但同时也需要注意两个问题：a. 受聘者来自外部，需花费较多时间来建立信誉与威望，这样有可能贻误战机；b. “临阵易将”产生权利转移，有可能会弄巧成拙，造成一定混乱局面，难以形成稳定的内部环境。

（4）对关键人物实施激励。即使是非常尽责且下决心实现企业战略目标的经理也同样需要激励。在激烈竞争的市场环境下，这些关键人物只有在正确的激励下才能顺利地完成战略任务。但是，正确的激励并产生效果并非易事。因为战略是长期的，其结果不会立竿见影；战略本身具有风险性，可能会中途而缀；另外，为达到目的所采取的行动也会不同。这样战略成果与个人实绩很难联系起来，从而使激励变得很困难。这时，可采取以下办法来实施激励：

① 将战略目标取得的进展同已取得的成果区别衡量。

② 设置股权的奖励办法，以鼓励关键人物。

③ 针对已取得的成果进行及时、适度的激励。

四、企业组织结构的动态变迁

一般来讲，一个企业会有一个产生、发展、壮大、衰退、终结的生命周期过程，即企业要经历一个不同发展阶段的战略时期。在整个战略过程中，企业规模由小变大，再由大变小（指走下坡路时），此时就对企业组织结构提出了动态变迁的要求。在企业不同的战略阶段，必须有不同的组织结构与之相适应，随着企业战略的推进，企业组织结构也在进行不断的动态变迁。

1. 追求数量倍增战略的组织结构

在工业发展初级阶段，由于生产水平较低，产品供不应求，产品与市场高度集中。这时，企业把生产作为经营重点，企业战略的重心是放在提高效率、降低成本和规模经济上面。企业只要能生产出合格产品，销路是不成问题的，与之相适应，企业将设立职能组织结构形式。在组织中，有专门的职能机构为企业的组织决策提出参考意见，同时，企业高层领导者直接领导下属各个生产部门，如图 12-1 所示。

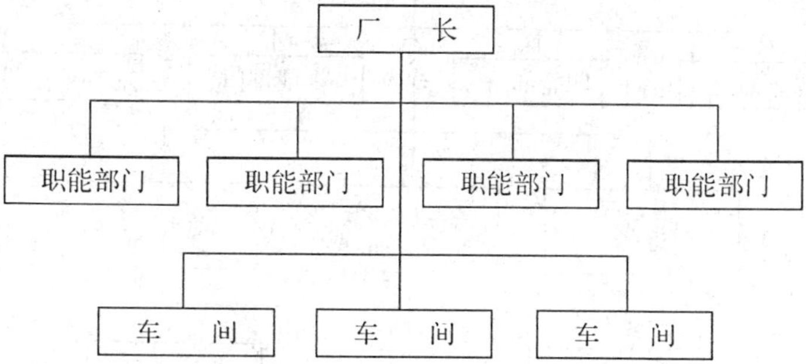

图 12-1　职能型组织结构

2. 一体化战略的组织结构

随着生产规模的扩大，产品的生产和销售由近及远逐步扩散开来，由一个地区发展壮大到几个地区。同时，生产相同的产品与仿制品愈来愈多，企业之间的竞争也日益加剧。企业此时为了获取竞争优势，实现了前向、后向等一体化战略，以求控制部分原材料和分销渠道，增强其竞争实力。与这个战略阶段相适应，一方面，企业在不同的地区复制其已有的组织结构，形成地区组织结构，各地的业务由公司总部集中管理；另一方面，企业建立了统管产、供、销的一体化组织结构，对企业经营活动进行统筹安排和指挥协调，这也使原来的职能型组织结构变得较为复杂，形成了部门内复杂的组织结构或有一定自主权的部门。

3. 多角化经营战略的组织结构

随着市场竞争的白热化，企业为了分散投资、经营风险，提高企业经营的安全系数和盈利能力，同时为了获取广度经济和合成效益，大多采取多角化经营战略。这时，企业提供多种产品和服务，产品间的相互关联程度较低，市场间相互联系的程度也较低，客观上需要减少协调工作量。为适应这种形式的需要，企业一般按产品、用户或地区等要素实行事业部制的组织结构，见图 12-2。

4. 项目化管理战略的组织结构

当企业发展到一定战略阶段，在企业内部产生了必要的双重领导，

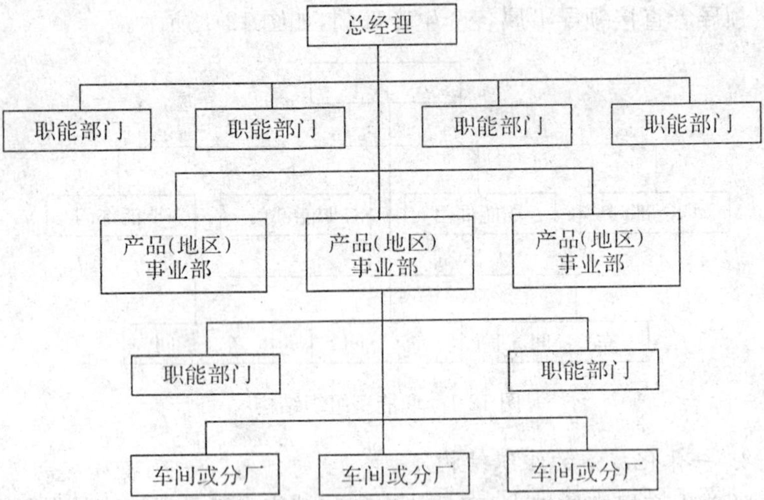

图 12-2　事业部制的组织结构

这时企业内部资源需要相互借用,企业运营的不确定性、复杂性及相互依赖程度增强,需要更有效的处理信息和决策。如果要划分企业发展阶段时,这一阶段可与多角化作并列处理。与此相适应,企业多采用矩阵式组织结构,它将职能型和事业部制的原理相结合,目的是加强各职能部门及规划部门的协作,将集权与分权结合起来,见图 12-3。

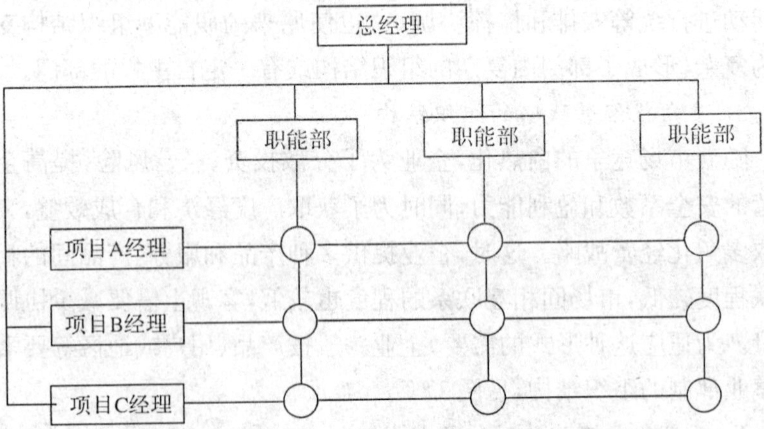

图 12-3　矩阵式组织结构

5. 紧缩、清算战略的组织结构

当企业经营环境发生巨变时，原来有利条件会瞬间成为不利因素。此时，企业为了生存，不得不采取紧缩或清算战略。与此相适应，企业要裁减其组织机构，或组织清算活动。因此，这时企业的组织结构会变得比原先更为简单，更为清晰。由于各企业的实际情况不同，具体战略也有所差别，但总体的趋势是不变的。

五、企业组织的战略创新

随着经济的发展，社会环境的变化，企业在组织结构上必须实施必要的创新。创新的形式有以下几种。

1. 组织软化的趋势

美国学者R·E·迈尔斯和C·C·斯诺于1986在《加州管理评论》上发表了“新组织形式和新组织概念”一文，对“新竞争组织”的概念作了如下解释：它是具有垂直的解集作用、内部和外部经纪人(代理人)制、敞开的信息系统，以及市场机制取代行政管理机制的组织。其核心内容就是通过电脑化信息系统技术，在企业内外部建立广泛的联系，同时应用市场机制来糅合一些主要职能，以求实现更为广泛的战略目标。

组织软化还要求组织结构小型化、简单化，甚至认为“小即美”。奉行此原则的人认为：

(1) 组织结构如果过于复杂庞大，则不符合人的本性。组织小型化，更能使人感到工作与本人关系密切，使个人的作用与贡献发挥得更完备。

(2) 组织小型化，便于领导下放权力且不易引起混乱局面，既有利于调动下属的积极性又便于控制。

组织软化可以使组织成员的活动方式由刻板正规化向灵活多变转化。过去的组织中，人与人之间等级分明，人的活动受到严格控制；而在新组织中，组织成员的任务不作严格的规定与说明，工作程序不作明文规定，而是通过开放机制及社会心理机制来调动人的积极性。人与人之间的等级差异也较少，权力由集中走向分散。沟通显得更重要。

2. 建立混合型组织结构

现代组织结构的明显趋势是一方面下放权力,另一方面将战略计划和决策机制集中于公司总部,从而形成了高度集权与高度分权相结合的混合型组织结构。这种结构,常常以模拟分散制和超事业部制结合的形式为代表。马斯·彼地斯和沃特曼在《追求卓越》中认为,实现集权与分权的良好结合,组织结构必须符合三个标准:

(1) 组织稳定,富有效率。

(2) 不断创新的企业家精神。

(3) 有适当的方式来对付重大威胁,以增强企业对外在环境的灵活应变性。

他们设计了具备三根支柱为基础的组织结构,见图 12-4。

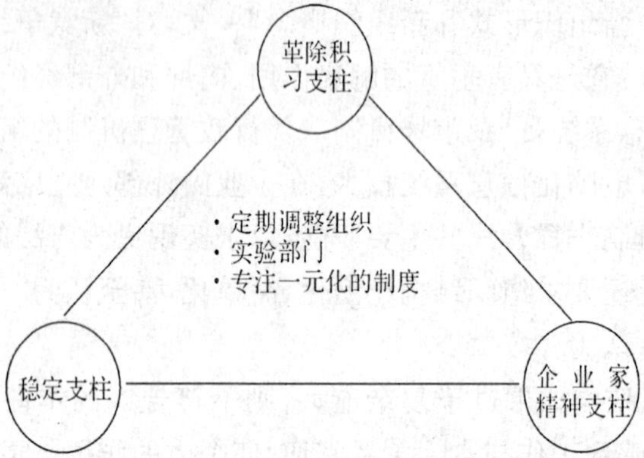

图 12-4 "三支柱"组织结构

3. 网络型组织结构

随着科学技术的不断发展,企业组织结构也在向着网络型组织结构转化,它包括两层组织:a. 管理控制中心,它集中了战略管理、人力资源管理和财务管理等功能;b. 柔性的立体网络,它以合同管理为基础,根据需要组成业务班子,而合同则是机构的联系纽带。

网络型组织结构具有以下几个特点:

(1) 整个组织分为技术与非技术两大部门。技术部门有研发、生产、市场营销、高技术等;而非技术部门包括战略、人力资源和财务等。

(2) 网络中使技术、资金、信息三流程得以分离。

(3) 网络组织的控制是间接控制，且保持单向的责权利，一个中心只有一个经理，通过合同管理，避免了多头领导。

(4) 具有更大的灵活性，结点是根据市场、项目的要求而结成，具有动态的特征，使高效率得以保证。

(5) 有利于经营、协调和合作，便于调动每位管理者的积极性，而且有高附加值的保证。

网络组织结构可以提出更具感召力的目标，真正实现了结构主义——功能主义——价值主义的转变。

第三节 战略与企业文化

一、战略与企业文化的关系

企业文化是处于一定社会经济、文化背景下的企业，在长期的生产经营过程中逐步形成和稳定的、独特的价值观、企业精神等，以及由此为核心衍生的行为规范、道德标准、文化传统、风俗习惯、管理制度、典礼仪式、企业形象等，是全体成员在工作过程中所创造的由观念形态文化、物质形态文化和制度形态文化构成的综合体。它不仅包括思想和精神方面的内容，也包括社会的心理、技能、方法以及企业自我成长的特殊方式等各种因素。

企业文化是企业生存和发展的基本条件之一，也是确保企业战略有效实施的重要保障之一。具体而言，企业文化与战略的关系主要体现在以下方面：

1. 企业文化引导战略定位

一般而言，企业战略是在企业价值观、经营理念等企业文化核心要素所规范的总体经营思想、路线、方针的指导下产生的，也就是说，有什么样的企业文化，就形成什么样的战略。当企业具有很强的文化特色时，会通过企业的经营理念、共同价值观等表现出企业的特殊性，这有利于形成别具一格的企业战略，为企业的成功奠定文化基础。

2. 企业文化是战略实施的关键

企业战略制定以后，需要全体组织成员积极有效地贯彻实施。长期以来形成的企业文化具有导向、约束、凝聚、激励、辐射等作用，是激发员工工作热情和积极性、统一员工意志和目标、使其为实现战略目标而协同努力的重要手段。

3. 企业文化与战略必须相互适应和协调

企业文化具有刚性和连续性的特点，一旦形成便很难变革，因此，它对企业战略的制定和实施具有引导和制约的作用。另外，企业战略也要求企业文化与之相适应、相协调。如果企业根据外部环境和内部条件的变化制定了新战略，并要求新文化与之匹配，但原有的企业文化的变革速度却非常慢，很难马上对新战略做出反应时，那么原有的企业文化就可能成为实施新战略的阻碍力量。因此，在战略管理过程中，企业内部新旧文化的协调和更替是战略实施获得成功的重要保证。

二、企业文化的结构与要素

1. 企业文化的结构

企业文化在结构上可以划分为四个层面，即精神文化层面、制度文化层面、行为文化层面、物质文化层面。这四个层面由内向外，形成如图 12-5 所示的企业文化系统框架。

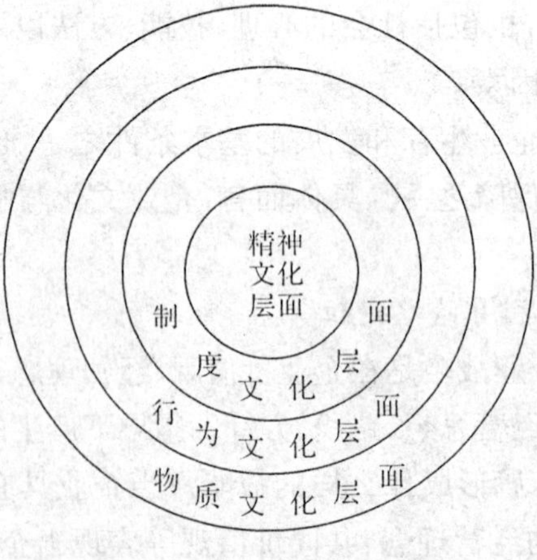

图 12-5　企业文化的结构

（1）精神文化层面。精神文化包括企业经营哲学、企业目标共同价值观、职业道德以及精神风貌等，是企业文化的核心和灵魂，也是形成制度文化、行为文化和物质文化的基础和原则。

（2）制度文化层面。制度文化主要是指对企业员工行为和企业组织行为产生规范性、约束性影响的部分，包括企业的工作制度、责任制度以及其他制度等。制度文化集中体现了精神文化、行为文化和物质文化对员工行为和组织行为的要求。

（3）行为文化层面。企业的各种行为，包括经营行为和非经营行为，都体现了企业的意志、文化品位和价值取向。例如，杜邦公司在上海浦东新区开办企业时，以美化浦东新区的环境为己任。这一行为，正是杜邦公司“通过自己的行为使生活更美好”的价值观的体现。

（4）物质文化层面。物质文化主要包括厂容、厂貌、产品外观及包装、企业技术工艺设备特性等。它是企业文化的表层部分，是形成精神文化、制度文化和行为文化的条件，往往能折射出企业的经营理念、管理哲学、工作作风、审美意识等文化特色。

物质文化、行为文化、制度文化、精神文化这四个层面构成了由外到内、由表及里的企业文化有序结构：物质文化是具体实在的文化硬件，构成企业文化的表层外壳；行为文化是一种处于浅层次的活动，构成企业文化的软件外壳；制度文化是观念形态的转化，是企业文化硬、软外壳的支撑；精神文化是观念形态和文化心理，是企业文化的核心。一言以蔽之，精神文化通过制度文化来表现、支撑着员工行为和组织行为，使之具有企业核心文化的特点，并构造出反映企业核心文化的企业实物外貌。

2. 企业文化要素

企业文化包括若干要素，分别处于精神文化、制度文化、行为文化和物质文化四个层面上。其中，重要的要素有企业精神和共同价值观、行为规范和规章制度、工作作风和传统习惯、企业形象和形象性活动等。

（1）企业精神和共同价值观。企业精神是指企业在长期的生产经营活动中逐步形成并为全体组织成员所认可的理想、信念、价值观等，其实质是企业的共同价值观。企业精神是企业文化的核心和精华，也是企业文化的高级层次，主导着企业文化的共性与特性，也主导着本企业文化的发展范式。企业精神是一种无形的经营资源和支配力量，企业的生产目标、激励制度、营销手段等等都是企业文化的核心——独特的价值观与精神内涵的外化表现。

一方面，作为企业精神的价值观体系决定着企业对消费者需求的判断，并进而决定企业生产何种产品，提供何种服务。例如，日本索尼公司以“追求卓越”、“人人爱新奇”为价值观，并在其指导下采取运用高科技推出与众不同的新概念产品战略。对“标新立异”的追求使索尼生产出了世界上第一台袖珍晶体收音机、第一台晶体管电视机、第一台家用盒式录像机、第一台轻便立体声放音机、第一台微型电视机、第一台激光唱机……这诸多的“第一”使得索尼品牌成为高新技术在家电行业成功运用的典范。同时，这些价值观又在企业内部演化为鼓励创新的企业文化，自发地协调各个职能部门的关系。这种独特的能力与公司其他资源，例如强大的研发能力、经费支持等相结合，造就了公司在技术上的领先地位和差别化优势。

另一方面，企业通过向公众展示和灌输其价值观念，表达对客户、对社会发展和公众所承担的责任，与外界进行良性沟通，从而树立良好的企业形象，获得较高的知名度和美誉度。可以说，企业精神或者说价值观体系是企业能否创建并保持竞争优势的根源所在。一个企业是否具有鲜明的企业精神，决定了它是否能产生完善有效的规章制度、行为规范、工作作风等。

(2) 行为规范和规章制度。行为规范和规章制度是由企业正式规定或非正式形成的，是用于规范员工行为和组织行为的各种制度、程序、方法、标准等。从这个角度讲，有人认为企业文化是“一种非正式规则的体系，指示人们在大部分时间内如何行动”，也有人认为企业文化是“组织成员共享的信念和期望的模式……从而有力地形成了组织中个人与群体行为的规范”。因此，行为规范和规章制度不仅反映了企业的管理方式，而且也是企业文化的体现。例如，有的企业坚持“尊重人”的价值观念，实施自主、亲情的管理方式，主张用价值观的引导和行为规范的影响来约束员工。有的企业认为应该实施严格的管理制度，通过严厉的手段和措施来约束员工行为。也有的企业则坚持“胡萝卜加大棒”的企业文化，既实行严格的规章制度，又采用各种激励措施来激发员工的积极性。不管企业采取何种管理方式，实施哪种规章制度和行为规范，都体现了企业的文化倾向。

(3) 工作作风和传统习惯。工作作风和传统习惯是为达到企业最高目标和宗旨服务的，也是企业文化的外在体现。例如，有的企业奉行“以人为本”的价值观念，并长期形成了包括民主意识、民主权利、民主义务在内的企业民主作风。在这种工作作风的影响下，企业员工积极参与管理、乐于奉献，同心协力地为实现组织战略目标而努力。

(4) 企业形象和形象性活动。形象是指可以表达某种含义的媒介物的客体或事件。企业形象是社会公众对一个企业行为的总体评价及在社会公众心目中形成的印象。

企业常常运用组织体系或组织结构等方式来影响组织行为。但是，改变组织体系的方法容易使人们错误地评估企业管理者的能力，改变组织结构的方法会形成更为复杂的组织结构，结果造成企业组织的行动僵硬，很难达到预期效果。与此相反，如果运用企业形象或形象性活动的方法去创建或变革企业文化时，企业管理者就必须考虑如何将增强体系和结构的能力与建立统一的组织目标结合起来，形成统一体，减少行动盲目性。

企业常用的形象与形象性活动有：

① 组织的创始人与最初的企业使命。组织创始人个人的风格和经历，以及最初的企业使命，都可以成为企业文化的象征。例如，联想公司的创始人在计算机的开发与应用方面做出了很大贡献，而且激发了整个企业群体从事生产经营活动的工作热情和积极性，奠定了公司独特文化的基础。

② 现代化角色。利用现代化的形象，改变企业原有的形象，树立崭新、良好的企业形象，对内产生大的凝聚力和向心力，使员工充满自豪感；对外产生强大的吸引力和感召力，既创造消费信心，又能吸引优秀人才。

③ 形象性活动。企业管理者利用一定时间从事某些可以影响企业文化、提升企业知名度和美誉度的公关活动，从而改变或美化企业形象。

④ 根据企业形象要求，重新设计组织结构或部分组织结构。为了改变或加强企业组织成员的共享价值观，企业可以根据形象的需要，设立专门的销售服务或产品开发部，或在特殊的市场上设置专门机构、扩大影响。

3. 企业文化的五个特点

(1) 企业文化是为全体员工所遵循的核心价值观。

(2) 企业文化是一种心理契约——员工进入企业不仅仅是一种就业行为，还必须接受组织的文化价值体系。

(3) 企业文化是一种管理氛围——它可以弥补管理制度的缺陷，使一些不符合公司价值观和管理要求的行为受到抑制，员工将自觉和有意识地约束自己的言行。

(4) 企业文化使员工工作有价值——员工的劳动与伟大的目标和愿景结合，劳动赋予了新的价值和意义。

(5) 企业文化是企业改革的基础——企业改革需要共同的认同，需要共同的理念和共同的目标，企业改革，企业文化先行。

4. 判断企业或部门有文化氛围的标志

(1) 成员的统一性——员工与作为一个整体的组织保持一致的程度。

(2) 团体的重要性——工作围绕着团队组织进行，而不是围绕领导和个人进行。

(3) 对人的关注——决策者决策要考虑到对组织中个人的影响。

(4) 单位的一体化——鼓励组织中各单位以协作或相互依存形式

运作。

(5) 控制——用于监督和控制员工行为的规章制度以及直接监督的程度。

(6) 风险承受度——鼓励员工进取、革新及冒险的程度。

(7) 报酬标准——以员工的绩效决定工资报酬和晋升报酬的程度。

(8) 冲突的宽容度——鼓励员工自由争辩及公开批评的程度。

(9) 手段——结果的倾向性——管理注重结果和成果，而不是取得这些成果的技术或过程。

(10) 系统的开放性——组织掌握外界环境变化和及时对这些变化做出反应的程度。

三、战略与企业文化的匹配

企业文化是成功实施企业战略的重要支持。企业在选择和创建企业文化时，必须以战略对文化的要求为出发点，综合考虑战略类型、行业特点、管理风格、产品或服务特性等各种因素，实施有助于战略实施的文化类型。

1. 选择与战略类型相匹配的企业文化

这里主要介绍与进攻型、防守型、撤退型企业战略相匹配的企业文化。

(1) 与进攻型战略相匹配的企业文化。实施进攻型战略的企业主要通过技术开发、产品开发、市场开拓、生产扩大等策略不断开发新产品、新市场，掌握市场竞争的主动权，提高市场占有率。与此相适应的企业文化应当以“持续创新”为核心，营造一种有利于创新的尊重个性、鼓励开拓、不怕失败的宽松氛围。这种类型的企业文化具体包括以下特点：

① 企业员工等级身份模糊，行为随便，不拘礼节；

② 企业成员具有高度的冒险精神及承担重任的勇气；

③ 企业拥有高效的、斗志昂扬的、渴望成功的环境；

④ 企业重视个人的协调能力和在不确定的社会环境中完成工作

的能力；

⑤ 在实施决策前，对重要问题具有强烈要求取得共识的倾向；

⑥ 企业鼓励全体员工都能独立思考、锐意进取，并善于采纳普通员工的合理建议；

⑦ 企业对因各种创新而给组织带来良好效果的成员予以高度评价与赞扬；

⑧ 高度重视积极性冲突，希望员工在任何竞争市场都积极主动参与，为自己的意见进行激烈辩论；

⑨ 职位与收入严格与个人实际工作绩效相联系。

(2) 与防守型战略相匹配的企业文化。实施防守型战略的企业为应付竞争对手的挑战，规避激烈的市场竞争，投入的资源仅用于维持现有的竞争地位，希望取得稳定发展，以守为攻、后发制人。与此相适应的企业文化应坚持稳重、严谨，注意管理细节的工作作风，提倡遵守纪律、循规蹈矩、审慎行事，勤勉敬业，强调严格控制和高度规范化、秩序化、标准化。这种类型的企业文化具体包括以下特点：

① 企业内等级层次分明、正规刻板；

② 办公室秩序井然，严肃寂静；

③ 人际间彬彬有礼，和气有加，经常使用技术或行政称谓；

④ 具有很多反映身份和地位的标志；

⑤ 行动速度缓慢而谨慎，非常重视计划、程序、时间性；

⑥ 决策一旦制定就必须坚决执行；

⑦ 员工之间互相尊重对方意见，鲜有观点争论；

⑧ 管理人员在职责范围内提出的建议常能得到重视并付诸实现，不能容忍下级不服从上级的现象；

⑨ 权力受到高度尊重，尽量避免冲突；

⑩ 具有根据个人实际完成工作情况和私人背景而确定员工职位和收入水平的标准。

(3) 与撤退型战略相匹配的企业文化。实施撤退型战略的企业常常在竞争中处于不利地位，或者其产品处于衰退期而严重滞销，或者财务状况恶化等等。此时，企业不得不牺牲一定的眼前利益来对付严重的竞争威胁。一般情况下，长期在某部门工作后参与某种产品生产与销售的员工，当遇到该部门或该产品被撤销的情况时，他们可能会因无法继续工作而失去工作、晋升的机会。因此，撤退型战略会遭到他们的极力抵触。此时，企业若不能以恰当的形式来回报员工以往的贡献，不仅会助长当事人的不满和抵触情绪，而且也会影响员工士气，进而影响企业战略的实施。更糟的是，这样很有可能会破坏企业长期以来形成和保持的文化氛围。从企业外部来看，企业与其供应者、合作者、消费者之间的彼此信任的关系是通过长期努力而建立的。因此企业实施撤退型战略，要处理好这些关系，努力保持良好的企业形象，避免带来长期的负面影响。为此，实施撤退型战略的企业必须借助于企业文化来达到战略目标。与此相适应的企业文化应当既能在企业内部营造人心安定、士气不减的氛围，又能继续保持良好的公共关系和企业形象。

2. 实现企业文化与战略匹配的方式

在处理企业文化与战略的关系时，可以根据企业内部各种组织要素的变化(包括结构、技术、共同价值观、生产作业程序等)与企业内部文化潜在的一致性作为分析的变量，制定出战略与企业文化关系的分析管理图(如图 12-6)，以便更好地使企业文化与战略相匹配。

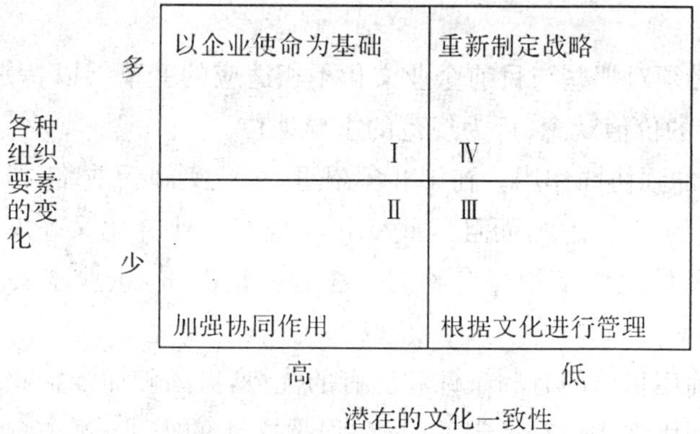

图 12-6　战略与企业文化关系的分析管理图

从图 12-6 可以看出，企业在实施战略时，会与企业目前的文化形成四种不同的关系和管理方式。

（1）以企业使命为基础。在第Ⅰ象限里，企业在实施战略时，重要的组织要素会发生很大的变化，但这些变化与企业目前的文化有高度的潜在一致性。这时，企业一般处于非常有利的地位，可以在目前的企业文化的大力支持下实施新战略。这些企业通常经营状况良好，可以根据自己的实力去寻找重大机会，或者可以改变主要产品和市场。

在这种情况下，企业处理战略与文化的关系的重点是：

① 在企业进行重大变革时，必须考虑与企业使命的关系。在企业中，使命是企业文化的正式基础。因此，企业管理者在处理这一关系、促进两者匹配的过程中，一定要注意组织变革与企业使命保持不可分割的内在联系。

② 要发挥企业现有人员的作用，让现有人员填充由于实施新战略而产生的职位空缺，这是因为，企业现有人员之间具有共同的价值观和行为准则，可以保证企业在文化一致的条件下实施变革。

③ 在必须调整企业的奖励制度时，应注意与企业目前的奖励措施保持一致。例如，当新的市场变化要求产品销售方式相应变化时，新的奖励制度仍需强调与过去相同的评价标准，以保证公司奖惩制度的连贯性。

④ 必须对那些与目前企业文化不相适应的变革予以特别关注，以保证现存的价值观念、行为规范的主导地位。

（2）加强协同作用。在第Ⅱ象限里，企业实施新战略时，企业组织要素发生的变化较少，而且这些变化与现有企业文化又高度一致。因此，企业所处地位是相当有利的。在这种情况下，企业主要考虑两个问题：

① 利用目前的有利条件和已有的优势，巩固和加强企业文化。

② 利用文化相对稳定的时机，根据文化的需求，解决企业生产经验中的问题；或者利用战略的相对稳定，排除组织方面的障碍，转向所

需要的企业文化。

(3) 根据文化进行管理。在第Ⅲ象限里，企业实施新战略时，主要的组织要素变化不大，但这些变化与目前的企业文化不一致。这时，企业最好根据企业文化的要求进行管理。其管理要点是，既要实现企业所期望的某些战略变化，又不与现存的企业文化直接冲突。即在不影响企业总体文化一致性的前提下，根据具体需要对某种经营业务实行不同的文化管理。通常，每当企业文化所带来的阻力逐渐消失后，新战略所带来的某些变化也就会渗透于企业的活动之中。

(4) 重新制定战略。在第Ⅳ象限里，在处理企业文化与战略的关系、促进两者的匹配时，企业遇到了很大困难：企业在实施新战略时，组织要素会发生重大变革，而且这些变革与目前的企业文化很不一致。在这种情况下，企业要考察是否有必要推行新战略。如果没有必要则要考虑重新制定与目前文化相一致的战略；但如果企业外部环境发生了重大变化，企业必须推行新战略，那么企业文化就必须发生变革。

在企业必须作出变革决策的情况下，应从以下四个方面考虑：

① 企业高层管理者要下定决心进行变革，并向全体组织成员阐明文化变革的意义；

② 为形成新的企业文化，企业应招聘一批具有该种文化意识的人才，或在内部提拔一批与该种文化相符的人员；

③ 企业要把激励的重点放在具有新文化意识的群体和个人上，从而促进企业文化转变；

④ 设法让管理者和一般员工明确新文化所要求的行为，使之按照文化变革的要求进行工作。

当企业要变革其现有文化时，还必须考虑一个重要问题，即企业文化的变革是否可行？图 12-7 为解决这一问题提供了一种基本思路。

在图 12-7 中，组织大小和复杂性，指企业的人数、结构、产品种类等决定组织规模的因素；文化的同质性，表示企业成员坚持价值观点的程度，尤其反映在员工的行为规范中。这一图示所提出的思路基于两个假设：第一，改变一个大而复杂的公司的企业文化要比改变一个小而

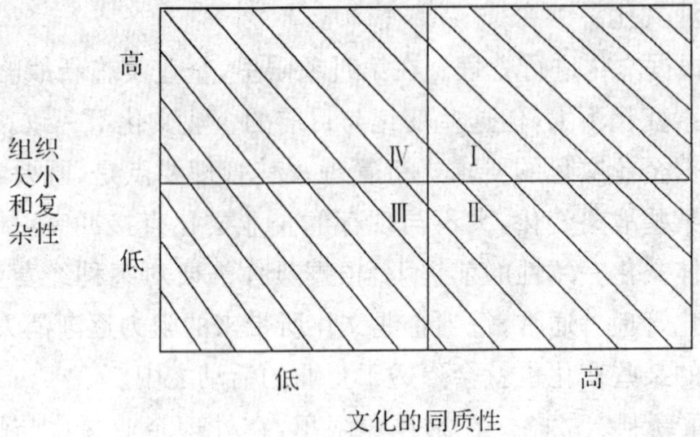

图 12-7 企业文化变革难度

简单的公司的企业文化更加困难;第二,改变文化同质性较高的企业的文化,要比改变文化同质性较低的企业的文化更加困难。

在美国,几乎规模较大的公司都曾具有同质性程度较高的企业文化,但它们却经历了文化的变迁。例如,布兰尼夫公司陷入重重危机时,正处于图 12-7 的区域Ⅰ。为了摆脱困境,公司放弃了飞机业务,解雇了大部分职工,使组织规模和复杂性大大减小。当公司的规模缩减至原来的 1/3 时,它处于图 12-7 区域Ⅱ。与此同时,由于工资下降、员工解雇等引起的不安全感和动荡,破坏了公司文化同质性。到 1983 年,当海厄特公司收购布兰尼夫公司时,布兰尼夫公司已落入图 12-7 中的区域Ⅲ。这样,对海厄特公司来说,它很容易将完全不同的企业文化灌输给布兰尼夫公司。

由此可见,要改变企业文化,最好的途径是使企业处于图 12-7 中区域Ⅲ。这同时也表明,企业文化的变革需要经历较长时期和付出巨大的努力。

思考题

1. 如何理解战略实施的重要性?
2. 为什么说"组织结构跟随着战略"?
3. 阐述企业文化与战略的关系。

本章案例

通用电器公司的战略实施

通用电器公司是美国最大的电器公司，该公司拥有职工近 40 万人，制造、销售和维修的产品约 13 万种，其中包括飞机引擎、核反应堆、医疗器械、塑料和家用电器等，业务范围遍及 144 个国家和地区。1978 年，公司的销售额约达 200 亿美元，利润超过了 10 亿美元，其中 40% 来自国际市场。

由于通用电器公司的规模越来越大，产品的种类越来越多样化，公司在经营管理上，面临着以下几个关键问题：一是冒一定购买风险使利润迅速增长，还是使利润持续不断地低速增长？二是需要一个分权式的组织机构以保持组织上的灵活性，还是建立一个集权式的组织机构以加强对整个公司的控制？三是如何对付环境、技术和国际等方面的新挑战？经过研究，公司选择了利润高速增长的经营战略，这意味着即使在经济下降时期，也要使利润持续不断地增长。为了做到这一点，该公司在业务上保持了多种经营的方式，以抵消经济危机对某些业务的影响。为此又需要一个分权的组织机构，以促使下属各单位不断地改进经营管理并使利润增长。但是，怎样管理这样一个机构，并对付来自环境、政治、经济、技术和国际上的各种挑战呢？通用电器公司的答案是需要制定战略性计划。

通用电器公司管理制度的演变大体经过了三个阶段：

(1) 20 世纪 60 年代的分权时期，促进了该公司的增长和经营的多样化。

(2) 20 世纪 70 年代的战略计划的制定，使公司扩大了规模、增长了产品的种类并使利润持续不断地增长。而战略计划的重点就是建立战略计划经营单位，以及把各下属单位的战略需要和整个公司的财源分配战略结合起来。

(3) 20 世纪 80 年代公司已进入了第三个时期，即战略经营管理时期。在60年代,通用电器公司有一个高度分权的利润中心结构。这种结构共分四层,最下层是事业部共有175个,每个事业部都有一个利润中心。这些事业部由几个部管辖,45个部由10个大组管辖,这10个大组形成最高管理层,它们向公司最高办公室报告工作。最下层的部门的销售额,一般不超过5 000万~6 000万美元,如果超过这个限制,这个事业部就分成两个事业部。当时,通用电器公司占统治地位的管理哲学是限制幅度,这个幅度要"小到一个人足以管理的程度"。这套高度分权的利润中心结构,在60年代大大促进了公司的发展。

随后通用电器公司碰到了几个新问题,即公司的销售额大幅度增长了,但每股的红利并没有随着增长,与此同时,公司的投资报酬率也下降了。

出现这种情况的原因是:a. 由于事业部数目的猛增,事业部之间在竞相使用各种资源时发生了重复的努力;b. 在20世纪60年代的繁荣时期,没有对公司各下属企业的前途进行充分的比较就进行投资,而实际上并非所有下属企业都需要投资。有些企业应该尽力使其利润不断增长。但由于这些企业可能在将来被淘汰,因此,不需要大量投资,而另一些企业因为很有发展前途,则应为其今后的发展需要大量投资。

鉴于上述情况,通用电器公司开始改革。从20世纪70年代初期开始,公司开始制定战略性计划,并建立了一套制定战略性计划的机构、程序和原则。

从组织机构上来说,通用电器公司在传统的事业部和大组的机构上,又建立了一种制定计划的结构——战略(计划)经营单位。这些经营单位的规模不一,大多数部门都可成为战略经营单位。在全公司共建立了七个战略(计划)经营单位。从某种意义上来说,一个战略计划经营单位,必须有一致的业务、相同的竞争对象、有市场共同点,以及所有的主要业务职能(制造、设计、财务和经销),所有这些都由战略(计划)经营单位的经理负责。在建立了战略计划经营单位之后,通用电器公司就形成了双重结构和双重任务,即新建的战略(计划)经营单位是计划机构,其职责是制定战略,原有的组织机构的任务是执行战略。

例如，公司的大型蒸汽轮机部是一个庞大的组织，其年销售额近10亿美元。此外，公司还有一个燃气轮机部，其规模为前者的一半。虽然这两个部都很庞大，但都不是计划部门或战略（计划）经营单位。计划的制定工作是在统辖这两个部（以及其他部）的轮机业务大组一级进行，也就是说，这个轮机业务大组是个战略（计划）经营单位。这个大组的战略思想，是向全世界的工业和公用事业用户提供轮机设备。大型蒸汽轮机的功率高，而燃气轮机的特点是灵活，将两者包括在一个战略（计划）经营单位之内，就可使它们相辅相成，而不是相互竞争。

又如，通用电器公司用两种牌子（通用电器和"热点"），销售包括电冰箱、洗衣设备在内的全套家用电器设备。为了有效地进行生产，这些家用电器被分别划分在一些不同的部门之内。但是，为了制定战略性计划，所有生产家用电器的部门被集中到一个单独的主要家用电器业务大组内。这个大组便成为一个战略（计划）经营单位。这既可使公司对顾客有个内中一致的战略，又可使公司具有业务上的敏感性。

这种把生产组织和计划机构分开的思想，也应用在其他方面。例如，生产食品加工设备、电子元件和特种变压器的各个部和事业部被划入一个工业零件大部，但在这些产品之间并没有战略上的共同点。每个部和事业部都在它独特的领域内进行生产，每个部和事业部都是一个战略（计划）经营单位，并制定自己的战略性计划。但是，将这些部和事业部都划进工业零件大组的目的，是为了便于在生产上进行控制，而不是为了成为二个制定计划的机构。

建立了制定战略机构之后，下一步就是采用一种制定计划的程序，这个程序可简化为任务→形势分析→目标→战略→计划→应变计划。

制定战略计划的程序，主要是靠一步一步地进行分析。例如：当观察外界环境时，通用电器公司考虑到社会、经济、政治和技术发展趋势，在过去和将来如何影响市场、顾客、竞争对手和供应厂商，并由此可找出发展机会和对公司的威胁。当分析到本公司的资源时，应考虑到本公司酝酿、设计、生产、销售资金和管理等方面的能力，由此可以找出本公司的强点和弱点。当分析到企业目标时，计划的程序应考虑到公司股东、贷方、顾客、雇员、供应厂商、政府和社会的期望，并辨别出每一个因素如何引导或限制着企业的发展。总之，这个过程所强调的是进行全面的分析，在分析时将一切因素都考虑进去。该公司认为，经过这种分析，就会出现非常有效的战略。

例如，在20世纪60年代，通用电器公司的机件维修业务部的任务，仅限于修理本公司在美国卖出超过保修期的电动机、变压器和断路器。在制定了战略规划之后，这个部将业务扩大到非通用电器公司产品、非电器产品和外国产品的修理方面。这样做的结果，是使这个部的业务扩大到了全世界。在过去5年中，年销售额和利润都增长了20%以上。

又如，在20世纪60年代的无线电业务方面，通用电器公司的竞争对手有美国无线电公司、飞歌公司、齐尼恩和爱默森公司。这些竞争对手今天都从市场上消失了，因为这些公司认为他们的任务是生产和制造无线电。与此相比，通用电器公司认为自己的任务是供应无线电。该公司将无线电业务扩大到国外，从远东的供应厂商那里得到无线电。由于生产和供应这两种战略上的差别，就使得通用电器公司今天在无线电工业中，处于遥遥领先的地位。

再如，通用电器公司现在在向市场供应喷气式飞机的引擎方面取得了很大的成功，这是由于公司生产了对路的产品，而能够生产对路的产品，又是由于进行了周密的环境分析的结果。经过分析，公司认识到飞机引擎的发展周期是5年左右，同时认识到今天对噪音水平、化学污染、燃料节约、第一次生产成本、服务能力等方面的全面要求，已大大不同于20世纪70年代初期。通用电器公司认为，他们对这些问题的综合考虑，应归功于战略计划的制定。

制定战略计划过程中的各个分析步骤，也使通用电器公司找到了发展业务和进行多样化生产的机会。通用电器公司下属的战略计划经营单位下决心兼并了麦考拉广播公司，这使得通用电器公司，在广播和可视电报方面有了新的市场。公司之所以如此快地进行这次兼并，是由于通过战略性的分析，预计到在这方面有发展机会。

同样，对犹他国际公司的兼并，也是出自战略上的考虑。这次兼并使得通用电器公司加强了自己在能源和工业原料供应方面的地位。

在采用了上述制定战略计划的程序之后，还需要规定一些共同遵守的原则，以保证计划的制定。这些原则可以从以下几个方面加以说明：

(1) 所有管理人员都要参加战略计划的制定和学习。通用电器公司的 320 名高级管理人员；要集中 4 天时间研究和制定战略计划。428 名未来的计划人员，要集中用 2 天时间全部完成战略计划的制定工作。全公司 1 万名各级经理人员，用 1 天的时间来接受了解战略计划的视听训练。公司认为，这种时间代价虽然大。但却是成功的关键。

(2) 制定计划时间表，以便对各种战略计划进行检查，并通过预算对不同的发展机会分配公司的资源。对战略计划的审查是为了使其付诸实施，通过预算对不同的发展机会分配资源，是为了从物质上保证战略性计划的实施。

(3) 用投资矩阵图(又称业务屏幕)来表明投资的轻重缓急。每年通用电器公司都用上述矩阵安排自己的投资。战略计划经营单位用顶上的横轴估价工业的吸引力，用边上的纵轴来估价自己的企业在该行业中的竞争力量。对投资增长类的企业在投资时予以优先照顾，对选择增长类的企业(即还有一定发展前途的企业)在投资时排在第二位。而对选择盈利类则要求它们在投资同利润之间保持平衡，对业务萎缩类的企业，则逐渐撤回投资。

(4) 公司认为，关键的问题是如何衡量工业的吸引力和企业本身的力量。为了解决这个问题，公司应用了多种因素估计表。

对与外界各种因素和企业本身的力量有了精确的估价后，战略计划经营单位的经理就有了作出投资决策的信心。

对于战略计划经营单位经理人员的考核主要是看这些经理人员对通用电器公司的全面贡献如何。对投资增长类的企业经理人员来说，当他们的行动和计划能为全公司带来长远利益时，就会得到更多的奖励。另外，对于业务萎缩类企业的经理人员来说，奖励的多少主要是看这些经理人员能否在短期内为公司赚到更多的利润。把奖励与战略性的任务联系起来,有助于克服那种不顾企业本身的实际潜力而使业务盲目增长的倾向。

通用电器公司在20世纪70年代制定战略计划所取得的成功,促使公司走向80年代的战略性管理。

为了应付迅速变化的外界环境,公司将保留计划机构和生产组织这种双重结构。为了应付日益扩大的规模,公司建立了一个新的管理层——大部。这个管理层介于公司执行办公室和每个单独的战略计划经营单位之间。全公司共分6个大部,即:消费品和服务大部、工业产品和零件大部、动力系统大部、国际部、技术系统和材料大部和犹他国际公司。其中规模最小的犹他国际公司,年销售额约为20亿美元,其他大部有些年销售额超过40亿美元。大部的经理人员对下属各战略计划经营单位的经营好坏负有责任。大部经理人员负有审查下属各战略计划经营单位的战略的责任,并负责制定大部战略。大部的战略不仅包括向各战略业务单位分配资源,而且还要在各战略计划经营单位所主管的业务范围之外制定业务发展计划。为了处理更加复杂的业务,公司已将原来在一个管理层制定战略性计划的做法扩大到若干管理层制定战略性计划,甚至在不同的业务之间制定战略性计划。现在公司除有40～50个战略(计划)经营单位的计划之外,还有六个大部的战略性计划和一个全公司的战略性计划。这些上层的计划不是下层计划简单的综合。每个管理层的计划都有不同的范围。例如,如果整个公司的增长指标要快于国民生产总值。那么消费品和服务大部的增长指标,就应该快于国民生产总值中的消费品部门,生产电视机的战略计划经营单位的增长指标,就应该取决于整个电视工业。公司用以下例子来说明,在不同的范围内如何增添价值:在业务发展战略中,生产电视机的企业可以考虑将业务伸入邻近的视听设备领域。消费品和服务大部可考虑将业务伸入旅游服务领域,而整个公司可以考虑把多样化的经营发展到农业领域。新增添的价值和统一的指标,这三者是制定多层次战略性计划的中心思想,也是在统一的指标下进行分权管理的中心思想。

处理复杂业务的另一个办法，是在多种业务之间制定战略性计划，其形式之一是制定资源计划。在公司和大部一级，公司对各种不同业务部门的职能——财务、人事、技术、生产和销售等进行观察，以求找出节省资源的方法。例如，公司的工业产品和零件大部准备帮助其下属的战略计划经营单位雇用和训练电子工程师。因为大部认为，整个大部总比每个下属的战略（计划）经营单位，有更多的搜罗人才的机会。又如，在主要家用电器大组里，建立了一个"超级采购队伍"，这个队伍负有为整个消费品和服务大部以及战略计划经营单位采购物资的责任。再如，工业销售部是一支重要的销售力量，30 个产品事业部可通过这个部的销售网将自己的产品销往 5 000 个地方。总之，根据具体情况，组织大规模的销售力量，分享实验室以及进行大规模的采购，都可节省资源。

在各种业务之间统一计划的第三种形式是进行国际协调。通用电器公司正式将世界范围的计划协调起来，并采用一种正式的程序去进行协调。

通用电器公司认为，从 20 世纪 60 年代的分权管理发展到 70 年代的战略性计划的制定，又发展到 80 年代的战略性经营管理，由于这种管理制度的演变，适应了公司规模和经营多样化的发展，因而给公司带来了巨大利益。为了管理像通用电器公司这样规模巨大的和多样化的企业，公司还在继续研究新的管理方法。公司认为，管理程序、管理结构和管理制度固然重要，但同样重要的是，还需要有一批经理人员，这些处于各阶层的经理人员能够从战略上去思考问题。

（资料来源：许晓明：《企业战略管理教学案例精选》，复旦大学出版社 2001 年。）

第十三章　企业战略控制

学习目标

- 掌握战略控制的概念
- 明确战略控制过程的基本步骤
- 学习战略控制的方法
- 了解战略控制的设计思路

第一节　战略控制概述

一、战略控制的概念

战略控制是战略实施的保证，它是指监督战略实施进程，及时纠正偏差，确保战略有效的实施，使战略实施结果基本上符合预期的计划的必要手段。就是说，企业根据战略决策的目标、标准，对战略实施的过程进行的控制。

二、战略控制的特征

企业的战略控制是一个动态的过程。这个过程有如下特征：

1. 可行性

可行性是指公司一旦选定了战略，就必须认真考虑企业能否成功地实施。公司是否有足够的财力、人力或者其他资源、技能、技术、诀窍和组织优势，换言之，企业是否有有效实施战略的核心能力。如果在可行性上存在疑问，就需要将战略研究的范围扩大，并将能够提供所缺乏的资源或能力的其他公司或者金融机构合并等方式包括在内，通过联合发展达到可行的目的。特别是管理层必须确定实施战略要采取的初始的实际步骤。

2. 整体利益和局部利益、长期利益和短期利益的不一致性

企业的整体是由局部构成的。从理论上讲，整体利益和局部利益是一致的，但在具体问题上，整体利益和局部利益可能存在着一定程度的不一致性。企业战略控制就是要对这些不一致性的冲突进行调节，如果把战略控制仅仅看作是一种单纯的技术、管理业务工作，就不可能取得预期的控制效果。

3. 多样性和不确定性

战略具有不确定性。公司的战略只是一个方向，其目的是某一点，但其过程可能是完全没有规律、没有效率和不合理的，因此这时的战略就具有多样性。同时，虽然经营战略是明确的、稳定的且是具有权威的，但在实施过程中由于环境变化，战略必须适时地调整和修正，因而也必须因时因地的提出具体控制措施，这即是说战略控制具有多样性和不确定性。

4. 伸缩性

战略控制中如果过度控制，频繁干预，容易引起消极反应。因而针对各种矛盾和问题，战略控制有时需要认真处理，严格控制，有时则需要适度的、弹性的控制。只要能保持与战略目标的一致性，就可以有较大的回旋的余地而具有伸缩性。所以战略控制中只要能保持正确的战略方向，应尽可能的减少干预实施过程中的问题，尽可能多地授权下属在自己的范围内解决问题，对小范围、低层次的问题不要在大范围、高层次上解决，这样反而能够取得有效的控制。

三、战略控制的作用

企业战略的控制在战略管理中的作用主要表现在以下几个方面：

（1）企业战略实施的控制是企业战略管理的重要环节，它能保证企业战略的有效实施。战略决策仅能决定哪些事情该做，哪些事情不该做，而战略实施控制的好坏将直接影响企业战略决策实施效果好坏与效率高低，因此企业战略实施的控制虽然处于战略决策的执行地位，但对战略管理是十分重要的，是必不可少的。

(2) 企业战略实施的控制能力与效率的高低又是战略决策的一个重要制约因素，它决定了企业战略行为能力的大小。企业战略实施的控制能力强、控制效率高，则企业高层管理者可以作出较为大胆的、风险较大的战略决策；若相反，则只能作出较为稳妥的战略决策。

(3) 企业战略实施的控制与评价可为战略决策提供重要的反馈，帮助战略决策者明确决策中哪些内容是符合实际的、是正确的，哪些是不正确的、不符合实际的，这对于提高战略决策的适应性和水平具有重要作用。

(4) 企业战略实施的控制可以促进企业文化等企业基础建设，为战略决策奠定良好的基础。

四、战略控制的内容

对企业战略的实施进行控制的主要内容有：

(1) 设定绩效标准。根据企业战略目标，结合企业内部人力、物力、财力及信息等具体条件，确定企业绩效标准，作为战略控制的参照系。

(2) 绩效监控与偏差评估。通过一定的测量方式、手段、方法，监测企业的实际绩效，并将企业的实际绩效与标准绩效对比，进行偏差分析与评估。

(3) 设计并采取纠正偏差的措施，以顺应变化着的条件，保证企业战略的圆满实施。

(4) 监控外部环境的关键因素。外部环境的关键因素是企业战略赖以存在的基础，这些外部环境的关键因素的变化意味着战略前提条件的变动，必须给予充分的注意。

(5) 激励战略控制的执行主体，调动其自控与自评的积极性，以保证企业战略实施的切实有效。

第二节　战略控制过程

一、战略控制过程的步骤

战略控制过程可以分为以下四个步骤：

1. 制定效益标准

战略控制的第一步就是评价计划，制定出效益的标准。企业可以根据预期的目标或计划制定出应当实现的战备效益。这种评价的重点应放在那些可以确保战略实施成功的领域里，如组织机构、企业文化和控制系统等。

2. 衡量实际效益

管理人员需要搜集和处理数据，进行具体的职能控制，并且监测环境变化时所产生的信号。

3. 评价实际效益

企业要用实际的效益与计划的效益相比较，确定两者之间的差距，并尽量分析形成差距的原因。

4. 纠正措施和权变计划

在生产经营活动中，一旦企业判断出外部环境的机会或威胁可能造成的结果，则必须采取相应的纠正或补救措施。

二、战略控制过程的特点

1. 渐进性

一般来讲，总体战略是逐步演变而成的，并在很大程度上是凭直觉得到的，但真正的战略却是在公司内部的一系列决策和一系列外部事件中逐步得到发展，在企业高层管理人员对行动有了新的共同的看法之后，才逐渐形成。所以，管理人员使早期的决策处于大体上形成和带有试验性的状态，可以在以后随时复审，便于有意识地用渐进的方法来进行战略控制。

2. 交互性

现代企业面临的环境控制因素的多样性和相互依赖，决定了企业必须与外界信息来源进行高度适应性的互相交流以及去利用所获得的信息的有力的刺激因素。

对企业战略来说，最起码的先决条件是要有一些明确的目标，以便确定主要的行动范围，在这一问题上做到统一指挥，留有足够的时限以使战略有效，要使公众形成对自己有利的观点和政治行动需要很长的时间,而这需要积极的,源源不断的投入智力和资源。战略控制要求保持高质量的工作效果、态度、服务和形象等有助于提高战略可靠性的因素。由于许多复杂因素的影响,必须进行适当的检验、反馈和动态发展,注重信息搜集、分析、检验,以便唤起人们的意识,扩大集体的意见,形成联合和其他一些与权力和行为有关的行动。

3. 系统性

有效的战略控制一般是从一系列的制定战略的子系统中产生的。子系统指的是主要为实现某一重要的战略目标而相互作用的一组活动或决策。每一子系统均有自己的、与其他子系统不相关的时间和信息要求,但它又在某些重要方面依赖于其他子系统。通常情况下,每一子系统牵涉到的人员和班子各不相同,但这些不同的班子一般并不组成分立的单位以单独实现战略目标。相反,许多高级经理们通常都是这类班子的兼职人员。他们每人都要制定出一个子系统的战略,并在制定的过程中,请不同的辅助小组参加。

子系统各自有组织的针对全公司性的某个具体问题(如产品系列的布局、技术革新、产品的多种经营、收购企业、出售产业、与政府及外界的联络、重大改组或国际化经营等),其逻辑形式十分完善,作为规范的方法,是企业总体战略的关键组成部分。不过每个战略子系统在时间要求和内部进度参数上,却很少能够配合同时进行的其他战略子系统的需要,而且各子系统都有它自己的认知性限度和过程的限度,因此必须采取有目的的、有效率的、有效果的管理技巧把各子系统整合起来。

第三节 战略控制方法和手段

一、战略控制方法

1. 按控制时间分类

从控制时间来看,企业的战略控制方法可以分为如下三类:

(1) 事前控制。在战略实施之前,要设计好正确有效的战略计划,该计划要得到企业高层领导人的批准后才能执行，其中有关重大的经营活动必须通过企业的领导人的批准同意才能开始实施，所批准的内容往往也就成为考核经营活动绩效的控制标准，这种控制多用于重大问题的控制，如任命重要的人员、重大合同的签订、购置重大设备等等。

由于事前控制是在战略行动成果尚未实现之前，通过预测发现战略行动的结果可能会偏离既定的标准。因此，管理者必须对预测因素进行分析与研究。包括投入因素，即战略实施投入因素的种类、数量和质量，将影响产出的结果；早期成果因素，即依据早期的成果，可预见未来的结果；外部环境和内部条件的变化，对战略实施的控制因素等。

(2) 事后控制。这种控制方式发生在企业的经营活动之后，才把战略活动的结果与控制标准相比较，这种控制方式工作的重点是要明确战略控制的程序和标准，把日常的控制工作交由职能部门人员去做，即在战略计划部分实施之后，将实施结果与原计划标准相比较，由企业职能部门及各事业部定期地将战略实施结果向高层领导汇报，由领导者决定是否有必要采取纠正措施。事后控制方法的具体操作主要有联系行为和目标导向等形式。

① 联系行为。即对员工的战略行为的评价与控制直接同他们的工作行为联系挂钩。他们比较容易接受，并能明确战略行动的努力方向，使个人的行动导向和企业经营战略导向接轨；同时，通过行动评价的反馈信息修正战略实施行动，使之更加符合战略的要求；通过行动评价，实行合理的分配，从而强化员工的战略意识。

② 目标导向。即让员工参与战略行动目标的制定和工作业绩的评价，这样既可以看到个人行为对实现战略目标的作用和意义，又可以从工作业绩的评价中看到成绩与不足，从中得到肯定和鼓励，为战略推进增添动力。

(3) 随时控制。它又称过程控制，是指企业高层领导者要控制企业战略实施中的关键性的过程或全过程，随时采取控制措施，纠正实施中产生的偏差，引导企业沿着战略的方向进行经营，这种控制方式主要是对关键性的战略措施进行随时控制。

应当指出，以上三种控制方式所起的作用不同，因此在企业经营中它们是被随时采用的。

2. 按控制的业务分类

从控制的业务来看，企业的战略控制可以分为如下五种：

(1) 财务控制。这种控制方式覆盖面广，是用途极广的非常重要的控制方式，包括预算控制和比率控制。

(2) 生产控制。它是指对企业产品品种、数量、质量、成本、交货期及服务等方面的控制，可以分为产前控制、过程控制及产后控制等。

(3) 销售规模控制。销售规模太小会影响经济效益，太大会占用较多的资金，也影响经济效益，为此要对销售规模进行控制。

(4) 质量控制。它包括对企业工作质量和产品质量的控制。工作质量不仅包括生产工作的质量，也包括领导工作、设计工作、信息工作等一系列非生产工作的质量。因此，质量控制的范围包括生产过程和非生产过程的其他一切控制过程，质量控制是动态的，着眼于事前和未来的质量控制，其难点在于全员质量意识的形成。

(5) 成本控制。通过成本控制使各项费用降低到最低水平，达到提高经济效益的目的。成本控制不仅包括对生产、销售、设计、储备等有形费用的控制，而且还包括对会议、领导、时间等无形费用的控制。在成本控制中，重要的是建立各种费用的开支范围、开支标准并严格执行，要事先进行成本预算等工作。成本控制的难点在于企业中大多数部门和单位是非独立核算的，因此缺乏成本意识。

二、战略控制手段

企业常用的战略控制手段有以下几种：

1. 预算

预算是一种以财务指标或数量指标表示的有关预期成果或要求的条件，它起着分配企业资源的作用，同时它也是企业广泛采用的战略控制手段。它通过财务部门的开支记录、定期报表等来表明预算的实际收支以及两者的差额，然后报给所涉及的不同层次的负责人进行偏差分析，找出原因，确定纠正行为。

2. 统计分析

统计分析是指通过搜集反映企业活动的各种数据，运用统计报表形成统计资料，显示实际与标准的差别程度，来确定纠正措施。

3. 专题报告和分析

这是根据企业领导者的要求，由专门人员对特定问题进行调查研究，并在深入分析的基础上形成文字报告。这种手段能分析统计资料、会计资料所未能分析的更深层的问题及其产生的原因。

4. 审计

审计是通过客观地获得对经济活动和有关事件进行论断的论据，经过评价弄清所得论断与标准之间的符合程度，并把结论报告给用户或相关负责人，来采取纠正措施。

5. 经营审核

经营审核是在弄清经营成果的基础上，深入到企业政策、程序、职权应用、管理质量、管理方法等方面的综合分析研究和专门分析研究，分析它们的效果，作出正确评价，从而推动经营管理工作的改进，保证战略目标的实现。

6. 个人现场观察

这是指企业各级领导深入到生产经营现场，进行直接观察。一个有经验的领导者即使偶然到车间或办公室走马观花地走一下，也能从中得到许多有用的信息。

三、影响控制方法和手段选择的因素

管理者在选择控制方法和手段时，一般应考虑三种控制因素，即控制的要求、控制量以及控制的成本。

1. 控制的要求

在一个企业里，管理人员往往要控制某些特定行为或作业运行。控制的根据就是这些行为或作业对整个企业效益的影响程度。因此，企业控制的重点应放在有战略意义的重要行为上，而不应放在那些较容易控制的细节上。例如，多数企业都大力开发新产品，而不是仅仅保证高效率地生产现有产品。

2. 控制量

每一种控制手段所提供的控制量既取决于最初的控制设计,也取决于该手段对企业环境的适应的程度。一般来讲,人员控制可以提供某种程度的控制,但这种控制很少或根本不能提供失败的警告。一旦管理的要求、机会或需求发生变化,人员控制很快会失效。

具体活动控制与成果控制所提供的控制量可以有很大的变动范围。在一般情况下,控制需要做到:

(1) 详细规定每个人的工作内容;

(2) 防止意外活动,经常有效地监控各项活动或成果;

(3) 有一定的奖惩制度。

3. 控制成本

控制成本受两方面因素的影响:一是控制系统的价格成本;二是各种控制系统所产生的副作用对实际成本的影响。从控制系统的实际价格来看,人们掌握的技能越熟练,成本费用越有降低的趋势。控制系统副作用的影响应该引起注意,应尽量在工作中避免。

第四节　战略控制的设计

一、战略控制系统的组成

在战略实施的控制系统由三个基本的控制系统组成。即战略控制系统、业务控制系统和作业控制系统。

(1) 战略控制系统,是以企业高层领导为主体,它关注的是与外部环境有关的因素和企业内部绩效。

(2) 业务控制系统,是指企业的主要下属单位,包括战略经营单位和职能部门两个层次,它们关注的是企业下属单位在实现构成企业战略的各部分策略及中期计划目标的工作绩效,检查是否达到了企业战略为它们规定的目标。业务控制由企业总经理的下属单位的负责人进行。

(3) 作业控制系统，是对具体负责作业的工作人员(包括职工及班组)日常活动的控制，它们关注的是作业人员履行规定的职责及完成作业性目标任务的绩效，作业控制由各基层主管人员进行。

二、战略控制设计的要求及要素

1. 战略控制设计的要求

在正常的情况下，企业应对受过良好训练，得到高度激励的人们给以较高的期望，相信他的自觉性，不必采取更多的控制手段。如果企业认为除了人员控制以外，还应采取其他的控制手段，则首先要审核各种可供选择的控制的可行性。然后根据可行性研究的结果，管理人员再决定是采取具体活动控制、成果控制，或者两者结合使用。战略控制系统设计的要求是：

(1) 控制标准必须与整个企业的长远目标和年度目标相联系。有效的战略实施的控制与评价必须将控制目标与各特定系统的绩效标准相联系，与资源的分配导向相联系，与外部环境的关键因素相联系，这样做有利于明确战略计划和人们的行为目标之间的联系。

(2) 控制要与激励相结合。一般说来，当人们的行为取得符合战略需要的绩效时会得到激励，但在平时人们的行为期望目标是不十分清楚的，而有效的战略实施的控制提供了控制的标准，使人们的行为期望目标明朗化、具体化，它提供了人们行为的期望与战略目标之间的清晰联系，这时的控制与评价就具有激励性的特点，这对有效地实施战略十分有用。

(3) 控制系统需要有“早期预警系统”。该系统可以告知管理者在战略实施中存在的潜在问题或偏差，使管理者能及早警觉起来，提早纠正偏差。

2. 战略控制设计的要素

战略控制的设计必须考虑三项基本要素，即战略评价标准、工作成绩评价、反馈。

(1) 战略评价标准。在通常情况下，企业战略管理者往往采用一系列的指标来评价企业战略实施的情况。这些指标既可以是定性的，也可以是定量的，但应与企业战略目标保持一致，应能反映出企业内部的各种组织关系、企业变化和发展，企业的竞争地位及其在行业中的地位。这些指标有：

① 投资收益率，它等于税前收入除以总资产，常用来测定企业综合效益。其作用主要有：能够全面反映企业经营活动状况；鼓励企业有效地使用现有资产，而不是扩大投资；说明企业投资决策是否正确及企业利用其资产获得利润的程度；使企业确信获得新的资产会增加利润时，才会作出增加投资决策。

② 附加价值指标，它由以下几个部分组成：a. 附加价值，即企业产品的新增价值，它等于销售收入减原料及所购部件的总成本；b. 附加价值收益率，它等于税前净利除以附加价值。

③ 股东价值，它是一定时期内分红和股价升值部分的总和，是股东财富。它可评价一个企业是否以超过股东要求的利润率增长。

④ 对高层管理人员的评价，是通过对企业获利情况的评价来作出的。如通过投资利润率、销售利润率、市场占有率、净利润额或增长率、资本收益率、每股盈利和股东价值等指标来评价高层管理人员的工作绩效。

⑤ 关键表现域指标，它是指对企业战略的成功具有举足轻重作用的那些方面，它反映了企业的主要战略目标，是建立行之有效的、合理的控制系统的前提条件之一。

（2）工作成绩评价。工作成绩评价是指将实际成绩（即控制系统的输出）与确立的评价标准相比较，找出实际活动成绩与评价标准的差距及其产生的原因。这是发现战略实施过程中是否存在问题和存在什么问题，以及为什么存在这些问题的重要阶段。

在评价工作成绩时，企业不仅将实际成效与评价标准或目标相比较，而且也应当将自己的实际工作成绩与竞争对手相对照。这样的比较更能发现自身的长处或弱点，以采取适当的纠正措施。对于竞争对手以及同行业平均的绩效水平，可以从统计年鉴或行业协会所发表的季度或年度报告中获取。

评价工作成绩中的主要问题，是要决定将在何时、何地以及间隔多长时间进行一次评价。为了提供充分而及时的信息，工作成绩应当经常地评价。但是，如果做得过分，人们感到对他们的工作评价过于频繁，可能会产生负面影响。另外，如果评价过于频繁，也使得评价过程的费用变得太高，消耗许多资源。因此要根据所评价问题的性质及对战略实施的重要程度，确定合理的评价频度。

此外，紧迫性是工作成绩评价中要考虑的另一个重要问题，必须及时地识别问题，并采取纠正措施。

(3) 反馈。在设计控制系统的过程中，反馈是一个重要的因素。反馈对加强成果责任制十分必要。即使反馈不能用于调整输入量，也表明整个过程的结果受到监控。

在环境变化重复发生时，反馈可以根据对成果的评价，指出创新的需要。如果要进一步保证反馈的效果，则需要有一个学习的过程。企业管理人员应认真分析不同组合的输入所产生的结果，把握好输入与结果的关系。这是一个比较复杂的反馈系统。管理人员如果很好地掌握了输入与结果的关系，他们的着眼点就会从成果控制系统转向具体活动控制系统，从而有效地发挥整个控制系统的作用。

值得注意的是，管理人员要有效地使用反馈模型有一定的先决条件，即环境变化要有重复性或至少有部分的重复性。如果环境变化只是一次性地发生，则反馈回去的信息在管理上用处不大。在这种情况下，管理人员即使了解成果的问题，也不可能有更大改动的可能性。此外，从成本角度来考虑，设计、实施、维护一个反馈系统，代价一般是比较昂贵的。因此，在设计控制系统过程中，应有反馈的意识，但如何采取反馈手段，则应根据企业的具体情况决定。

思考题

1. 企业为什么需要战略控制?
2. 战略控制过程包括哪些基本步骤?
3. 战略控制的方法有哪些?

4. 试探讨战略控制的设计思路。

本章案例

IBM 公司战略的调整

巨人猛醒　重回赛场

仅仅在几年时间里，IBM 就发展了世界上规模最大的计算机服务业务，并在 1995 年超过了实力与之最为接近的竞争对手电子数据公司(EDS)。1997 年，IBM 全球服务的营业收入为 193 亿美元，比 1996 年增长了 24%，是 1990 年的近 9 倍。服务收入占公司 1997 年盈利总额的 1/4，服务部门在公司的所有业务部门中的重要程度仅次于硬件部门，并且成为盈利增长的主要动力，1998 年，全球服务部的销售额将接近 IBM 公司销售总额的 30%，并占全世界计算机服务市场至少 10% 的份额。

计算机网络以及因特网的迅猛发展，也似乎正在使 IBM 公司恢复其对业务的把持。复杂系统的整合和管理方面的专门技术忽然间变得奇货可居，功能强大、不出故障的服务器也变得供不应求。昨天看似还无法适应的一个开放标准、专门化和不断变化的世界(即微软、英特尔和康柏的世界)的蓝色巨人，不仅重新回到了赛场，甚至自认为最终可以赢得胜利。

技术为本　善用优势

格斯特纳的前任约翰·埃克斯曾经对公司进行过若干改组，但公司却因此变得越来越不稳定。1991 年，走投无路的埃克斯决定把公司化整为零，分成一些自主经营的业务单位。接下来的一步，是利用新的品牌把各个业务单位廉价卖掉。

当 1993 年埃克斯终于被解雇时，对于格斯特纳这样一位与 IBM 公司没有任何情感联系的局外人来说，贯彻解散公司的计划是自然而然的，甚至是理所当然的。

但是格斯特纳自有主张。他打定主意孤注一掷，相信 IBM 公司会重新体现其自身的价值。

格斯特纳得出的一点关键感悟是：如今技术已不仅仅是生产队的工具，技术已经成为公司经营之根本，因而也就成为公司总裁面前的战略问题：他和他的同行们把技术看作是公司竞争优势的主要源泉。

从客户的角度来看，20 世纪 90 年代初出现解体的计算机技术产业也许是创新一激烈竞争带来的一个奇迹，而在当时，该行业给人的感觉却是一片混乱。企业希望整合不同的计算机平台和应用程序，使之连成网络，但它们却不知道如何下手。而且，在推崇核心能力的时代，企业未必想自己掌握如此复杂的技术。许多企业转向电子数据系统公司和计算机科学公司(CSC)之类的专业计算机服务公司，以及大型会计事务所的咨询部门都在寻求帮助。

所有这一切使格斯特纳确信，IBM 公司的规模及业务范围不但不是公司的弱点，相反，它们实际上使公司能够得天独厚地提供解决方案——它们相信这正是客户要寻找的。问题是如何使不同的部门在一起工作。结果，这个问题的解决促使成立了后来被称作“全球服务部”的部门。它是几年前由邓尼·韦尔什悄悄创办的。韦尔什曾经负责管理过 IBM 公司捐献给国家航空局(NASA)航天飞机计划的计算机。

在开始的时候，该服务部门是 IBM 公司替政府管理大型计算机系统的经验产物。韦尔什认为，在 EDS 公司发了大财的企业市场中，IBM 公司的这种专门技术得不到利用是根本没有道理的。IBM 公司所能够提供的广泛的技术资源很快给首批客户留下了深刻的印象。

不过存在着两个问题。其一是，能否指望 IBM 公司解决存在于提供客户急需的推销自己产品之间的潜在冲突？其二是，IBM 公司的全球服务部是不是真的能够在公司各部门间做好协调，从而提供客户寻求的那种解决方案？

这两个问题的答案在于格斯特纳的座右铭：客户第一，IBM 公司排在第二，部门排在第三。客户是有权获得最优秀的解决方案。如果 IBM 没有合适的产品，或者只能提供一些劣质产品，那么全球服务部就有义务提出向第三方寻求帮助。

格斯特纳对提供解决方案十分着迷，这促使他又冒了一次险。在他上任以后的头一年里，IBM公司宣布了全面亏损，亏损额高达89亿美元，因此大刀阔斧削减每年60亿美元的研究与开发预算是很自然的事了。尤其是公司的援救部门偏爱艰深的长期项目，而且屡屡让竞争对手渔利，这次看来将其砍除的时机已经成熟。然而，格斯特纳对于他首次访问沃森研究中心时的所见所闻印象至深，于是便手下留情。预算被削减了，但长期研究计划得以继续下去。

因特网上借东风

由于认识到庞大的规模和深厚的技术资源使IBM公司拥有了作为解决方案供应商的巨大优势，格斯特纳理应受到赞誉，而因特网的出现则是他的幸运之处。因特网突显了IBM的优势，并使其重新置身于信息技术的中心。

IBM公司在1995年意识到了因特网的重要性比微软公司早了大约一年。1996年，公司宣布了其“电子商务”战略。该战略的宗旨是向企业证明它们怎么才能组成建立在因特网基础之上的虚拟贸易圈子。在这样的圈子里，买主和卖主可以会面并且安全地进行任何类型业务的交割。

格斯特纳认为，因特网是一场只有在“所有事物都实现了数字化”之后才会停止的革命。因特网的总体实质就是无处不在。这使IBM的各项优势有了用武之地——这些优势包括可靠性达“五个九”的大型服务器(据称运行可考虑为99.999%)；巨大的储存能力、设有安全保护的数据库、大规模处理能力、专业系统整合技术以及战略策划等。

为了使公司跃入台式计算机网络技术的领域，格斯特纳在1995年拿出29亿美元巨资收购莲花软件开发公司。尽管困难重重——收购大型软件公司的工作总是出奇得艰难，但对莲花公司的收购还是成为IBM公司的一桩成就。

具有讽刺意义的是，IBM公司硬件业务中损失最惨重的部分是个人计算机，而且这一结果更多的是由于疯狂的价格竞争，而不是IBM的经营方式引起的。IBM公司与市场销量第一的康柏公司一样，一直受到堵塞的销售渠道的积压库存的影响，而像戴尔公司这样的直销商则避开了这一厄运。不过，IBM目前正在着手通过使生产更加贴近需求来解决这一问题。

IBM公司已经重新找到了出路。对此几乎没有人会持异议。同样重要的是，该公司还为其全面从事计算机业各类业务的做法找到了根据。通过全球服务部，格斯特纳创造了一门令人惊叹的新业务，其规模以每年超过20%的速度稳步扩大，每月新雇员工1 500名。

IBM公司的前途在很大程度上将取决于格斯特纳能否成功地让人们相信IBM是提供因特网商业解决方案的最合适的企业。IBM公司似乎已经时来运转，而对格斯特纳来说，这样的运气多多益善。

问题

1. 在现代高科技飞速发展、市场环境变化频繁的情况下，把握战略方向，及时作出战略调整有何重要意义？

2. IBM公司是如何分析情况、调整战略的？

（资料来源：许晓明：《企业战略管理教学案例精选》，复旦大学出版社2001年。）

主要参考文献

1. [美]约翰・B・库伦. 跨国管理：战略要径. 北京：机械工业出版社，2003

2. [美]迈克尔・A・希特，R・杜安・爱尔兰，罗伯特・E・霍斯基森等著. 战略管理：竞争与全球化（第四版）. 北京：机械工业出版社，2002

3. [美]弗雷德・R・大卫著，李克宁译. 战略管理. 北京：经济出版社，2003

4. [美]汤姆森，斯迪克兰德著，段盛华，王智慧主译. 北京：战略管理要领与案例（第十版）. 北京：北京大学出版社，课文（香港）出版有限公司，2001

5. [美]迈克尔・波特. 竞争战略. 北京：华夏出版社，1997

6. 王方华，吕巍主编. 企业战略管理. 上海：复旦大学出版社，1997

7. 徐二明. 企业战略管理. 北京：中国经济出版社，1998

8. MBA必修核心课程编译组. 经营战略. 北京：中国国际广播出版社，2001

9. 王德中. 企业战略管理. 四川：西南财经出版社，1999

10. 杨锡怀. 企业战略管理理论与案例. 北京：高等教育出版社，2001

11. 范晓屏. 国际经营与管理. 北京：科学出版社，2002

12. 刘冀生. 企业战略管理. 北京：清华大学出版社，2003

13. 蔡树堂. 企业战略管理. 北京：石油工业出版社，2001

14. 王一. 企业并购. 上海：上海财经大学出版社，2001

15. 史占中. 企业战略联盟. 上海：上海财经大学出版社，2001

16. 孙健.海尔的企业战略.北京:企业管理出版社,2002

17. David F. R. Strategic Management. N. J. :Prentice Hall,1995

18. Porter M. E. Competitive Strategy: techniques for Analyzing Industries and Competitors. New York: Free Press,1980

图书在版编目(CIP)数据

企业战略管理 / 邵一明,蔡启明编著. —2 版(修订本). —上海:立信会计出版社,2005.8(2008.5 重印)
ISBN 978-7-5429-1487-3

Ⅰ.企… Ⅱ.①邵… ②蔡… Ⅲ.企业管理 Ⅳ.F270

中国版本图书馆 CIP 数据核字(2005)第 062582 号

责任编辑 赵新民
封面设计 周崇文

企业战略管理(第二版)

出版发行 立信会计出版社
地 址 上海市中山西路 2230 号 邮政编码 200235
电 话 (021)64411389 传 真 (021)64411325
网 址 www.lixinaph.com 电子邮箱 lxaph@sh163.net
网上书店 www.shlx.net 电 话 (021)64411071
经 销 各地新华书店

印 刷 常熟市梅李印刷有限公司
开 本 890 毫米×1240 毫米 1/32
印 张 11.625 插 页 2
字 数 303 千字
版 次 2005 年 8 月第 2 版
印 次 2018 年 8 月第 16 次
印 数 54 801—56 300
书 号 ISBN 978-7-5429-1487-3/F
定 价 25.00 元